TRAITÉ

DE L'USURE.

DOUAI, IMPRIMERIE DE V. ADAM, RUE DES PROCUREURS, 12.

TRAITÉ

DE

L'USURE,

CONTENANT

LE COMMENTAIRE DE LA LOI

DU 3 SEPTEMBRE 1807,

TOUTE LA LÉGISLATION, LA DOCTRINE ET LA JURISPRUDENCE QUI S'Y RAPPORTENT, AVEC L'INDICATION DES ORDONNANCES ET ARRÊTÉS ANCIENS ET MODERNES;

PAR M. PETIT,

Président de Chambre à la Cour Royale de Douai, Chevalier de l'ordre royal de la Légion-d'Honneur.

DOUAI.
ADOLPHE OBEZ, libr.-éditeur, rue de Bellain, 4.

PARIS.
JOUBERT, libraire-éditeur, rue des Grès, 14.

M DCCC XL.

L'accueil qu'on a bien voulu faire au *Traité complet du Droit de Chasse*, que j'ai publié, il y a un an, m'a déterminé à mettre la dernière main au *Traité de l'Usure*.

L'ouvrage que je viens offrir aux jurisconsultes et aux hommes d'affaires et de finances est, en matière d'usure, ce que mon premier livre est en matière de chasse. L'un a été jugé utile, il m'est permis d'espérer que l'autre pourra l'être aussi; le public dira si je me suis trompé.

TRAITÉ

DE

L'USURE.

LIVRE I.

Définition. — Histoire. — Législation.

L'USURE est le gain ou le profit que l'on retire du prêt de quelque chose qui se consomme par l'usage.

On distinguait autrefois trois sortes d'usure; savoir : la *lucratoire*, la *punitoire* et la *compensatoire*.

On appelait usure *lucratoire* celle qui était permise au créancier en pur gain du prêt.

L'usure *punitoire* était la peine du retard apporté par le débiteur à payer la dette.

L'usure *compensatoire* était celle qui tenait lieu au créancier de dédommagement pour le gain qu'il manquait de faire ou la perte qu'il souffrait, faute de paiement de la part de son débiteur.

Telle était la définition exacte du mot *usure;* mais parmi nous maintenant, ce mot implique toujours l'idée d'une action coupable, et doit être défini le gain illégitime exigé d'une somme d'argent ou d'une chose prêtée.

Le dictionnaire de l'académie définit le mot *usure* : « Intérêt, profit qu'on exige d'un argent » ou d'une marchandise prêtée au-dessus du » taux fixé par la loi ou établi par l'usage en » matière de commerce. »

L'usure a toujours été considérée comme une action criminelle. Avant les lois qui l'ont défendue, les payens la traitaient comme un vice contraire à la loi naturelle. Platon, Caton, Cicéron et Plutarque l'ont éloquemment blâmée. Les maux affreux qu'elle cause et les caractères d'iniquité qu'on y découvre par les plus simples principes du droit naturel, sont les justes motifs de la défense qu'en a faite aussi la loi divine.

Par les constitutions canoniques, toute stipulation d'intérêt est interdite en matière de prêt. Il n'est permis d'exiger aucun intérêt de l'argent que l'on prête, à moins que ce ne soit par constitution de rente, en aliénant les fonds que le débiteur ne peut être contraint de racheter, mais qu'il peut rembourser quand il lui plaît.

L'usure est aussi défendue par les lois civiles.

L'histoire romaine nous apprend que d'abord les intérêts pouvaient être convenus au gré des contractants.

Tacite signale la loi des douze tables comme ayant mis le premier frein à la cupidité des prêteurs, en fixant l'intérêt à un pour cent. Montesquieu soutient que Tacite s'est trompé, et qu'il a pris pour la loi des douze tables, une loi postérieure. Montesquieu se montre convaincu que si la loi des douze tables avait réglé les intérêts, on se serait servi de son autorité dans les disputes qui s'élevèrent depuis entre les créanciers et les débiteurs. On ne trouve aucun vestige de cette loi sur le prêt à intérêt ; et quand on est versé dans l'histoire romaine, on voit qu'une loi pareille ne pouvait pas être l'ouvrage des décemvirs.

La loi licinienne, faite 85 ans après la loi des douze tables, fut une loi passagère. Elle ordonnait qu'on retranchât du capital ce qui avait été payé pour les intérêts, et que le reste fût acquitté en trois paiemens égaux.

L'an 398 de Rome, les tribuns Duellius et Menenius firent passer une loi qui réduisait les intérêts à un pour cent par an. C'est cette loi, dit Montesquieu, que Tacite confond avec la loi des douze tables, et c'est la première qui ait été faite chez les Romains pour fixer le taux de l'intérêt.

Ensuite, par un autre plébiscite rendu en l'an de Rome 408, les intérêts furent réduits à un demi pour cent.

En l'an 413, toute espèce d'intérêt fut prohibée par la loi *Genutia*; mais comme cette loi, faite pour Rome seulement, n'avait pas d'autorité dans le Latium, la loi *Sempronia*, pour arrêter les fraudes des usuriers, qui prêtaient sous les noms d'associés latins, ordonna qu'elle s'étendrait aux Latins.

Toutes ces lois n'atteignirent pas leur but, et l'on vit l'intérêt s'accroître à l'infini. Ce fut alors que les préteurs, par leurs édits, prohibèrent tout intérêt qui excèderait un pour cent.

Les tribuns du peuple s'attachèrent avec persévérance à faire descendre le taux des intérêts et à le maintenir à douze pour cent par an. Ce qui était payé au-dessus de douze était imputé sur le capital, et les prêteurs qui avaient exigé cet excédant encouraient la note d'infâmie.

Nous voyons dans Caton le censeur que long-tems avant cette époque les usuriers étaient punis de la peine du quadruple, bien que les voleurs ne le fussent que de la peine du double, *comme étant les usuriers plus odieux et plus criminels que les larrons*.

L'usure centième, c'est-à-dire l'intérêt d'un pour cent par mois, fut tolérée par les empereurs chrétiens jusqu'au règne de Justinien, qui en a modéré la rigueur.

Par la loi 26 au code, *de usuris*, cet empereur a réglé le taux et la quotité des usures et intérêts par la qualité des créanciers.

On voit que l'usure avait été défendue à Rome dans les premiers siècles de la république. S'il est un tems où elle fut permise, c'est qu'il y avait alors un relâchement dans les défenses et comme un triomphe du mal sur les remèdes ; mais, pour n'être pas réprimée, elle n'en était pas moins considérée par les Romains comme un crime ; ils en avaient une profonde horreur.

On rapporte qu'un homme célèbre de ce tems, étant interrogé un jour sur ce qu'il pensait de l'usure, ne fit d'autre réponse à son interlocuteur que de lui demander ce qu'il pensait lui-même de l'homicide. Un autre disait que s'il ne pouvait pas trouver d'argent par un prêt, il en prendrait à usure, voulant faire ressortir par là qu'il est contre la nature du prêt d'en retirer une usure.

Les dispositions prohibitives de l'usure furent conservées par nos rois et sont reproduites dans un grand nombre d'ordonnances.

850.—Dans le concile de Paris, tenu en l'an 850, sous Charles-le-Chauve, on fit une défense générale d'exercer les usures et on ordonna de restituer à ceux de qui on avait reçu au-delà du principal, savoir : la moitié à eux ou à leurs héritiers, et l'autre moitié aux pauvres. On donna de plus l'ordre d'excommunier à l'avenir les laïcs adonnés à l'usure.

1211.—Une ordonnance rendue à Melun en l'année 1211, défendit de retirer du prêt aucun intérêt. « *Nous entendons*, y est-il dit, *par usure tout ce qui est au-dessus du capital.* »

1254.—Saint-Louis renouvela cette ordonnance par une autre qu'il rendit en 1254, et qui porta injonction aux Juifs de cesser leurs usures. La même ordonnance fit défense aux chrétiens de se permettre aucune usure.

Par cette ordonnance, le Roi déclara abandonner les fidèles qui exerceraient l'usure à la juridiction des évêques, et se la réserva sur les Juifs.

1274.—Le successeur de St.-Louis, Philippe III, son fils, s'occupa aussi de l'usure, ainsi qu'on peut le voir dans son ordonnance de 1274.

1311.—Après lui, Philippe IV dit le Bel, petit-fils de St.-Louis, rendit deux ordonnances concernant l'usure, la première en janvier 1311; on y lit : *Pro reformatione publicâ regni nostri usuras à Deo, etc., etc.......*

1312.—La seconde est datée de Poissy, le 8 décembre 1312. Elle veut que ceux qui exercent des usures excessives qui dévorent le peuple, soient punis par la confiscation de corps et de biens.

1318. — Une autre ordonnance, rendue en 1318, fait bien connaître que le délit d'usure était recherché avec beaucoup de soin et qu'il n'était pas poursuivi comme un délit ordinaire. On lui avait fait les honneurs des commissions extraordinaires. On trouve dans la même ordonnance, article 18, ces dispositions : *Révoquons tous commissaires donnés* sur le fait des usures et autres cas semblables.

1349.—Philippe de Valois, au milieu de toutes les calamités qui l'ont accablé et qui ont désolé la France pendant son règne, ne cessa de fixer son attention sur l'usure. Il prit le soin de la défendre sévèrement, ainsi qu'on peut s'en convaincre par la lecture de l'ordonnance du 6 août 1349. On y remarque quelques exceptions seulement et plusieurs distinctions sur l'argent négocié aux foires de Champagne et de Brie.

1423.—C'est vers cette époque que commencèrent à être connues les rentes constituées. Des doutes s'étaient élevés sur leur légitimité, mais ils furent levés en 1423 par une bulle du pape Martin V, et par suite d'une décision du concile de Constance.

1477.—Cette bulle fut renouvelée par Calixte III, en l'année 1477. Le taux de l'intérêt y est fixé au denier dix, c'est-à-dire au dixième du capital par chaque année.

Les historiens attribuent cette élévation de l'intérêt au 15e. siècle, à la grande détresse dont la France eut à gémir durant toute la guerre avec l'Angleterre depuis Philippe de Valois jusqu'au règne de Charles VIII. C'est en effet depuis ce moment que les guerres devenant moins générales, on put se livrer avec plus de facilité au commerce et aux arts. La masse de l'argent en circulation fut augmentée de celui importé de l'Amérique, et il en résulta que le taux de l'intérêt diminua successivement.

1490.—Vers l'année 1490, l'intérêt au denier dix était déjà réprouvé par l'opinion publique comme excessif. La plupart des constitutions de rente ne se faisaient plus qu'au denier douze; pour un grand nombre on se contentait du denier treize, quatorze et même quinze.

1510.—Louis XII a pris aussi des mesures contre les usuriers par son ordonnance du mois de juin 1510. Il est allé jusqu'à défendre aux notaires de recevoir des contrats usuraires sous peine d'être privés de leur état et d'amende arbitraire. Voulant autant que possible que les usuriers n'échappent point aux recherches de la justice, l'article 66 de ladite ordonnance porte: « Afin que chacun soit plus enclin de » dénoncer ceux qui commettent usures, ordon- » nons que ceux qui les dénonceront à justice » auront la tierce partie des amendes qui ad- » viendront, et aussi si tels délateurs par l'issue » du procès étaient trouvés calomniateurs se- » ront punis comme de raison. »

1516.—Le Parlement de Paris avait établi une jurisprudence qui tenait lieu de la loi sur les intérêts. Toute constitution de rente à un taux plus élevé que le denier dix était annulée comme usuraire, avec restitution de tous les arrérages. Les constitutions au denier dix ou au-dessous jusqu'au denier douze étaient modérées, et réduites, par forme de punition, au denier quinze. Les rentes constituées au denier douze étaient maintenues.

1535.—Les dispositions de l'ordonnance de 1510 furent renouvelées en 1535 sous le règne de François Ier.

François II, à qui la mort laissa à peine le tems de s'asseoir sur le trône, s'empressa de suivre l'exemple de ses prédécesseurs et de s'occuper de la répression de l'usure.

1565.—Son successeur Charles IX, par son édit de novembre 1565, ordonna de réduire à prix d'argent et au denier douze toutes les rentes constituées en blé, sans que les créanciers pussent demander autre chose, à peine du quadruple et d'être punis suivant les ordonnances.

Cet édit et un autre tout spécial de la même année, fixèrent ainsi au denier douze le taux légal de l'intérêt dans les constitutions de rente.

1567.—Charles IX prit des mesures fort sévères contre l'usure. Son ordonnance du mois de mars 1567 est ainsi conçue :

« Et pour extirper les usures de nos pays,
» terres et seigneuries de notre obéissance ,
» nous en suivant plusieurs édits et ordonnan-
» ces de nos prédécesseurs rois, avons icelles
» usures prohibées et défendues, prohibons et
» défendons sur peine de confiscation de tous
» les biens meubles et immeubles de ceux qui
» seroient atteints et convaincus en avoir com-
» mis aucune, et lesquels biens dès à présent
» comme dès lors avons déclarés à nous acquis
» et confisqués et où lesdites personnes se-
» roient continuant à commettre lesdites usu-
» res, voulons et ordonnons iceux être bannis
» à perpétuité hors de nos royaux pays, terres
» et seigneuries. Sans que notre Cour ou au-
» tres juges puissent modérer les amendes ci-
» devant déclarées, sous peine d'en répondre
» en leurs propres et privés noms. »

Tout en prescrivant des mesures si rigoureuses et des peines aussi fortes, ce jeune souverain n'a pas cependant voulu empêcher ses sujets de placer leur argent. Sous son règne, la constitution de rente demeura autorisée, mais au denier douze.

1572.—Le taux de l'intérêt, qu'il était permis

d'exiger dans le prêt à constitution de rente, ne resta pas long-tems aussi élevé. Un autre édit rendu au château de Boulogne en juin 1572, défendit de prendre ou bailler deniers à constitution de rente à plus haut prix et intérêt que six pour cent.

1574.—Cet édit ne resta lui-même que peu de tems en vigueur. Henri III le révoqua par un autre rendu au château de Vincennes en mars 1574.

1576.—Le même Roi ordonnait, en août et en octobre 1576, que les règlemens de ses prédécesseurs relatifs à l'usure continueraient d'être exécutés. De nouvelles dispositions et des distinctions y furent ajoutées, et le tout fut publié au son de trompe et de cris publics.

Ce souverain, dans sa sollicitude pour son peuple, s'occupa constamment de le préserver de l'usure. En novembre 1576, il fit renouveler la défense de s'y livrer.

1577.—Cette défense fut encore reproduite le 12 mars 1577.

1579.—Le 3 septembre 1579, il y eut des lettres-patentes pour l'exécution de l'édit de 1576.

C'est dans cette même année 1579 qu'intervint

l'ordonnance de Blois qui porte, article 202 :

« Inhibition et défense sont faites à toutes
» personnes de quelqu'état et conditions
» qu'elles soient d'exercer aucune usure ou
» prêter leurs deniers au profit ou intérêt ou
» bailler marchandises à perte de finances par
» eux ou par d'autres, encore que ce fût sous
» prétexte de commerce ; à peine pour la pre-
» mière fois d'amende honorable, bannisse-
» ment et condamnation à de grosses amendes
» dont le quart sera adjugé aux dénonciateurs ;
» et pour la seconde fois de confiscation de
» corps et de biens ; ce que semblablement
» nous voulons être observé contre les média-
» teurs et entremetteurs de tels trafics et con-
» tracts illicites et réprouvés, sinon au cas
» qu'ils vinssent volontairement à révélation,
» auquel cas ils seront exempts de la peine. »

Par l'article 362 de la même loi, il est enjoint à tous juges de faire observer l'ordonnance faite sur la revente des marchandises appelée *à perte de finance.*

1580.—Les mêmes défenses furent faites en l'année 1580.

1581.—Elles furent renouvelées en 1581.

1582.—Elles furent répétées par l'ordonnance rendue à Fontainebleau le 3 août 1582.

1594.—Henri IV s'occupa aussi d'assurer la répression de l'usure. Il rendit en 1594 une ordonnance qui avait pour but de simplifier les formes et d'abréger les délais de la procédure en cette matière, tout en ordonnant de faire des perquisitions.

1601.—Par un édit du mois de juillet 1601, l'intérêt de l'argent donné en constitution de rente fut fixé au denier seize.

1602.—Cet édit fut lu, publié et enregistré au Parlement le 18 février 1602.

1605.—Henri IV par un autre édit de 1605, proscrivit pareillement toute usure, et en ordonna la poursuite par la voie extraordinaire.

1605 et 1606.—Des ordonnances des 17 février 1605 et 14 mai 1606, portèrent des dispositions particulières aux habitans du Berry et des pays d'Anjou.

1629.—Louis XIII, par l'ordonnance de 1629, article 151, confirma les lois que ses prédécesseurs avaient faites contre l'usure et fixa l'intérêt de l'argent au denier dix-huit, avec défense expresse de dépasser ce taux.

1634.—Ces dispositions se trouvèrent reproduites dans l'ordonnance du mois de mars 1634, enregistrée au Parlement le 16 juin de la même année.

Il est à remarquer que d'après toutes ces lois, l'usure était toujours poursuivie par la voie extraordinaire.

1665.—Un édit de Louis XIV, du mois de décembre 1665, a fixé l'intérêt de l'argent à cinq pour cent.

1672.—Un arrêt du Parlement de Paris, en date du 15 mars 1672, a condamné un usurier à faire amende honorable, à être banni pour cinq ans des prévôté et vicomté de Paris, et à une amende de 1200 livres. Le même arrêt a déchargé les débiteurs de la moitié des obligations qu'ils avaient contractées au profit du condamné.

1673.—En l'année 1673, par ordonnance de Louis XIV, les défenses de l'usure furent renouvelées.

1679.—Elles le furent encore en 1679.

1720.—L'intérêt de l'argent fut réduit au denier cinquante, par un édit de Louis XV, rendu au mois de mars 1720; mais cet édit ne fut enregistré par aucun Parlement et resta sans exécution.

1724.—Un édit du mois de juin 1724 fixa les intérêts au denier trente.

1725.—Un autre édit du mois de juin 1725 rétablit les intérêts au denier vingt. Rendu par le Roi Louis XV, il fut enregistré et suivi dans tous les Parlemens du royaume.

Dans toutes les défenses de nos Rois il n'est jamais question du prêt à intérêt, ni de la fixation de son taux. Le prêt à intérêt était généralement défendu. La seule exception admise à cette règle générale et absolue, était en faveur de la constitution de rente, parce que dans cet acte, le fonds est aliéné, et que le créancier ne peut se faire rembourser.

On trouve dans les arrêts du Parlement plusieurs exemples d'une grande sévérité contre les usuriers.

1736.—Un arrêt du 10 janvier 1736 a condamné un usurier à faire amende honorable avec écriteau *devant et derrière*, portant ces mots USURIER PUBLIC, à un bannissement de neuf ans et à cinquante livres d'amende envers le Roi.

1746.—Un autre, de 1746, condamne un

nommé Paul Colomb, à un bannissement de neuf ans et à cent livres d'amende.

1752.—Un autre, du 28 janvier 1752, a condamné un courtier usurier à faire amende honorable au parc civil du Châtelet de Paris, ayant la corde au cou, avec écrit portant ces mots USURIER PUBLIC, et à un bannissement de neuf ans. Par le même arrêt, deux autres courtiers d'usure ont été bannis, l'un pour trois ans, l'autre pour cinq.

1766.—En juin 1766, intervint un nouvel édit qui changea le taux de l'intérêt de l'argent et défendit de le stipuler au-delà du denier vingt-cinq.

1770.—L'intérêt ne resta pas long-tems à ce taux. Un édit du mois de février 1770 vint le reporter au denier vingt.

1777.—Par un arrêt du 10 janvier 1777, rendu sur l'appel *à minimâ* interjeté par le procureur-général, d'une sentence du bailliage d'Orléans, du 22 mai 1776, le Parlement de Paris a condamné les nommés Jacques Boulleau, Claude Vidy, Nicolas Naudin, et Jeanne Lepage, femme de Jacques Frilion, au carcan, au bannissement pour neuf ans, et à mille livres d'amende chacun envers le duc d'Orléans, pour usures par eux commises. Il a pareillement condamné, pour crime d'usure, François-Jean-Laurent Bedanne, Marie Rousseau, Marie-Catherine Caucamberge, femme de Pierre Godefroi, Jean Bonin, Françoise Anseau, femme de François Famin, et Madelaine Jousset, à faire amende honorable au siége du bailliage d'Orléans, à être ensuite bannis, les quatre premiers pour neuf ans, Françoise Anseau pour cinq ans, et Madelaine Jousset pour trois ans, de l'étendue du ressort du bailliage d'Orléans et de la ville, prévôté et vicomté de Paris, et à différentes amendes envers le duc d'Orléans; et cinq autres à faire amende honorable, et au bannissement pour neuf ans; il a en même tems été ordonné que les ordonnances, déclarations du Roi, arrêts et règlemens de la Cour seraient exécutés selon leur forme et teneur.

1789.—Les choses en étaient à ce point en 1789. Le 30 du mois d'octobre de cette année, l'Assemblée constituante décréta que l'on pourrait à l'avenir prêter l'argent à terme fixe avec stipulation d'intérêt au taux fixé par la loi, sans cependant rien innover aux usages du commerce.

La modification importante que ce décret introduisit dans la législation fut donc la permission de prêter à terme fixe. Il devint dès-lors permis de prêter pour trois ans, pour un an, pour six mois et même pour un tems plus court encore. Jusque-là on n'avait pu jamais prêter à intérêt qu'en s'interdisant le droit d'exiger le remboursement, c'est-à-dire à constitution de rente.

L'intérêt légal était de cinq pour cent par an, sauf la retenue, et l'intérêt conventionnel était quatre pour cent, car la retenue était d'un cinquième et toujours de droit.

Mais ce décret portait : *Sans entendre innover aux usages du commerce*. On fut conduit à penser que dans le commerce l'intérêt était arbitraire, et l'on vit l'usure devenir fréquente et élevée à un point vraiment odieux.

1790.—Plus tard, et par décret du 23 novembre 1790, l'Assemblée constituante permit la stipulation de la non-retenue, et, à l'égard du commerce l'usage faisant la règle, l'intérêt en général était de six pour cent.

1793.—Les choses se maintinrent bien peu de tems en cette situation; arriva la loi du 11 avril 1793, qui déclara que l'argent était marchandise.

1794.—On ne tarda pas à s'apercevoir de la faute qu'on avait commise, et la loi du 11 avril 1793 fut rapportée par celle du 6 floréal an II (25 avril 1794.)

1796.—Une autre loi intervint le 8 thermidor an IV, qui proclama que chacun serait libre de contracter comme bon lui semblerait.

Le doute se répandit sur le taux permis en matière d'intérêts. Diverses Cours s'élevèrent contre les intérêts usuraires, par plusieurs arrêts qu'il est inutile de rappeler ici parce qu'ils sont sans intérêt depuis la promulgation de la loi du 3 septembre 1807.

Ce qui pouvait paraître douteux avant cette loi ne l'est plus depuis. Les doutes sont disparus ; il est maintenant de jurisprudence constante, comme on le verra bientôt, que les prêts usuraires antérieurs à la loi du 3 septembre 1807 doivent être exécutés.

Mais reprenons les choses dans l'état auquel les avaient amenées les lois de 1790, 1794 et 1796. L'usure était donc permise, et le taux de l'intérêt n'étant point fixé par la loi, il pouvait l'être comme il convenait aux contractans.

1804.—Le code civil fut promulgué, mais on n'y trouva rien concernant le taux de l'intérêt. Il consacra donc l'état des choses et laissa aux parties la latitude de fixer le taux de l'argent. Il abandonna le malheureux à la cupidité de l'usurier. Aussi usa-t-on largement de la permission, et les conséquences en furent désastreuses surtout dans certaines contrées. On vit porter les intérêts à un taux excessif; 20, 30, 40, 50 et 60 pour cent. La France compta par milliers les ruines et les fortunes scandaleuses. L'usure, qu'aucun frein ne retenait plus, fit irruption dans la société ; elle s'y implanta et y jeta des racines tellement profondes que la sévérité des lois et des magistrats n'est pas encore parvenue à les extirper entièrement.

1807.—L'ordre social eut tant à souffrir des ravages de l'usure qu'on sentit la nécessité de la proscrire de nouveau, et c'est alors que fut rendue la loi du 3 septembre 1807, dont voici le texte :

Article 1er. L'intérêt conventionnel ne pourra excéder, en matière civile cinq pour cent, ni en matière de commerce six pour cent, le tout sans retenue.

2. L'intérêt légal sera en matière civile de cinq pour cent, et en matière de commerce de six pour cent, aussi sans retenue.

3. Lorsqu'il sera prouvé que le prêt conventionnel a été fait à un taux excédant celui qui est fixé par l'article 1er, le prêteur sera condamné par le tribunal saisi de la contestation à restituer cet excédant, s'il l'a reçu, ou à souffrir la réduction sur le principal de la créance, et pourra même être renvoyé, s'il y a lieu, devant le tribunal correctionnel pour y être jugé conformément à l'article suivant.

4. Tout individu qui sera prévenu de se livrer habituellement à l'usure, sera traduit devant le tribunal correctionnel, et, en cas de conviction, condamné à une amende qui ne pourra excéder la moitié des capitaux qu'il aura prêtés à usure.

S'il résulte de la procédure qu'il y a eu escroquerie de la part du prêteur, il sera condamné outre l'amende ci-dessus à un emprisonnement qui ne pourra excéder deux ans.

5. Il n'est rien innové aux stipulations d'intérêts par contrats ou autres actes faits jusqu'au jour de la publication de la présente loi.

C'est la dernière loi rendue sur la matière, et c'est sous son empire que nous nous trouvons encore.

1814.—Son application en matière de prêts sur dépôts de marchandises a été suspendue par un décret du 15 janvier 1814 jusqu'au 1er janvier 1815. Voici la teneur de ce décret :

ARTICLE 1er. Les prêts sur dépôts de marchandises pourront, par exception à la disposition de la loi du 3 septembre 1807 qui a fixé l'intérêt en matière de commerce à six pour cent par an, être faits jusqu'au 1er janvier 1815 par toute personne faisant ou non le commerce, avec entière liberté aux prêteurs et emprunteurs de déterminer la quotité de l'intérêt.

2. Les actes publics ou sous seing privé de prêts sur dépôts de marchandises qui auront lieu en exécution de l'article 1er, ne seront jusqu'à la même époque du 1er janvier 1815, assujétis qu'à un droit fixe de trois francs pour enregistrement.

1814.—L'application de toutes les dispositions de la loi du 3 septembre 1807 a été aussi interdite par un autre décret du 18 janvier 1814, ainsi conçu :

La disposition de la loi du 3 septembre 1807, qui fixe l'intérêt de l'argent, en matière civile à cinq pour cent, et en matière de commerce, à six pour cent, sera suspendue, à compter de la publication du présent décret jusqu'au 1er janvier 1815.

Les prêteurs et les emprunteurs auront, pendant cet espace de tems, la liberté de déterminer, par les contrats ou autres actes, la quotité de l'intérêt.

1815.—Au 1er janvier 1815, la loi du 3 septembre 1807 a repris toute sa force et a recommencé à nous régir.

1840.—Elle nous régit encore aujourd'hui.

RÉSUMÉ.

Il résulte de ces documens historiques que l'intérêt de l'argent a été :

Antérieurement à 1515	. . . .	au denier *dix ;*
de 1515	à 1601	au denier *douze ;*
de juillet 1601	à mars . . . 1634	au denier *seize ;*
de mars 1634	à décembre . 1665	au denier *dix-huit ;*
de décembre . . 1665	à juin 1724	au denier *vingt ;*
de juin 1724	à juin 1725	au denier *trente ;*
de juin 1725	à juin 1766	au denier *vingt ;*
de juin 1766	à février . . . 1770	au denier *vingt-cinq ;*
de février . . . 1770	à avril 1793	au denier *vingt ;*
d'avril 1793	à avril 1794	*au gré des parties ;*
d'avril 1794	à juillet . . . 1796	au denier *vingt ;*
de juillet 1796	à septembre . 1807	*au gré des parties ;*
de septembre . . 1807	à janvier . . 1814	au denier *vingt ;*
de janvier 1814	à janvier . . 1815	*au gré des parties ;*
de janvier 1815	jusqu'à ce jour 1840	au denier *vingt.*

LIVRE II.

Loi du 3 septembre 1807.

La loi du 3 septembre 1807 étant maintenant la seule en vigueur, c'est sur ses dispositions seulement que nous ferons porter notre examen. Toutes claires qu'elles paraissent, elles ont donné lieu dans l'application à un bien grand nombre de difficultés que nous allons examiner.

Pour mettre de l'ordre dans ce travail, nous le diviserons en autant de chapitres que la loi comporte d'articles, et nous subdiviserons les articles, lorsque le besoin s'en fera sentir, afin de parvenir à toute la précision et à toute la clarté que nous désirons atteindre.

CHAPITRE PREMIER.

ARTICLE 1er. « L'intérêt conventionnel ne » pourra excéder en matière civile cinq pour » cent, ni en matière de commerce six pour » cent, le tout sans retenue. »

=On ne peut donc exiger ni même stipuler, en matière civile un intérêt plus élevé que cinq pour cent. En matière de commerce, il peut être de six pour cent.

Il est bien entendu que si l'intérêt fixé par la loi ne doit pas être dépassé, il est toujours permis de convenir qu'il sera au-dessous du taux légal.

Il n'est plus question maintenant de la retenue du cinquième ; c'est franc et net que l'intérêt doit être payé.

Telle est la règle générale qui s'applique à tous les prêts.

Mais il ne faut pas confondre avec les prêts les contrats d'assurance. Le contrat à la grosse, par exemple, peut être fait au taux qui convient aux parties sans que jamais il puisse y avoir usure. La raison en est que le contrat d'assurance est aléatoire, et que c'est en vue des chances à courir que la prime est déterminée. Toutefois si les tribunaux doivent éviter avec soin d'appliquer à ces contrats les règles relatives au prêt, ils ne doivent pas tolérer qu'on déguise un prêt sous la forme d'une convention d'assurance. Si un prêt à usure était fait sous le faux prétexte de commerce maritime, ainsi que l'a fort bien jugé la Cour royale de Bastia, par arrêt du 16 août 1827, il y aurait lieu à l'application de la loi du 3 septembre 1807.

PREMIÈRE DIFFICULTÉ.

La première difficulté qui se présente à la lecture de l'article premier de la loi du 3 septembre 1807, est relative aux escomptes.

Indépendamment de l'intérêt, il existe dans le commerce des rétributions qui se perçoivent sous d'autres dénominations. Ces usages doivent être respectés, à moins qu'il ne soit prouvé que c'est pour déguiser des intérêts usuraires qu'on y a eu recours.

S'il s'agit, par exemple, d'escomptes perçus à raison de paiemens anticipés de billets, d'opérations habituelles et ordinaires de change et de banque, ces perceptions renfermées dans les bornes posées par l'usage et non entachées de dol et de dissimulation, ne peuvent jamais ni constituer le délit d'habitude d'usure ni être admises comme des élémens pour le former. C'est ce qu'a jugé la Cour de Cassation par son arrêt du 8 avril 1825.

Le jugement attaqué avait déclaré que des escomptes perçus à raison de paiemens anticipés constituaient le délit d'habitude d'usure, et par suite avait condamné le prévenu à une amende de 2000 francs.

Mais il n'avait pas déclaré que ces escomptes eussent été employés pour déguiser des perceptions d'intérêts usuraires, faites en vertu de prêts conventionnels.

De là fausse application de l'article 4 de la loi du 3 septembre 1807, réprimée par l'arrêt ci-après :

« Ouï, etc. ;

» Attendu que d'après le jugement attaqué,
» les sommes exigées par le demandeur, à raison

» desquelles il a été condamné à l'amende de
» 2000 francs pour délit d'habitude d'usure,
» provenaient d'escomptes perçus lors du paie-
» ment par lui anticipé de billets qu'il escomp-
» tait, et non d'intérêts de prêts convention-
» nels ;

» Que le jugement attaqué a décidé que les
» escomptes ainsi perçus pouvaient, comme les
» intérêts du prêt conventionnel, former les
» élémens constitutifs du délit d'habitude
» d'usure ;

» Mais qu'il n'a point déclaré que les escom-
» tes eussent été employés pour déguiser des
» perceptions d'intérêts usuraires, faites en
» vertu de prêts conventionnels ;

» Que, dans cet état des faits reconnus, la
» déclaration de culpabilité du délit d'habitude
» d'usure et la condamnation à l'amende de
» 2000 francs ont été une fausse application
» de l'article 4 de la loi du 3 septembre 1807 ;

» Par ces motifs, la Cour casse et annule le
» jugement du tribunal correctionnel d'Alen-
» çon du 16 mars dernier, etc. »

La Cour de Cassation a rendu, le 26 août 1825, une décision tout-à-fait semblable à celle que nous venons de citer.

Par un autre arrêt du 8 novembre 1825, elle a jugé qu'on ne pouvait regarder comme perceptions usuraires les frais de change et de rechange excédant l'intérêt légal, payés au preneur de lettre de change contenant supposition de lieu par le souscripteur pour la négociation de ces lettres, alors que cette négociation a eu lieu au profit de ce dernier ; que ce serait en vain qu'on dirait que ces traites, par la simulation, ont dégénéré en simples promesses.

La même Cour a jugé, par deux arrêts du 24 décembre 1825, que c'était avec raison qu'on avait confondu des négociations commerciales, des opérations de banque et de change avec des prêts usuraires, lorsqu'on avait reconnu et déclaré en fait que, sous la forme de lettre de change, les parties avaient déguisé de véritables prêts usuraires.

Ces arrêts n'ont cependant pas satisfait tous les jurisconsultes, et M. Chardon, auteur d'un traité estimé sur le dol, dit qu'il ne peut cesser de voir un prêt dans une opération où un individu reçoit de l'argent avec obligation de le faire rendre par un tiers ou de le rendre lui-même au terme convenu. Ce n'est pas, il est vrai, dit ce magistrat, le prêt ordinaire; dans celui-ci il n'y a que deux contractans; dans le prêt par escompte, il y en a au moins trois et souvent un plus grand nombre; mais à ses yeux, ce n'en est pas moins un prêt. M. Chardon appuie son opinion, qu'il puise dans la nature même des choses, de la décision du tribunal d'Alençon, d'un jugement du tribunal de Dieppe et de l'arrêt de la Cour royale de Rouen. Il invoque encore un arrêt rendu le 13 août 1821 par la Cour royale de Lyon.

On ne peut contester que celui qui escompte un billet puisse se faire tenir compte des ports de lettres et autres frais ordinaires de commission, pourvu qu'ils soient proportionnés aux circonstances qui rendent le recouvrement plus ou moins facile.

Quand donc celui qui escompte le billet se bornera à exiger le remboursement de ces frais suivant les usages du commerce, il faudra bien convenir qu'il est à l'abri de tout reproche. Mais quand il aura excédé le cours du change et quand il aura fait une retenue illégale et extraordinaire, il y aura alors usure, et les tribunaux pourront reconnaître et déclarer que l'escompte n'a été qu'un moyen de déguiser la perception d'intérêts usuraires.

En un mot, l'escompte n'est pas en soi une usure. Il n'est pas défendu de plein droit. Les usages du commerce qui l'autorisent doivent être respectés, quand on n'a fait que s'y conformer. Si au contraire il y a exagération, si l'escompte n'est pas sérieux, mais seulement un moyen de déguiser une augmentation dans l'intérêt, alors il y a usure. L'escompte n'est plus seulement une opération de banque ou de commerce, il y a perception d'intérêts exigés à raison de la délivrance des deniers; il y a prêt, il y a fait d'usure, et ce fait peut, avec d'autres de même nature ou des prêts purement conventionnels, concourir à constituer le délit d'habitude d'usure.

Ces réflexions que nous offrons aux jurisconsultes dissidens nous paraissent conformes aux principes qui sont bien fixés maintenant par la jurisprudence. Depuis 1825, la Cour de Cassation a persisté dans les mêmes idées, et elles sont clairement et nettement reproduites dans l'arrêt du 16 août 1828, qui est ainsi motivé :

« Attendu que suivant la loi du 3 septembre
» 1807, la perception d'intérêts au-dessus du
» taux légal ne constitue un fait d'usure que
» lorsqu'elle a été faite en vertu d'un prêt con-
» ventionnel ;

» Attendu que par sa nature l'escompte n'est
» pas dans la catégorie des prêts conven-
» tionnels ;

» Que dès lors le taux de l'escompte fixé
» au-dessus de l'intérêt légal ne peut consti-
» tuer un fait d'usure qu'autant qu'on a re-
» connu et déclaré qu'il a eu pour objet de dé-
» guiser des perceptions d'intérêts usuraires,
» faites en vertu de prêts conventionnels ;

» Et attendu que dans l'espèce le jugement
» attaqué a déduit les faits d'usure de la réu-
» nion de deux escomptes ; l'un fait le 13 mai
» 1826 à Lebègue neveu, d'un billet de mille
» francs, exigible le 20 septembre 1830 ; l'au-
» tre d'un billet de mille francs, escompté à
» Bérenger le 13 janvier 1825 ;

» Qu'à l'égard de l'escompte du billet de
» mille francs à Lebègue neveu, il n'a pas
» déclaré que cet escompte eût pour objet de
» déguiser un prêt conventionnel pour perce-
» voir des intérêts usuraires.

» Qu'à défaut de cette déclaration, cet » escompte ne pouvait constituer un fait » d'usure ;

» Que dès lors, sur les deux faits de la réu- » nion desquels le jugement attaqué déduisait » la culpabilité d'habitude d'usure, un seul » aurait pu subsister, celui de l'escompte du » billet de mille francs à Bérenger ;

» Qu'ainsi la déclaration de culpabilité d'ha- » bitude d'usure manquerait de l'une des deux » bases dont le jugement reconnaissait la réu- » nion indispensable pour la motiver ;

» Que conséquemment, en la prononçant » dans cet état des faits et en condamnant le » demandeur à l'amende de 800 francs, ce » jugement a faussement appliqué les dispo- » sitions de la loi du 3 septembre 1807 ;

» Par ces motifs, la Cour casse et annule le » jugement du tribunal correctionnel d'An- » goulême du 19 mai dernier, etc. »

La Cour royale de Dijon, par arrêt du 24 août 1832, a jugé que la perception d'un droit de commission par un banquier, en sus de l'intérêt légal, à l'occasion d'avances par lui faites, peut être déclarée illégale, si ce banquier ne justifie d'aucune démarche pour procurer à l'emprunteur les valeurs avancées ; que tel serait le cas où il serait convenu entre le banquier et le négociant à qui il fait des avances , que le reliquat du compte qui serait arrêté tous les trois mois , et qui se trouverait entre les mains de ce dernier , donnerait lieu à un droit de commission, outre les intérêts commerciaux.

Il y eut pourvoi en Cassation contre cette décision , et voici l'arrêt qui intervint le 12 novembre 1834 :

« La Cour ;—considérant que , pour refu-
» ser au demandeur le droit de commission par
» lui réclamé , l'arrêt s'est fondé ; 1°. sur ce
» qu'aucune loi n'établit ce droit ; 2°. sur ce
» que le demandeur n'a rendu , d'ailleurs, au-
» cun des services qui pussent légitimer ce
» droit ;

» Qu'en cet état , en appréciant les faits et
» circonstances de la cause et en tirant de ces
» faits les conséquences qu'elle en a tirées , la
» Cour n'a pas violé les articles du code in-
» voqués ;—rejette, etc. »

La loi du 3 septembre 1807, qui fixe le taux

de l'intérêt conventionnel, en matière de commerce, n'est pas applicable aux opérations de banque; aussi le banquier qui perçoit plus de six pour cent n'est-il pas coupable d'usure, si l'excédant ne lui a été attribué qu'à titre de change, d'escompte et de commission.

Nonobstant la disposition de l'article 1154 du code civil, suivant laquelle les intérêts échus ne peuvent être capitalisés qu'autant qu'il en est dû au moins pour une année entière, il est permis, dans les comptes de banque, de faire cette capitalisation au moyen de règlemens successifs plus rapprochés. Toutefois les frais de négociation, tels que commission, banque et échange ne doivent donner lieu qu'à une seule perception; par conséquent, s'ils ont été répétés à titre d'agio, sur les soldes de comptes portés à nouveau, le débiteur conserve encore la faculté, bien qu'il y ait consenti, de s'en faire décharger.

Cela résulte d'un arrêt de la Cour royale de Grenoble en date du 15 février 1836.

M. Pardessus, Cours de droit commercial, tome 1er. n° 472, dit que la perception d'intérêts illégitimes ne peut être dissimulée par des conventions qui paraîtraient changer le nom du contrat.

Il faut donc tenir pour constant que l'escompte n'est point en règle générale un prêt ; lorsque cette opération est faite dans les cas et les limites autorisés , elle est à l'abri de toute critique. Mais quand le taux ordinaire est excédé , il faut examiner si la perception de l'escompte a été motivée sur la nature de l'opération, ou si elle n'a été que la retenue d'intérêts à raison de l'avance des fonds. Dans le premier cas, il n'y a pas de prêt conventionnel, et par conséquent point de fait d'usure punissable ; dans le second, il y a exigence d'intérêts usuraires à cause de l'avance des fonds, et par suite perception d'intérêts en exécution d'une convention qui a alors tous les caractères d'un prêt conventionnel. Il y a en conséquence un fait d'usure aux termes de la loi. Seulement il faut alors qu'il soit bien constaté dans le jugement qu'il résulte des faits et circonstances que l'opération a été une perception d'intérêts exigée à raison d'un prêt que l'on a déguisé sous la forme d'un escompte.

Dans tous les cas où l'escompte a été fait à

un taux excédant celui autorisé par la loi, il y a toujours lieu à restitution, quand bien même le renvoi en police correctionnelle ne serait pas possible, soit à cause du fait en lui même, soit à cause de l'absence d'un nombre suffisant de prêts conventionnels pour constituer le délit d'habitude d'usure.

DEUXIÈME DIFFICULTÉ.

On a souvent cherché à éluder les dispositions de la loi du 3 septembre 1807 qui défendent de stipuler l'intérêt à plus de cinq pour cent en matière civile et à plus de six pour cent en matière de commerce, en déguisant et fondant la stipulation d'intérêt avec le capital, dans l'acte qui constate la dette.

Bien que l'article 1907 du code civil veuille que le taux de l'intérêt soit fixé par écrit, on ne serait fondé à réclamer ni la nullité de la convention ni même celle de la fixation de l'intérêt, par cela que l'acte ne s'expliquerait point sur les intérêts.

Mais si la stipulation de l'intérêt échappe à la nullité, elle ne peut pas échapper à la réduction lorsqu'elle est excessive. C'est l'avis de MM. Merlin, Delvincourt et Duranton.

La Cour royale d'Agen, par un arrêt du 17 août 1809, avait jugé, au contraire, que lorsqu'il n'était point dit expressément dans le contrat sur quel taux les intérêts ont été stipulés et qu'ils y sont cumulés avec le capital de manière à ne former avec lui qu'un seul tout, le taux de ces intérêts ne se trouvait pas fixé, par écrit, dans le sens de l'article 1907 du code civil ; qu'au surplus cet article était inapplicable parce que les lettres de change qui comprennent un intérêt qui n'est pas exprimé et à un taux qui n'est pas fixé, sont basées sur une fausse cause.

On s'est pourvu en Cassation et l'arrêt de la Cour royale d'Agen a été cassé le 29 janvier 1812.

Depuis, la Cour de Cassation a, par un arrêt du 25 janvier 1815, décidé la question d'une manière formelle.

Par acte notarié du 11 fructidor an XIII, le sieur Vautier a reconnu devoir au sieur Beeby une somme de 72,000 francs exigible dans quatre ans.

Les intérêts ont été fixés à une somme de 3000 francs, payable par moitié, de six mois en six mois, les 10 ventôse et 10 fructidor de chaque année.

Il a été stipulé que le sieur Vautier paierait, en outre, à chacune de ces mêmes époques, 1500 francs imputables sur le capital, et enfin, le 10 fructidor an XVII, jour fixé pour le remboursement, 61,500 francs ; savoir : 60,000 fr. restant de ce même capital, et 1500 francs pour les intérêts qui seraient alors échus.

Conformément à cet acte, le sieur Vautier a compté tous les ans 6000 francs à son créancier.

Le 4 juin 1810, il a fait un autre paiement de 38,437 francs, dont il lui a été donné quittance en ces termes : « Je reconnais avoir reçu de M.
» Vautier la somme de 38,437 francs, valeur en
» compte sur la somme de 60,000 francs que
» je lui ai prêtée le 11 fructidor an XIII devant
» M. Meriel, notaire. »

Lorsqu'il s'est agi d'acquitter le surplus, le sieur Vautier a présenté à son créancier un compte dans lequel il imputait les 3000 francs payés chaque année en déduction du capital, non sur la somme de 72,000 francs portée dans l'acte, mais sur celle de 60,000 francs, la seule qui lui eût, disait-il, été comptée.

Le sieur Beeby, ne voulant point admettre les bases de ce compte, a fait procéder à une saisie-exécution contre son débiteur.

Opposition à la saisie ; référé renvoyé à l'audience. Là, il a été articulé par le sieur Vautier qu'il n'avait réellement reçu que 60,000 francs ;

Que les intérêts avaient été stipulés à dix pour cent ;

Que c'était pour masquer cette stipulation, qu'après les avoir ostensiblement fixés à une somme de 3000 francs, représentant l'intérêt légal de 60,000 francs, on avait fictivement grossi le capital de 12,000 francs payables par portions de 1500 francs, de six mois en six mois ;

Qu'il avait été verbalement convenu que, dans le cas où le remboursement aurait lieu avant l'époque fixée, il serait fait, sur cette somme de 12,000 francs, qui, bien que comprise dans le capital, ne représentait que des intérêts, une déduction proportionnée au tems restant à courir jusqu'à l'échéance de l'obligation ;

Que peu de tems après l'emprunt, le remboursement avait été offert au sieur Beeby, qui, en le refusant, était tombé d'accord que l'intérêt serait réduit à cinq pour cent ; que le sieur

Vautier continuerait néanmoins de payer 6000 francs chaque année, aux termes de l'obligation ; mais que la moitié de ces paiemens serait en définitif imputée sur le capital.

Le sieur Vautier, pour justifier ses allégations, tirait un premier indice des clauses même de l'acte obligatoire et notamment de celle par laquelle les intérêts avaient été fixés à 3000 francs, somme qui représentait seulement l'intérêt, au taux légal, de 60,000 francs.

Il se prévalait encore de la quittance du 4 juin 1810, portant que le paiement fait à cette époque avait été reçu par le sieur Beeby, à compte *de la somme de* 60,000 francs par lui prêtée, le 11 fructidor an XIII.

Enfin il offrait de compléter, par une enquête, la preuve des faits articulés.

Le sieur Beeby, interrogé sur faits et articles, a nié tout ce qu'alléguait son adversaire. Il a toujours soutenu qu'il avait réellement compté la somme de 72,000 francs, et qu'il n'y avait pas eu entre les parties d'autres conventions que celles qui avaient été rédigées par écrit.

Jugement qui rejette la preuve testimoniale offerte par le sieur Vautier, attendu le défaut d'un commencement suffisant de preuve par écrit, et qui ordonne la continuation des poursuites à fin de paiement intégral du capital de 72,000 francs, énoncé dans l'acte du 11 fructidor an XIII.

La Cour de Caen, devant laquelle l'appel de cette décision a été porté, a reconnu comme un fait constant qu'il n'avait été réellement prêté qu'une somme de 60,000 francs, à l'intérêt de dix pour cent par an; mais elle n'en a pas moins maintenu la décision des premiers juges, attendu, a-t-elle dit, qu'à l'époque où cette obligation fut contractée, le taux de l'intérêt de l'argent n'était fixé par aucune loi, et qu'il était loisible aux parties d'en convenir entre elles; d'où il suit que l'engagement contracté était licite et susceptible d'exécution; que si les parties pouvaient valablement et licitement stipuler l'intérêt à dix pour cent, elles ont pu pareillement parvenir au même but par un moyen indirect, et que, dans l'un comme dans l'autre cas, la justice ne peut porter atteinte aux conventions autorisées par la loi; qu'en pareil cas, la preuve offerte par Vautier n'est d'aucune importance et ne doit pas être admise d'après la maxime *frustrà probatur quod probatum non relevat* ; que si Beeby est blâmable de n'avoir pas reconnu la vérité des faits devant le magistrat chargé de l'interroger, Vautier ne l'est pas moins de chercher à se soustraire à un engagement qu'il a volontairement et licitement contracté, et qu'il avoue avoir pleinement exécuté, en payant chaque année les 6000 fr. d'intérêts, conformément aux dispositions du contrat contre lequel il réclame aujourd'hui ; d'où il suit que le premier juge a eu raison de rejeter la preuve par lui offerte.

Pourvoi en Cassation pour violation de l'article 1907 du code civil, qui porte que le taux de l'intérêt conventionnel doit être fixé par écrit.

Le but de cette disposition, a dit le demandeur, n'est pas équivoque. On a pensé que la nécessité de laisser une preuve écrite de l'usure serait un frein pour un grand nombre de ceux que pourrait tenter cet odieux moyen de s'enrichir.

On a voulu que, lorsque la loi ne réprimerait point elle-même les spéculations honteuses, elle trouvât dans l'opinion publique un utile supplément.

Appliquer ici la maxime qu'on peut faire indirectement tout ce qu'il est permis de faire directement, c'est méconnaître l'intention évidente du législateur, c'est laisser le champ libre à tous les abus qu'il a voulu prévenir.

ARRÊT.

« La Cour, — sur les conclusions de M.
» Jourde, avocat-général ; — attendu qu'il
» s'agit, dans l'espèce, de conventions régies
» par l'article 1907 du code civil ; que cet arti-
» cle, en ne mettant aucune borne à l'intérêt
» conventionnel, exige seulement que cet
» intérêt soit fixé par écrit ; — attendu que l'ar-
» rêt dénoncé a pu, sans violer cette loi et sur
» l'appréciation des clauses consignées dans
» les conventions écrites dont il s'agit, y voir
» la stipulation de l'intérêt à dix pour cent et
» sanctionner cette stipulation, d'autant plus
» qu'elle avait été pleinement exécutée de la
» part du demandeur, d'après les faits que le
» même arrêt a déclarés constans ; — rejette, etc. »

En admettant, avec la Cour royale d'Agen, que lorsque les intérêts ont été confondus avec le capital, de manière à ne former qu'un seul tout, on ne puisse pas dire que le taux des intérêts soit fixé par écrit et que par suite l'emprunteur se trouve privé du droit de demander la réduction des intérêts, il ne s'ensuit pas nécessairement que la perception de ces intérêts ne constitue pas un fait d'usure.

De même lorsque l'emprunteur a payé des intérêts qui n'étaient pas stipulés, il ne peut ni les répéter ni les imputer sur le capital, parce qu'il est censé avoir voulu reconnaître le service qui lui a été rendu et qu'il a acquitté une sorte d'obligation naturelle.

Cependant, dans tous ces cas, s'il y a eu usure, le ministère public pourra recueillir les faits pour établir le délit d'habitude et la peine qui doit le frapper.

La répétition serait admise au profit de l'emprunteur, s'il avait payé des intérêts non stipulés ou plus élevés que les intérêts convenus ; mais les droits de l'emprunteur sont tout-à-fait distincts de ceux du ministère public. La loi atteint les faits d'usure partout où ils se réfugient, indépendamment des actions qui peuvent appartenir à la partie lésée.

Il importe donc peu que les intérêts aient été

payés ou qu'ils soient dus encore, qu'ils soient stipulés au véritable taux ou déguisés , qu'ils soient payés d'avance ou exigibles seulement postérieurement, qu'ils soient confondus avec le capital ou énoncés séparément. Dans tous les cas, une seule chose suffit; c'est d'établir que des intérêts ont été exigés à un taux excédant celui qui est fixé par la loi du 3 septembre 1807. Chaque exigence d'intérêt est un fait qu'on peu invoquer pour constituer le délit d'habitude d'usure, comme chaque somme prêtée vient se réunir à la masse pour déterminer la quotité de l'amende encourue.

TROISIÈME DIFFICULTÉ.

Si le prêt est fait en denrées , quel intérêt pourra-t-on exiger ?

La loi du 3 septembre 1807 ne s'explique pas sur cette question; l'on en conclut que la plus grande latitude continue d'être accordée pour ce prêt. On conçoit en effet que si l'argent a une valeur fixe, le prix des objets mobiliers et des marchandises est sujet à des variations fréquentes. Tel qui emprunte lorsque les denrées sont à un prix fort élevé, rendra peut-être dans un tems où elles seront à bon marché. Rien donc d'illicite dans la convention qui obligerait l'emprunteur de dix décalitres de blé à en rendre quinze l'année suivante. Il peut même arriver que les quinze valent moins que les dix qu'il a reçus. Les deux contractans ont une égale chance de gain et de perte. Cependant il ne faudrait pas trop étendre cette faculté ; car alors il y aurait à examiner s'il n'y a pas dans le prêt une stipulation usuraire, et, s'il était reconnu que cette manière de prêter a déguisé un intérêt usuraire, alors cet acte, bien que portant sur des denrées ou des marchandises, deviendrait, tout aussi bien qu'un prêt fait en argent à un intérêt illégal, un élément de nature à constituer contre le prêteur le délit d'habitude d'usure.

Un arrêt de la Cour de Cassation du 31 mars 1813, rendu sur les conclusions de M. le procureur-général Merlin, décide qu'une rente en grains constituée au-dessus de l'intérêt légal doit être considérée comme usuraire et réduite à ce taux.

Dans l'espèce de cet arrêt, qui se trouve rapporté dans Denevers, volume 1813, page 227, il s'agissait d'une rente constituée antérieurement à la loi de 1807; mais la question de droit ne s'y trouve pas moins décidée dans le sens que l'usure peut être recherchée dans un prêt produisant un intérêt qui ne s'acquitte pas en argent.

QUATRIÈME DIFFICULTÉ.

Peut-on rechercher l'usure dans les contrats de mariage? Ou, en d'autres termes, peut-on, dans un contrat de mariage, stipuler les intérêts de la dot à un taux plus élevé que celui fixé par la loi?

La première réflexion qui se présente à la pensée du jurisconsulte à qui l'on soumet cette question, c'est que la loi du 3 septembre 1807, qui fixe le taux de l'intérêt, ne fait aucune distinction, et que, par conséquent, il n'est pas possible de faire une exception en faveur des créances constituées par des contrats de mariage. Cependant, après un examen plus attentif, on a cru découvrir que les stipulations faites dans un contrat de mariage ne pouvaient pas être considérées comme un prêt à intérêt; qu'il fallait, au contraire, ne voir, dans une fixation de l'intérêt de la dot au-dessus du taux légal, qu'une augmentation de la dot dont le paiement était convenu à différentes époques. La Cour royale de Riom a adopté ce système par un arrêt du 12 mars 1828. Dans l'espèce de cet arrêt, il avait été convenu, lors du contrat de mariage, que la dot serait payable dans l'année avec intérêts à cinq pour cent, et que, cette époque passée, les intérêts seraient exigibles à dix pour cent. La Cour royale de Riom n'a vu dans cette convention qu'une augmentation de dot et s'est appuyée du reste de toutes les considérations que peut fournir la nature du contrat.

Voici dans quelle espèce il a été rendu.

En 1806, contrat de mariage du sieur Cheminat avec la demoiselle Mosnier ; une dot de 5,000 francs est constituée à la demoiselle Mosnier par son père, payable dans un an, avec intérêts à cinq pour cent jusqu'à cette époque, et avec intérêts à dix pour cent passé cette époque, la dot étant alors considérée comme prêt d'argent.

En 1827, commandement du sieur Cheminat au sieur Mosnier, pour avoir à payer, outre les

5,000 francs, 9,250 francs pour les intérêts courus jusqu'alors à raison de dix pour cent. Opposition fondée sur ce que les intérêts courus depuis la loi du 3 septembre 1807 ne sont dus qu'à raison de cinq pour cent.

Jugement qui accueille ce moyen.

Appel.

ARRÊT.

« La Cour, — attendu que, dans les principes » généraux et de tous les tems, les intérêts » des dots, faute de paiement, ont pu être » stipulés au-dessus du taux légal établi pour » les créances ordinaires; que la validité de la » stipulation prend son effet dans la nature et » le privilége d'une constitution dotale, parce » les intérêts stipulés, à quelque taux que ce » soit, deviennent partie de la constitution » dotale même; — Attendu que ce cas doit être » comparé à celui d'une stipulation d'intérêts » à un taux quelconque en matière de vente, » parce que cette stipulation devient une condition de la vente et prend la nature du » prix même, comme, dans le cas du mariage, » la stipulation d'intérêts à un taux quelconque devient une condition du mariage;

» Attendu que la circonstance qu'il y a des » intérêts réclamés qui sont échus postérieu- » rement au terme stipulé dans le contrat de » mariage, et que ces intérêts ont couru sous » l'empire de la loi du 3 septembre 1807, ne » saurait être un motif pour s'écarter de ce » principe, parce que le taux de l'intérêt à dix » pour cent, même après l'échéance du terme, » tire sa légitimité de la clause stipulée dans » le contrat de mariage, qui a été légale, et » qu'il n'a dépendu que du débiteur de se libé- » rer à l'échéance du terme; que ne l'ayant » point fait, il a entendu approuver le cours » des intérêts tel qu'il avait été stipulé; — » attendu, d'ailleurs, qu'il serait injuste » d'exiger d'un enfant ou d'un gendre qu'il » poursuivît un père ou un beau-père pour le » remboursement du capital, sous peine d'être » privé de l'effet d'une clause sous la foi de la- » quelle un mariage a été contracté;

» Attendu que, dans les principes, on ne peut » trouver une novation dans le changement » d'intérêts qui a dû avoir lieu à l'échéance du » terme, et dans le silence sur ce changement; » que le cours des intérêts dans tous les tems

» a dû avoir pour règle la stipulation de la
» clause portée au contrat de mariage ; — dit
» qu'il a été mal jugé ; émendant, déboute
» Mosnier de son opposition au commande-
» ment de payer. »

Dalloz, en rapportant cet arrêt dans le volume de l'année 1832, 2e. partie, page 50, réfute par de puissantes considérations les motifs de cette décision. Il fait remarquer, avec beaucoup de justesse, que la loi ne contient point une exception en faveur des contrats de mariage, dans lesquels sans doute l'usure peut également, quoique bien plus rarement, se glisser; mais qu'elle ne doit pas plus être tolérée dans ces contrats que dans un autre, lorsqu'il est bien démontré qu'elle s'y rencontre. On ne peut donc se dispenser de la réprouver, sous le prétexte d'une augmentation de dot, quand les termes mêmes du contrat de mariage ne permettent d'y voir qu'une stipulation d'intérêts, à raison du terme accordé. Nous ne pouvons mieux faire au surplus que de reproduire la note de Dalloz ; la voici littéralement :

« Le système de cet arrêt nous paraît à la fois
» contraire à la loi, à la lettre du contrat, et

» à l'esprit des conventions matrimoniales.

» A *la loi*, car dans sa généralité, elle ne fait » aucune exception pour les stipulations con- » tractuelles entre parens, et l'on ne peut ré- » voquer en doute que l'usure ne puisse se » glisser dans un contrat de mariage, quoiqu'il » soit naturel de présumer que cela arrivera » plus rarement. — Toutefois, dès que cette » stipulation est certaine, on doit la frapper de » la même réprobation. — Il y a mieux, c'est » que s'il est un cas où la loi prohibitive des » conventions usuraires, loi si conforme (quoi » qu'on en dise) à l'état actuel de nos mœurs, » doive être appliquée, c'est bien celui où un » père s'est placé dans la nécessité de subir » une condition ruineuse qu'il aurait impru- » demment stipulée envers ses enfans.

» A *la lettre* du contrat ; en effet, les termes » en sont clairs, positifs et n'ont trait qu'à une » simple convention d'intérêts.

» A l'*esprit* des conventions matrimoniales ; » tout en effet y doit être clair et sans équivo- » que. Or, on vient de dire qu'on ne saurait » découvrir dans la stipulation qu'on examine » ici qu'une simple clause relative à ces inté-

» rêts, car si l'on prétend que la stipulation
» des intérêts était un avantage pour cause de
» mariage, cet avantage devant être immuable,
» soit dans l'intérêt des parties, soit dans l'in-
» térêt des tiers, la stipulation en devait être
» évidente, ce qui ne s'est pas réalisé dans
» l'espèce.

» Prétendra-t-on que la clause recélait une
» libéralité contractuelle?—Alors, ou c'est aux
» deux époux, ou c'est à l'un d'eux seulement
» qu'elle a été assurée;—aux deux époux? Mais
» pourquoi le père aurait-il fait à son gendre
» une libéralité qui eût préjudicié à sa fille?
» Pour l'admettre ainsi, il faudrait des termes
» bien positifs, et l'adoption du régime dotal
» vient ici déposer contre cette interprétation.

» A l'un des époux, à la fille seulement? Ce
» serait alors un *augment de dot*. Mais, d'abord,
» où sont les termes du contrat qui lui attri-
» buent cette nature; et si c'en était un, il de-
» vrait, comme la dot, être inaliénable; et
» cependant, par la perception annuelle des
» intérêts que ferait le mari, partie de la dot
» de sa femme se trouverait dépensée, absor-
» bée, et où l'héritier de la femme reconnaî-

» tra-t-il dans une telle clause un augment de
» dot?—Enfin les créanciers du mari pour-
» raient voir un jour la femme, en vertu d'une
» clause impossible à découvrir dans le con-
» trat, absorber à leur préjudice, par son pri-
» vilége, tous les biens du mari. L'on sent, au
» reste, quel vaste champ offrirait à la fraude
» l'agglomération de ces prétendus augmens
» dotaux.

» Mais, disons-le, en rentrant dans les termes
» du contrat, on n'y découvre aucune de ces
» stipulations que l'interprétation pourrait
» s'efforcer d'y introduire. On y voit, en effet,
» que le beau-père doit payer la dot dans l'an-
» née, et ce n'est que dans le cas où le paiement
» n'aurait pas lieu qu'il se soumet à la condi-
» tion ruineuse de servir l'intérêt à dix pour
» cent. Ce n'est donc ni une libéralité ni un
» augment de dot qu'il a entendu faire, car où
» serait le caractère d'irrévocabilité de ces
» stipulations? Le beau-père n'a fait que subir
» l'empire de la nécessité; la loi, dès lors, doit
» venir à son secours. »

CINQUIÈME DIFFICULTÉ.

Une donation rémunératoire, faite par l'emprunteur au prêteur, peut-elle être réputée déguiser l'usure ?

Les faits et les circonstances sont d'une grande importance pour la décision de cette question, qui ne peut pas être résolue en droit d'une manière absolue.

S'il est reconnu que la donation n'a eu pour but que de déguiser l'usure, il faudra la réprouver ; mais si cet acte, au contraire, paraît sérieux et surtout motivé, il doit être respecté.

Admettre comme règle générale que la réunion de certaines circonstances doit nécessairement entraîner l'annulation de la donation, et soutenir que leur absence doit assurer son maintien, c'est, ce me semble, aller beaucoup trop loin ; c'est ériger en principe ce qui n'est réellement qu'une présomption, c'est se constituer législateur et ajouter aux lois une disposition que l'on n'y trouve pas, c'est enfin faire violence à la conscience du juge, en lui prescrivant d'être convaincu de la présence de l'usure dans certains cas et de ne pas l'être dans certains autres. On ne peut pas tracer ainsi des règles générales aux magistrats chargés de l'appréciation des faits pour arriver à la découverte de la vérité.

M. Chardon pense qu'en droit toutes les libéralités faites par le débiteur à son créancier, soit lors de l'emprunt, soit depuis et avant l'extinction de l'obligation, doivent être réputées *usures palliées*. Il est effectivement, dit-il, si contraire à ce qui se passe ordinairement parmi les hommes, que, d'une part, celui qui doit, au lieu de se libérer, fasse des dons à son créancier, et que, de l'autre, le créancier ait le courage d'accepter les dons d'un débiteur qui ne peut pas se libérer, qu'on ne fait que remettre les choses dans leur état naturel en imputant sur la dette tout ce qui a pu être payé sur la libéralité et l'annulant pour tout ce qui ne l'a pas été; d'où est né l'adage *nemo liberalis nisi liberatus*.

M. Chardon rappelle que c'est ainsi que l'ont enseigné Dumoulin, d'Argentré et tous les auteurs les plus recommandables qui ont écrit depuis, notamment Pothier, dans son Traité du prêt, n°. 99. — Pour que le présent que le prêteur a reçu de l'emprunteur soit réputé lui avoir été fait librement, et ne soit pas en conséquence infecté du vice d'usure, il faut que l'emprunteur ne l'ait fait qu'en même tems ou après qu'il a rendu la somme prêtée. Auparavant, il serait présumé ne l'avoir fait que pour empêcher le prêteur de presser le paiement, et, par conséquent, ne l'avoir pas fait avec liberté entière ; ce qui suffit pour que le présent reçu par le prêteur soit regardé en quelque façon comme exigé, et par conséquent comme entaché d'usure.

Si telle était la rigueur du précepte quand il ne s'agissait que d'un prêt gratuit, si cette rigueur lie encore ceux qui restent soumis aux lois de l'Église, avec quelle force les tribunaux ne doivent-ils pas résister à toutes les doctrines contraires, aujourd'hui que la loi civile permet de stipuler des intérêts pour le prêt temporaire.

Cette doctrine d'un magistrat très-éclairé a été consacrée par un arrêt de la Cour royale de Pau, rendu le 17 janvier 1824 et ainsi motivé :

« La Cour, — considérant, sur la fin de non-
» recevoir, que, etc., etc. ; — considérant, au
» fond, que la loi du 3 septembre 1807 fixe
» l'intérêt à cinq pour cent dans les transac-
» tions civiles ; que, dans l'état actuel de nos
» mœurs et de notre législation, tout ce que le

» prêteur *exige ou reçoit au-delà du taux* est
» réputé et appelé usure ; que , pour qu'une
» donation rémunératoire, faite par l'emprun-
» teur au prêteur, ne soit pas entachée du vice
» d'usure , il faut deux conditions : la pre-
» mière, que le prêt soit gratuit ; la seconde,
» que le don soit postérieur au remboursement
» des sommes prêtées ; et qu'il faut, de plus ,
» que le présent ou l'objet donné soit de peu
» de valeur ; que quand ces conditions ne se
» rencontrent pas dans un contrat qui a cepen-
» dant la forme et la couleur apparente d'un
» acte de bienfaisance , il peut être valable-
» ment attaqué et annulé, en tout ou en partie
» suivant les circonstances , comme infecté
» *d'usure palliée* , parce qu'alors il est légale-
» ment et raisonnablement présumé que, placé
» en quelque sorte sous la domination de son
» créancier , vaincu par la nécessité , le débi-
» teur, en consentant à souscrire un titre de
» cette nature , n'a pas agi librement ni volon-
» tairement : *debitor servus est feneratoris ; eges-*
» *tas excludit voluntarium ;* que les auteurs les
» plus estimés disent que l'on n'admet la dona-
» tion ou les intérêts compensatoires , pour

» les pertes éprouvées par le prêteur et les
» gains dont il a été privé, que lorsque le prêt
» est absolument gratuit ; qu'il est à remar-
» quer aussi que ces intérêts n'ont lieu que
» dans le for de la conscience ; car , au for
» extérieur , un prêteur ne serait pas receva-
» ble à demander rien au-delà de son prin-
» cipal, sous quelque prétexte que ce fût ; la
» raison en est que, s'il était écouté , on ou-
» vrirait la porte aux usures ;—que tels sont,
» dans toute leur pureté et leur exactitude ,
» les principes sur la matière enseignés par
» les plus doctes juristes ; que , chercher à
» les obscurcir où à les altérer par des subti-
» lités scholastiques et des distinctions de fan-
» taisie , c'est heurter tout à la fois la raison,
» la saine morale et les intérêts de la société ;
» c'est vouloir renverser, par des sophismes, la
» seule barrière que le législateur ait cru pou-
» voir opposer jusqu'à présent à l'insatiable
» et criminelle cupidité de certains hommes ;
» en un mot, c'est détruire la loi du 3 septem-
» bre 1807. Ces principes posés , il est facile
» d'en faire l'application aux actes du 4 février
» 1809 et 10 novembre 1811, et d'en apprécier

» le caractère;—en ce qui concerne le premier,
» considérant qu'il résulte de la correspon-
» dance que menacé d'exécution rigoureuse
» par Maze, dont il était depuis long-tems le
» débiteur, Gentien prit la détermination pour
» assurer son repos d'emprunter 25,000 francs
» à l'intérêt de cinq pour cent, et de faire, de
» plus, au prêteur, quel qu'il fût, une dona-
» tion de 20,000 francs; qu'il en fit la propo-
» sition à Maze, lequel, après avoir hésité
» quelques jours, voulut bien l'accepter; que
» le contrat de prêt fut passé le 28 janvier
» 1809, et celui de donation le 24 février sui-
» vant; que le concours et la vicinité de ces
» deux actes, de même que les circonstances
» qui les avaient précédés, accompagnés et
» suivis, prouvent évidemment que la dona-
» tion fut la condition essentielle du prêt;
» qu'il est dès lors impossible de considérer
» l'acte qualifié donation comme un pur acte
» de libéralité et de reconnaissance de Gentien
» pour des services qui lui auraient été rendus,
» puisqu'il est établi, par cette même corres-
» pondance, que Gentien était disposé à con-
» sentir la donation en faveur de la première

» personne qui voudrait lui prêter ladite
» somme ; que , loin qu'il paraisse que Maze
» eût prêté quelquefois de l'argent à Gentien ,
» uniquement pour l'obliger, on voit, au con-
» traire , que les prêts étaient toujours inté-
» ressés et qu'antérieurement à 1807, l'intérêt
» avait même été payé jusqu'à quinze et seize
» pour cent; — qu'il suit de là que la cause
» que l'on assigna à la donation est fausse et
» en même tems illicite , puisque le montant
» de cette donation, réuni aux intérêts légaux
» de l'obligation, aurait produit au sieur Maze
» un bénéfice énorme , qui caractérise et cons-
» titue une des plus scandaleuses usures qui
» depuis long-tems aient été signalées dans les
» annales de la justice ; que , dans cet état de
» choses et d'après les règles établies ci-dessus,
» il est dérisoire de prétendre que la donation
» pouvait être rémunératoire ou compensa-
» toire , *ad libitum ;* qu'une semblable idée n'a
» pas besoin de réfutation ; que de tout ce qui
» précède il faut conclure que c'est avec raison
» que les premiers juges ont annulé l'acte dont
» il s'agit , comme renfermant un traité usu-
» raire proscrit par la loi ; ce qui est conforme

» aux véritables principes. — En ce qui con-
» cerne le second acte, considérant que cet
» accord n'est que la suite et l'émanation du
» premier ; qu'il a la même origine et la même
» cause ; qu'il n'est autre chose que la même
» usure, seulement modifiée et revêtue d'une
» autre forme ; que lorsque Gentien consentit
» ce nouvel acte, il devait encore un billet de
» 1850 fr. ; que sa maison d'Ortez était grevée
» de l'hypothèque des 20,000 fr. de la dona-
» tion, laquelle reprenait toute sa force, aux
» termes de l'acte dont s'agit, faute d'exécu-
» tion dans le délai donné ; et qu'ainsi Gentien
» était toujours dans la dépendance et les liens
» de son avide créancier ; qu'il n'était donc
» pas plus libre alors qu'en 1809 ; que par
» conséquent cet acte, ayant les mêmes vices,
» doit subir le même sort ; qu'enfin, en suppo-
» sant que ce traité eût pu être le fait de la
» volonté libre de Gentien, il n'aurait eu au-
» cun des caractères de la ratification, n'ayant
» pas été fait dans la forme et de la manière
» voulues par l'article 1338 du code civil ; d'où
» il suit que la disposition du jugement rela-
» tive à cet acte doit être également confirmée;

» —Considérant que, ces actes étant annulés,
» la conséquence nécessaire est que le com-
» mandement l'est aussi ; —DÉBOUTE les héri-
» tiers Maze de leur appel, et les condamne en
» l'amende et aux dépens. »

Dans l'état des faits, j'aurais jugé comme les magistrats de la Cour royale de Pau ; dès qu'il était démontré que la donation était la condition essentielle du prêt, elle constituait, par cette augmentation de l'intérêt, un fait d'usure et devait par suite être annulée ; mais c'est contre les motifs de cet arrêt que je m'élève, de toutes mes forces. Tout en m'associant de grand cœur aux magistrats dont le zèle poursuit avec persévérance l'usure partout où elle essaie de se réfugier, je ne puis sacrifier au besoin de faire de la morale le devoir qui est imposé au magistrat de respecter les lois et d'en assurer l'exécution. On peut, il me semble, sans mériter le reproche d'altérer les principes de la matière par des subtilités scholastiques et des distinctions de fantaisie, ne pas accueillir favorablement une doctrine dont le premier effet est de créer une incapacité de recevoir que nos lois n'ont pas admise.

On peut, sans heurter tout à la fois la raison, la saine morale et les intérêts de la société, ne pas adopter une théorie dont les exigences sont telles que les magistrats devraient même faire violence à leur conscience pour annuler un acte, comme entaché d'usure, par cela seul que la donation aurait été faite à un créancier. Sans vouloir renverser la seule barrière que le législateur ait opposée à une criminelle cupidité, je réclame plus de liberté pour les magistrats chargés d'apprécier des faits. Quand ils auront la conviction que l'acte de donation n'est intervenu que pour déguiser l'usure, qu'ils sévissent, qu'ils réduisent, qu'ils annulent, rien de mieux ; ce n'est pas moi qui demanderai grâce pour un acte non sérieux ; mais lorsqu'ils auront la certitude que la donation est restée étrangère au prêt, que l'acte soit respecté, quoique fait au profit d'un créancier ; la loi ne le défend pas, et l'équité, comme le respect que l'on doit aux contrats, le commandent. J'irai même plus loin, je dirai que la donation ne doit pas être annulée s'il y a doute, c'est-à-dire si le magistrat n'est pas entièrement convaincu que la donation a été la condition du prêt et ne doit sa naissance qu'au besoin de déguiser un supplément d'intérêts. Il ne faut pas que le désir d'atteindre la fraude rende trop fragiles les conventions. L'ardeur des hommes de bien qui font sans cesse une guerre à outrance à la fraude et à la simulation, a souvent besoin d'être modérée par les jurisconsultes, qui n'oublient pas que si la société a intérêt à ce que le dol et la fraude ne restent pas impunis, il lui importe beaucoup aussi que les conventions ne soient pas brisées légèrement. Guerre à la fraude, mais aussi foi aux actes jusqu'à preuve contraire ; il vaut mieux acquitter un coupable que de condamner un innocent ; cela est vrai aussi en matière civile : il vaut mieux laisser subsister un acte entaché de fraude que de déchirer un acte sérieux.

L'arrêt rendu le 17 janvier 1824 par la Cour royale de Pau, avait été incompétemment prononcé par la chambre des appels de police correctionnelle (qui ne pouvait connaître que des affaires sommaires). Déféré à la Cour de Cassation, il fut cassé par arrêt du 27 avril 1827. L'affaire fut en conséquence renvoyée à la Cour royale de Bordeaux.

On trouve dans Sirey tome 22, 2e. partie, page 41, la consultation qui a été délibérée pour ce procès. Voici les moyens que présente le jurisconsulte pour faire maintenir la donation.

« Où en serait l'ordre social, dit le conseil,
» si l'on pouvait ainsi tendre des pièges à la
» bonne foi ; si l'on pouvait solliciter des gens
» un service onéreux et dommageable, en leur
» offrant *un don* considérable, les presser
» d'accepter, exciter la reconnaissance des
» donataires, profiter de leurs services, de leurs
» bienfaits ; puis, et après nombre d'années,
» en être quitte pour venir dire que ce qu'on
» a fait de plein gré, que l'acte dont on a pro-
» fité, doit être réputé nul comme prohibé par
» la loi ; . . . .

» Parce que la *donation* litigieuse n'avait pas
» été exigée ; parce qu'elle avait été *offerte avec*
» *insistance ;* parce qu'elle n'avait été acceptée
» qu'après longue résistance ; parce que le do-
» nateur n'a cessé de déclarer que cette dona-
» tion était l'effet de sa *volonté ;* parce qu'il l'a
» ratifiée même après qu'il eût remboursé son
» créancier ; parce qu'il est mort sans l'atta-

» quer, et voulant qu'elle ait effet; le conseil
» conclut de tous ces faits constans qu'il doit
» y avoir ici *fin de non-recevoir* contre les héri-
» tiers du donateur. »

Le conseil reconnaît que la donation se rattachait au prêt, comme à sa cause principale; il regarde cette donation comme un intérêt, mais il prétend que cet intérêt n'a pas le caractère d'usure et voici les raisons qu'il donne:

« 1°. Les parties étant des commerçans, puis-
» qu'elles faisaient le commerce d'argent, l'in-
» térêt légal était de six pour cent.

» 2°. Si la donation était réductible, il s'agi-
» rait de savoir jusqu'à quel point il y aurait
» lieu à réduction; et pour cela, il faudrait
» déterminer quelle était la valeur réelle du
» *don après décès*, qu'elle contenait. Or, le don
» était chanceux et aléatoire; il pouvait être
» révoqué par *survenance d'enfans;* il pouvait
» être révoqué par *ingratitude;* il pouvait être
» caduc par le *prédécès du donataire* (nonobs-
» tant toute clause contraire). Dans tous les
» cas, il ne devait avoir effet qu'après le décès
» du donateur, qui pouvait vivre long-tems.
» N'oublions pas que le donataire, ainsi gra-

» tifié, ne pouvait plus décemment exiger son
» remboursement; que son capital de 25,000
» fr. restait indéfiniment stérilisé dans le sens
» des profits de banque. En de telles circons-
» tances, qui pourrait apprécier avec équité la
» valeur réelle du don de 20,000 fr., payable
» après décès ? N'est-il pas dans les principes
» de notre législation que les *contrats aléatoires*
» restent soumis à l'appréciation des contrac-
» tans; qu'ils ne comportent ni lésion, ni réduc-
» tion ? Le vœu de l'article 1907 ne s'applique-
» t-il pas à l'espèce, tout aussi bien qu'à une
» constitution de rente viagère ? Le conseil
» pense qu'il est impossible d'affirmer quelle
» était, à l'époque du contrat, la valeur réelle
» du don ; il en conclut que ce don ne peut
» être légalement réputé avoir excédé l'intérêt
» que la loi permettait de stipuler, en sus des
» cinq pour cent portés au contrat de prêt du
» 4 février 1809.

» 3°. Et quand même on pourrait dire que
» les deux actes réunis du 24 janvier et du 4
» février 1809 présentaient *un intérêt excessif*,
» ce ne serait encore pas une *usure*, parce que
» cet intérêt aurait le caractère essentiel d'in-
» térêt *compensatoire*.

» Sur cette question, les principes élémen-
» taires paraissent avoir été méconnus ; il faut
» les rappeler, les développer, les rendre
» clairs, certains et irréfragables.

» Autant il faut réprimer l'*usure,* autant il ne
» faut pas enchaîner la reconnaissance des per-
» sonnes obligées par un prêt ; autant surtout
» il ne faut pas empêcher l'emprunteur de
» dédommager, par une donation, le prêteur
» de ce qu'il a prêté son argent à des condi-
» tions qui lui seraient nuisibles, si elles
» n'étaient améliorées.

» Titius avait des capitaux placés en *tiers*
» *consolidé ;* un capital de 70,000 francs lui pro-
» duisait 5000 francs d'intérêts annuels, exac-
» tement servis par le trésor public. Sempro-
» nius l'a supplié de retirer ses fonds, et de les
» lui prêter pour dix ans. Titius aura fait le
» prêt à cinq pour cent, c'est-à-dire moyennant
» 3500 francs d'intérêts annuels ; il aura donc
» perdu 1500 francs par an pour obliger Sem-
» pronius. Le conseil ne pense pas que, pour un
» tel cas, le législateur ait voulu prohiber une
» donation de Sempronius qui dédommagerait
» Titius des 15,000 francs qu'offre de dommages

» certains son prêt pour dix ans à cinq pour
» cent. »

J'avoue qu'à cet égard, je ne puis pas partager l'opinion du conseil. La loi défend de prêter à plus de cinq pour cent d'intérêt par an; s'il y a dommage pour Titius à retirer ses fonds du trésor public pour les placer entre les mains d'un emprunteur, c'est à lui de ne pas le faire; personne ne l'y contraint. Mais dès qu'il juge convenable de préférer, n'importe pour quel motif, ce mode de placement, il doit respecter la prohibition de la loi; et s'il ne le fait pas, et s'il est démontré qu'une donation à lui faite par son débiteur n'a été que la condition du prêt, il y aura certainement usure. S'il en pouvait être autrement, ce serait ouvrir une porte bien large à l'usure, ce serait autoriser les abus et la violation de la loi, qui resterait sans application, parce que les prêteurs ne manqueraient jamais de prétextes ou même de motifs pour justifier les donations et déguiser ainsi leurs usures. Continuons.

» Un négociant a dans sa caisse des fonds,
» dont une partie est destinée à une opération
» commerciale certainement productive; une

» autre partie est destinée à acquitter des effets
» en circulation ; s'il change cette destination,
» s'il a la bonté de se dessaisir de ces fonds,
» pour obliger un ami, en lui prêtant au taux
» légal, il ne fera pas les énormes gains qui lui
» étaient assurés ; au contraire, il fera de gros-
» ses pertes ; il sera *saisi*, il sera *exproprié* ; il
» sera *contraint par corps*; il sera failli, ruiné, dé-
» considéré. Pour ce cas encore, le législateur
» ne saurait vouloir que l'ami obligé n'assure
» pas une *indemnité* à l'ami qui l'oblige aussi
» dommageablement. »

Ce que le législateur veut, c'est qu'on n'exige pas un intérêt plus élevé que cinq pour cent. Si le prêteur ne se trouve pas en position de pouvoir faire le prêt, sans s'exposer au dommage et aux conséquences qu'énumère le conseil, qu'il ne prête pas ; mais s'il le fait, qu'il se conforme à la loi.

Le jurisconsulte dont nous examinons la consultation se prévaut de l'avis des anciens docteurs canonistes et de celui de Pothier ; mais il oublie de faire remarquer que la loi du 3 septembre 1807 n'existait pas au tems où Pothier s'expliquait sur les intérêts compensatoires.

Le conseil, après avoir cité d'autres exemples analogues qui ne nous paraissent pas avoir plus de droit à l'exception qu'il leur accorde, que ceux dont nous venons de parler, conclut, et en principe général, qu'autant les juges doivent être inflexibles pour annuler la stipulation expresse d'un intérêt excédant le taux légal, parce que le législateur l'a expressément ordonné, autant ils doivent être réservés quand il s'agit de poursuivre ce qu'on appelle *l'usure déguisée* ou palliée, surtout quand elle est déguisée sous la forme d'une libéralité que la loi autorise.

La loi autorise une libéralité, mais elle ne permet pas un accroissement d'intérêts. Si la libéralité est étrangère au prêt et n'en est pas une condition, l'acte de donation doit être respecté; mais je ne saurais admettre avec l'auteur de la consultation qu'il doive l'être, lorsque la libéralité déguise une usure.

Le conseil croit ensuite que s'il est permis d'annuler une *donation* comme voilant un *intérêt usuraire*, ce ne doit être que dans le cas où il y a certitude qu'il n'y avait pas lieu à indemnité, autorisant une *donation rémunératoire*.

Je ne comprends pas bien comment un prêt pourrait donner lieu à une action en indemnité ; mais quand cela serait, il n'en resterait pas moins impossible de maintenir une donation, condition d'un prêt, et déguisant un intérêt usuraire.

Appliquant ces principes qu'il a développés, le conseil termine par conclure que la donation querellée, si elle ne fut simplement *rémunératoire*, fut au moins *compensatoire*. Or, ajoute-t-il, si elle fut compensatoire, ou causée pour *indemnité* de dommages prévus, les principes de la matière ne permettent pas que cette donation soit annulée comme servant de voile à une opération usuraire.

La Cour royale de Pau en a jugé tout autrement, et quoique refusant notre approbation à ses motifs, nous pensons que cette décision était inévitable, mais qu'on devait y être conduit en partant des principes ci-dessus professés.

Il nous a paru utile de rapporter ici les principaux moyens de la consultation délibérée en faveur de l'appelant, pour que le lecteur trouvât d'abord en regard ce que l'on peut dire pour ou contre notre opinion, et qu'ensuite cette discussion du jurisconsulte distingué qui a traité cette question fournît de nouveaux argumens en faveur de l'avis que nous avions adopté comme le seul conforme aux principes de la matière.

L'arrêt de la Cour royale de Pau a été cassé, parce qu'il avait été rendu par la chambre des appels de police correctionnelle, qui ne pouvait connaître que des affaires sommaires. La Cour de Cassation, par son arrêt du 27 avril 1827, renvoya l'affaire à la Cour de Bordeaux.

La Cour royale de Bordeaux, 1re et 2e chambres réunies, statua, par arrêt du 17 décembre 1827. Voici cet arrêt qu'on trouve rapporté dans Dalloz, volume 1829, 2e partie, page 134.

« La Cour, — sur les conclusions de M.
» De Sèse, avocat-général;—attendu que, par
» le traité du 6 novembre 1811, P. Gentien et
» J.-B. Maze ne transigèrent point sur l'usure
» dont on prétend qu'est vicié l'acte du 4 février
» 1809, mais sur le montant et l'époque de
» l'exigibilité des sommes portées par ledit
» acte que les parties qualifiaient de donation
» rémunératoire ; que deux des lettres écrites

» naître quel peut être le revenu annuel de la
» maison dont il s'agit;

» Par ces motifs, le tribunal, avant dire
» droit, ordonne que des experts constateront
» ce que la maison pouvait rapporter. »

On interjetta appel de ce jugement ; mais la Cour royale de Bastia, adoptant les motifs des premiers juges, le confirma par arrêt du 9 janvier 1839.

Cette décision est rapportée dans Dalloz, volume 1839, partie 2e., page 39.

DIXIÈME DIFFICULTÉ.

L'art. 1er. de la loi du 3 septembre 1807 s'applique-t-il aux rentes constituées?

Lorsque la constitution de rente a été créée antérieurement à la loi du 3 septembre 1807, il ne peut y avoir aucune difficulté; quel que soit le taux auquel l'intérêt a été convenu, il faut exécuter le contrat, ou du moins on ne peut le faire rescinder, en vertu de l'art. 1er. de la loi du 3 septembre 1807, puisque l'art. 5 de la même loi dispose qu'il n'est rien innové aux stipulations d'intérêts, faites par contrats ou autres actes jusqu'au jour de la dite loi.

La question ne peut donc naître que lorsque la rente a été constituée par acte d'une date postérieure à la loi de 1807. En un mot, a-t-on pu, après la promulgation de la loi du 3 septembre 1807, stipuler, dans une constitution de rente, des intérêts au-dessus de cinq pour cent?

Favard, dans son répertoire, v°. intérêts numéro 7, soutient que la loi du 3 septembre 1807 ne s'applique pas aux arrérages des rentes constituées à un taux plus élevé que l'intérêt légal, parce qu'elle ne parle que du *prêt à intérêt* proprement dit, et non pas du *contrat de constitution* où le capital étant aliéné, le prêteur a définitivement renoncé au droit d'en exiger le remboursement. M. Favard dit que c'était ainsi qu'en avait décidé l'édit du mois de février 1770, qui, en fixant les intérêts au denier vingt, avait ajouté : « N'entendons rien innover aux contrats de constitution, ni aux billets portant promesse de passer contrat de constitution. »

Et le code civil, dit M. Favard, a clairement confirmé cette distinction, en classant à part ces deux contrats, par les articles 1905, 1907 et 1909.

M. Duranton dit qu'il ne saurait partager l'opinion de M. Favard de Langlade. Il enseigne que le code civil regarde, au contraire, comme un *prêt*, le contrat de constitution fait moyennant un capital dont on s'interdit d'exiger le remboursement; que l'article 1909 donne positivement le nom de *prêteur* à celui qui livre le capital, et que cet article est placé sous le chapitre intitulé : *du prêt à intérêt*. Il fait remarquer que l'article 1912 lui donne pareillement ce nom. Voici comment M. Duranton développe son opinion.

« Ce chapitre statue sur la *stipulation d'inté-*
» *rêt* moyennant un capital que le *prêteur* s'in-
» terdit d'exiger, et la loi de septembre 1807
» dit d'une manière générale, par son article
» 1er, que l'intérêt *conventionnel* ne pourra excé-
» der, en matière civile, cinq pour cent, et en
» matière de commerce, six pour cent, le tout
» sans retenue. Or, on ne peut nier que, dans le
» cas aussi de constitution, il n'y ait un *intérêt*
» *conventionnel*, un *intérêt stipulé;* le code civil
» le dit positivement. Qu'importe que, d'après
» diverses dispositions du code lui-même
» (notamment dans les articles 584 et 1409),

» et d'après la doctrine, les intérêts prennent, » en ce cas, plus particulièrement le nom » *d'arrérages ;* cela ne fait rien à la question. » Le législateur, en rédigeant la loi de 1807, » n'avait pu oublier que le code civil considé- » rait comme *intérêt conventionnel* celui qui est » stipulé moyennant un capital que le *prêteur* » s'interdit d'exiger, et par conséquent il a » voulu l'embrasser dans sa disposition, aussi » bien que celui qui est stipulé pour un prêt » ordinaire; la preuve, c'est qu'il n'a pas rap- » pelé dans cette loi la réserve faite dans l'édit » de 1770, et dont M. Favard tiré argument. » La circonstance que le prêteur, dans le cas » de constitution, s'interdit d'exiger le rem- » boursement, est indifférente en ce qui con- » cerne l'usure, qu'on a dû vouloir aussi » proscrire en cette matière comme en matière » de prêt simple et ordinaire; autrement il » faudrait aller jusqu'à dire qu'il est licite de » stipuler le taux de la rente à cinquante pour » cent, et encore au-delà; car une fois la dé- » marcation franchie, on ne pourrait qu'arbi- » trairement poser une limite; et celui qui a » besoin d'argent souscrirait à ces conditions

» désastreuses, aussi bien dans un contrat de » constitution que dans un simple prêt. Objecterait-on qu'il aura la faculté de rembourser » pour se libérer d'un intérêt aussi ruineux, » tandis que celui qui emprunte à terme et à » intérêt est obligé de payer les intérêts pour » le tems convenu ? Mais que l'on songe donc » que, dans le contrat de constitution, le créancier peut aujourd'hui stipuler que son remboursement ne lui sera pas fait avant dix ans » (article 1911), et c'est précisément ce que » ferait un prêteur avide ; on donnerait le nom » de constitution de rente à un acte qui ne » serait au fond qu'un simple prêt avec usure » énorme. Non, les rédacteurs de la loi de » 1807 n'ont pu vouloir distinguer à cet égard ; » il n'y a rien dans la loi ni dans le discours de » l'orateur (M. Jolivet), qui a présenté le projet de loi à l'adoption du corps législatif, » qui indique qu'on ait entendu faire cette » distinction. Ils se sont attachés *aux stipulations d'intérêts, à l'intérêt conventionnel*, et » uniquement à cela. Or, c'est un intérêt conventionnel, celui qui est fixé moyennant un » capital que le prêteur s'interdit d'exiger. » Article 1909. »

On ne peut rien ajouter, ce me semble, à ces raisons de décider qui me paraissent concluantes et de nature à dissiper tous les doutes.

ONZIÈME DIFFICULTÉ.

L'article 1er. de la loi du 3 septembre 1807 est-il applicable aux rentes viagères ?

Aucune loi n'a jamais fixé le taux des rentes viagères. On a toujours pu, sans crainte de les voir réputer usuraires, stipuler les intérêts au gré des parties contractantes. Un arrêt de la Cour de Cassation du 11 prairial an VII, est ainsi motivé :

« Attendu, 1°. qu'aucune loi, même an-
» cienne, n'a fixé le taux des rentes viagères
» sur une ou plusieurs têtes; que néanmoins
» le tribunal civil du département de la Man-
» che, en se prévalant du consentement du
» sieur de Gouville, qu'il a appliqué à un cas
» auquel il ne se rapportait pas, a déclaré que
» les arrérages de la rente viagère créée au pro-
» fit dudit sieur de Gouville, par l'acte du 10
» juillet 1780, devaient être réputés usu-
» raires, et, comme tels, restitués aux enfants
» Fleuriau ; d'où il suit que ce tribunal a

» usurpé les fonctions législatives, et a ajouté
» à la loi.

» Attendu, etc.;—casse. »

Le code civil a rangé la rente viagère au nombre des contrats aléatoires et permis de la constituer au taux qu'il convient aux parties contractantes de fixer. L'article 1976 de ce code est ainsi conçu :

« La rente viagère peut être constituée aux
» taux qu'il plaît aux parties contractantes de
» fixer. »

Un autre arrêt rendu par la Cour royale de Riom, le 23 décembre 1808, fait application de ce principe. Il est ainsi motivé :

» Attendu que le code Napoléon a placé la
» rente viagère au nombre des contrats aléa-
» toires; que l'article 1976 de ce code déclare
» que la rente viagère peut être constituée au
» taux qu'il plaît aux parties contractantes de
» fixer, et que la loi du 3 septembre 1807, limi-
» tative du taux de l'intérêt, ne peut s'appli-
» quer aux contrats aléatoires, ni par consé-
» quent à ceux de constitution de rentes
» viagères. »

Cet arrêt est rapporté dans Denevers,

volume 1809, deuxième partie, page 108.

Il nous paraît inutile d'insister; il est maintenant admis sans contestation que la rente viagère ne peut jamais être réputée usuraire.

CHAPITRE DEUXIÈME.

ARTICLE 2. « L'intérêt légal sera en matière » civile de cinq pour cent, et en matière de » commerce de six pour cent, aussi sans re- » tenue. »

=Il était raisonnable que l'intérêt accordé par la loi fût fixé aux mêmes taux que celui qu'elle permet aux parties contractantes de stipuler.

On appelle intérêt légal celui qui est exigible par la seule force de la loi, et sans qu'il soit intervenu à cet égard aucune convention entre les parties. Par exemple, si je vous ai vendu un immeuble produisant des fruits, vous me devez l'intérêt du prix de la vente, jusqu'au paiement, bien que dans notre convention nous n'ayons rien stipulé à cet égard. Si me devant une certaine somme, et ne me la payant pas, je vous ai appelé en justice, pour vous voir condamner à me la payer, l'intérêt de cette somme me sera dû du jour de ma demande en justice, jusqu'au jour du paiement, quoique, d'après notre première convention, aucun intérêt ne fût exigible. Dans ces cas, comme dans tous, les intérêts sont dus en vertu de la volonté de la loi ; ils sont de cinq pour cent en matière civile, et de six en matière commerciale.

Les tribunaux ne peuvent allouer des intérêts plus élevés, mais ils ne peuvent pas non plus les réduire au-dessous du taux légal.

Cependant, si la condamnation aux intérêts est prononcée à titre de dommages-intérêts, ils peuvent être réduits au-dessous du taux légal. C'est ce qu'a jugé la Cour royale d'Angers par un arrêt du 27 décembre 1815, rapporté dans Denevers, volume 1817, 1re partie, page 435.

La dame Letoudal avait obtenu, devant le tribunal de première instance, une condamnation de 9,017 francs, avec les intérêts au taux légal, sous *la déduction des impositions*, à partir du 6 septembre 1793 jusqu'au 31 juillet 1814. Ces intérêts, porte le jugement, sont accordés à la dame Letoudal *pour tous dommages-intérêts*.

La dame Ledoutal prétendit sur l'appel que

le tribunal avait contrevenu aux lois sur les intérêts, et particulièrement à celle du 3 septembre 1807. Cependant la décision des premiers juges fut confirmée par la Cour royale d'Angers.

Il y eut pourvoi en Cassation; mais il fut rejeté par un arrêt du 18 mars 1817, rapporté dans Denevers, volume 1817, 1re. partie, page 435. Cet arrêt est ainsi motivé :

« *Sur le quatrième moyen,* tiré de la violation
» de la loi du 3 septembre 1807, sur le taux
» des intérêts, ATTENDU que la condamnation
» des intérêts a été prononcée par voie de dom-
» mages et intérêts ; rejette. »

Sans doute si les intérêts n'ont été accordés que par voie de dommages et intérêts, on pouvait les réduire au-dessous du taux légal; mais il est aussi incontestable qu'ils ne pouvaient pas l'être si ces intérêts étaient dus indépendamment du droit à des dommages-intérêts. Toute la question est donc de savoir si le créancier avait tellement droit à des intérêts que le juge ne pût les refuser sans violer la loi, ou bien s'il n'avait droit qu'à des dommages-intérêts que les magistrats ont pu accorder, réduire ou refuser selon les circonstances. Dans le premier cas il faut accorder l'intérêt légal ; c'est-à-dire cinq pour cent, ni plus ni moins, dans le second, le juge peut allouer moins de cinq pour cent, comme il peut allouer davantage ; de même, il pourrait ne rien accorder s'il pensait que les dommages-intérêts ne sont pas dus.

Dans laquelle des deux catégories faut-il ranger l'espèce jugée par la Cour d'Angers ?

La dame Letoudal avait demandé en justice le paiement d'une somme de 9017 francs, avec les intérêts au taux légal. Demandait-elle par là des dommages-intérêts ? Non, elle demandait ce que la loi lui accorde, son principal et les intérêts à partir du jour de sa demande, conformément à la loi. Le tribunal pouvait-il changer les droits de la demanderesse, en statuant sur une demande qui n'était pas la sienne? pouvait-il allouer des intérêts à titre de dommages-intérêts et par suite les réduire? Non, certainement. On ne lui demandait pas de dommages-intérêts, il ne pouvait pas en accorder. On lui demandait des intérêts que la loi accorde, et il ne pouvait pas les refuser. Il s'agissait dans l'espèce d'intérêts moratoires ;

ces intérêts sont de cinq pour cent, on ne pouvait allouer ni plus ni moins de cinq pour cent.

Le tribunal, la Cour royale et la Cour de Cassation, tout en professant les véritables principes, me paraissent en avoir fait une bien fausse application.

CHAPITRE TROISIÈME.

ARTICLE 3. « Lorsqu'il sera prouvé que le » prêt conventionnel a été fait à un taux excé» dant celui qui est fixé par l'article 1er, le prê» teur sera condamné, par le tribunal saisi de » la contestation, à restituer cet excédant, s'il » l'a reçu, ou à souffrir la réduction sur le » principal de la créance, et pourra même être » renvoyé s'il y a lieu devant le tribunal cor» rectionnel pour y être jugé conformément à » l'article suivant. »

=Le législateur confère, par cet article, deux actions qu'il eût été bon, peut-être, de ne pas confondre dans une seule disposition, parce qu'elles sont tout à fait distinctes.

Lorsqu'il sera prouvé que le prêt conventionnel a été fait à un taux excédant celui qui est fixé par l'article 1er, le prêteur sera condamné, par le tribunal saisi de la contestation, à restituer cet excédant, s'il l'a reçu, ou à souffrir la réduction sur le principal de la créance.

Ce n'est pas à dire que le tribunal doive d'office prononcer la restitution ou la réduction, toutes les fois qu'il lui est démontré qu'un excédant a été exigé. Ce n'est pas là un devoir de surveillance imposé aux magistrats, mais seulement une action ouverte à la partie lésée. Si l'emprunteur se tait, la restitution et la réduction ne peuvent être ordonnées. On ne peut accorder ce qui n'est pas demandé. S'il plaît au prêteur d'exiger, et en même temps, à l'emprunteur de payer un intérêt exorbitant, personne ne doit et ne peut intervenir pour s'opposer à l'exécution de la convention.

Mais si, par une demande principale, ou par des conclusions prises devant la justice, en se défendant contre les poursuites exercées à sa charge, le débiteur vient réclamer le bénéfice de l'article 3 de la loi du 3 septembre 1807, il est du devoir des tribunaux de l'en faire jouir, lorsqu'il est prouvé que le prêt conventionnel a été réellement fait à un taux excédant celui fixé par la loi. La restitution doit être ordonnée si le paiement a eu lieu, et la réduction sur le capital doit être accordée si la dette n'est pas éteinte.

La Cour royale de Toulouse a jugé formellement, par arrêt du 26 avril 1839, rapporté dans Dalloz, tome 1839, 2e. partie, page 266, que le débiteur, qui a payé des intérêts supérieurs au taux légal, est admis à imputer, sur le capital l'excédant, ou à en demander le remboursement; mais que cette imputation ne pouvait avoir lieu qu'en vertu d'un jugement. Elle ne s'opère point *jure proprio*, et suivant les principes de la compensation; ainsi la créance du débiteur est une et ne prend naissance, à l'égard de l'usurier, que du jour de la demande en justice; elle ne forme pas autant de créances qu'il y a de termes de paiement d'intérêts.

Par le même arrêt, il a été jugé que le débiteur qui obtient le remboursement ou l'imputation sur le capital de l'excédant d'intérêt, qu'il a payé, n'a pas droit à des intérêts à l'égard de cet excédant.

En voici les principaux motifs;

« Que la loi, en effet, donne au débiteur qui » a payé des intérêts usuraires la faculté de

» se plaindre, et d'en demander le rembour-
» sement ou l'imputation; mais qu'elle n'éta-
» blit pas en sa faveur une créance existante,
» indépendamment de toute manifestation de
» sa volonté, et qui, à son insu, devienne sus-
» ceptible de compensation ;—que sa créance
» ne prend naissance que du jour où le juge a
» été *saisi d'une contestation* à ce sujet ;—que le
» prêteur, dans ce cas, ne peut être condamné
» qu'à rembourser l'excédant d'intérêts, ou à
» en souffrir l'imputation sur son capital ;—
» que la loi ne le soumet pas au paiement des
» intérêts de cet excédant ; — que cela est évi-
» dent pour le cas du remboursement effectif,
» et qu'il doit nécessairement en être de même
» pour le cas de l'imputation ; — que les pre-
» miers juges auraient donc dû se borner à
» ordonner l'imputation à dater du 3 juillet
» 1834, époque de l'introduction de l'instance,
» des excédants d'intérêts reçus par Dallens,
» et leur compensation à dater de cette époque
» seulement avec le capital dû à ce dernier ;
» que le compte dressé par eux doit être rec-
» tifié sous ce rapport, et non pas dans le
» sens indiqué dans les conclusions de Groc.

» Par ces motifs, etc. »

Si le demandeur ne fait pas une preuve complète de sa mise en fait, sa prétention doit être rejetée.

Enfin c'est un procès civil qui s'engage entre l'emprunteur et le prêteur.

Voilà pour l'action civile.

Le législateur ajoute que le prêteur pourra être renvoyé, s'il y a lieu, devant le tribunal correctionnel pour y être jugé, conformément à l'article suivant.

Renvoyé..... Par qui? La loi ne le dit pas ; mais du texte de l'article 3 on devrait conclure que c'est par le tribunal saisi de la contestation, car ce tribunal seul est compétent pour connaître de l'action civile intentée par l'emprunteur. Cependant comment concevoir qu'un tribunal civil puisse, après avoir fait droit à une demande en restitution formée contre un prêteur, le renvoyer ensuite devant le tribunal correctionnel? Aucune disposition de loi ne pourrait être invoquée pour justifier une pareille procédure. Un tribunal civil n'est pas chargé de la poursuite des délits, et il n'entre pas dans ses attributions de saisir d'office une autre juridiction.

Si le tribunal civil ne peut pas renvoyer d'office le prêteur devant le tribunal correctionnel, quel sens donner alors à cette dernière partie de l'article 3 de la loi du 3 septembre 1807? quelle signification surtout attribuer au mot *renvoyé?*

Bien certainement le législateur n'a pas voulu un renvoi de la part du tribunal civil.

Il n'a pas voulu non plus que l'emprunteur fût forcé de faire au prêteur un second procès en le traduisant à sa requête devant le tribunal correctionnel, après avoir obtenu du tribunal civil tout ce qu'il était en droit de réclamer de son créancier.

Les principes frappent d'une égale réprobation ces deux procédures essentiellement vicieuses.

Qu'a t-il donc voulu?

Si je comprends difficilement les termes de la loi, je conçois très-bien quelle a été la volonté du législateur. Après avoir, dans les premières dispositions de l'article 3 de la loi du 3 septembre 1807, accordé une action civile à la partie lésée, il n'a pas cru avoir encore assez fait pour la répression du fait usuraire. De suite, achevant de rendre sa pensée, il a érigé le fait en délit et a déclaré qu'il y aurait lieu à poursuivre devant le tribunal correctionnel, lorsque les circonstances qu'il va énumérer dans l'article 4 de la même loi se rencontreraient dans l'espèce. C'est une action criminelle qu'il place immédiatement à côté de l'action civile ; c'est une action publique qu'il crée dans l'intérêt général, en même temps qu'il dispose dans l'intérêt particulier.

Ces deux actions, comme on le voit, n'ont rien de commun. Le seul rapport qui existe entre elles, c'est d'être comprises dans une même disposition ; ce qui est sans doute à regretter pour l'ordre et la clarté.

L'action civile appartient aux parties intéressées et elle ne peut être intentée que par elles. Elle ne peut donc pas l'être par le ministère public.

L'action criminelle n'appartient qu'au ministère public et ne peut être exercée que par les magistrats qui sont chargés par la loi de la vindicte publique. La loi la refuse aux parties lésées ; cela est de toute évidence et sera plus tard établi.

Occupons-nous d'abord de l'action civile. Nous parlerons au chapitre suivant de l'action criminelle.

L'emprunteur ou ses ayant-droit tiennent de l'article 3 de la loi du 3 septembre 1807 le droit de demander la restitution de ce qui a été payé pour intérêts au-dessus du taux légal, ou la réduction de ces intérêts, s'ils n'ont pas encore été payés.

Ce droit constitue une action civile que les parties intéressées peuvent exercer ou ne pas exercer.

Si elles ne l'exercent pas, personne n'a rien à revoir à leur silence, qui ne préjudicie qu'à leurs intérêts.

Si elles l'exercent, elles doivent s'adresser aux tribunaux civils, et l'article 3 de la loi du 3 septembre 1807 leur impose l'obligation de prouver que le prêt conventionnel a été fait à un taux excédant celui qui est fixé par l'article 1er. de la même loi.

Comment cette preuve doit-elle être faite ?

Lorsque l'acte qui constate le prêt détermine un intérêt excédant le taux légal, il ne peut y avoir de difficulté ; la preuve est toute faite par la représentation de l'acte signé par le prêteur.

Si cet acte ne portait pas sa signature, comme cela peut arriver et arrive même souvent, il devrait encore en être de même, si le prêteur en a fait usage, s'il l'a accepté pour son titre, ou s'il l'a ratifié par quelque démarche qui démontre son acceptation ou son consentement. Si, au contraire, il était toujours resté étranger à la déclaration faite par le débiteur, et s'il résultait des circonstances qu'il n'a jamais concouru à la fixation de l'intérêt et que son approbation est demeurée douteuse, l'acte ne pourrait lui être opposé.

Mais lorsque la convention ne contient aucune stipulation quant à l'intérêt, ou lorsqu'elle énonce une fixation mensongère, comme il est assez dans les habitudes des prêteurs, qui prennent ordinairement, pour échapper à la réduction et à la surveillance du ministère public, la précaution de stipuler l'intérêt permis par la loi, quoiqu'en réalité il soit bien supérieur, dans ces cas, comme dans celui où le créancier n'a pas signé l'acte et ne l'a pas approuvé ou ratifié, comment prouver la fraude et la dissimulation ? comment établir qu'il y a eu usure ?

Quand la preuve ne peut pas être faite par titres, peut-on la faire par témoins? C'est là une grave question que nous allons examiner.

Pour repousser la preuve testimoniale, on dit:

Si l'intérêt a été convenu verbalement à un taux excédant celui autorisé par la loi, la preuve de cette convention ne saurait être admissible, même lorsqu'il s'agirait d'une somme inférieure à 150 francs; la raison en est que la loi veut qu'une telle convention soit rédigée par écrit, afin de prévenir toute difficulté à ce sujet. En ne s'y conformant pas les parties n'ont établi entre elles aucun lien, et leur convention verbale dégénère en une simple promesse qui ne saurait produire aucune action.

C'est, sur cette question, l'avis de M. Duranton, ainsi qu'on peut le voir dans son tome 17, n°. 598.

S'il existe un acte constatant les conventions des parties, c'est en vain qu'on viendrait demander à prouver que cet acte a dissimulé l'intérêt exigé, parce qu'on ne peut rien prouver contre et outre le contenu aux actes. C'est là un principe certain, écrit, en toutes lettres, dans l'article 1341 du code civil. De nombreux monuments de jurisprudence viennent attester l'hommage constant qui lui est rendu. Nous nous bornerons à citer un arrêt de la Cour de Cassation du 29 octobre 1810, rapporté dans Denevers, volume 1811, partie 1re., page 1re., et qui est ainsi motivé :

« Attendu que l'article 1341 défend d'admet-
» tre aucune preuve par témoins contre et
» outre le contenu aux actes et sur ce qui se-
» rait allégué avoir été dit avant, lors ou
» depuis les actes, encore qu'il s'agisse d'une
» somme ou valeur moindre de 150 francs ; —
» que cet article ne reçoit d'exception, aux
» termes des articles 1347 et 1348, que lors-
» qu'il existe un commencement de preuve
» par écrit, ou lorsqu'il n'a pas été possible
» de se procurer une semblable preuve, etc. »

Le même principe se retrouve professé dans un autre arrêt de la même Cour, du 2 novembre 1812.

C'est ainsi que spécialement la Cour royale de Rennes, par arrêt du 19 avril 1811, a jugé que la stipulation d'intérêts ne pouvait être prouvée par témoins : voici dans quelle espèce :

Le sieur Rion-Kerallet se prétendait créancier du sieur Perrin, tombé en faillite en juin 1810 ; — il assignait à sa créance cette double cause : 1°. intérêts des sommes fournies à Perrin par Rion ; — 2°. transfert à perte de trente-cinq pour cent d'une créance de 40,231 francs que Perrin portait sur la marine pour fournitures en l'an XII.

Les syndics Perrin prétendirent au contraire que celui-ci était créancier de Rion ; — ils retranchèrent du compte présenté : 1°. les intérêts ; 2°. la perte de trente-cinq pour cent sur la créance de 40,231 francs, jusqu'à ce que Rion eût justifié de la perte qu'il avait faite à la négociation de cette créance, que l'on prétendait lui avoir été remise comme mandataire, et non transférée. Le 29 septembre, Rion communiqua une procuration en blanc, un transfert de la créance sur la marine, deux comptes et quatre copies de lettres, qui justifiaient, selon lui, que cette créance lui avait été transférée en propriété, et sous la déduction de trente-cinq pour cent.

Le 2 octobre 1810, jugement du tribunal

de commerce de Brest qui, considérant que les intérêts ne sont pas plus exigibles de négociant à négociant que de particulier à particulier lorsqu'on ne justifie pas par écrit qu'il y avait eu convention à cet égard ; que le transport de la créance sur la marine est justifié par écrit, et qu'il renferme en même temps une déduction de trente-cinq pour cent, ordonne : 1°. que les intérêts réclamés par Rion seront rejetés de ses comptes ; 2°. que la créance de Perrin ne sera employée à son avoir dans les comptes de Rion qu'à la déduction de trente-cinq pour cent. — Appel par les deux parties, Rion du premier chef, les syndics du second chef du jugement.

» La Cour, — considérant que l'article 1907
» du code Napoléon ne reconnaît d'intérêt
» conventionnel que celui qui est fixé par
» écrit ; que cet article embrasse dans sa géné-
» ralité toutes espèces d'opérations, sans faire
» d'exception pour les négociations commer-
» ciales ; — considérant que Rion-Kerallet ne
» justifie point d'une stipulation d'intérêt
» quelconque pour la somme qu'il a avancée
» à Perrin ; que celui-ci dénie formellement

» qu'il y ait eu entre eux convention d'intérêt
» à douze pour cent;—considérant que Rion-
» Kerallet, en sa qualité de bailleur de fonds,
» doit s'imputer de n'avoir pas fait par écrit
» une convention portant stipulation du taux
» de l'intérêt des sommes qu'il avançait à
» Perrin, s'il prétendait en exiger l'intérêt;—
» considérant que son offre de prouver, par la
» représentation de ses livres, qu'à l'époque
» où il ouvrit un crédit à Perrin, l'intérêt réci-
» proque fut convenu au taux de la place, est
» insignifiante, parce que Rion-Kerallet a été
» le maître de porter sur ses livres tout ce
» qui lui a plu, et que, quand ils apprendraient
» que son intention a été d'exiger de Perrin
» les intérêts de ses créances au taux de la
» place, on ne pourrait y trouver la preuve
» que Perrin en a contracté l'obligation ; que
» l'offre de prouver par témoins la convention
» est encore moins raisonnable, parce qu'il ne
» serait pas possible d'admettre la preuve
» d'une pareille convention sans violer l'arti-
» cle 1907 du code Napoléon, qui veut que
» l'intérêt conventionnel soit fixé par écrit ;
» qu'ainsi les premiers juges ont dû rejeter des

» comptes d'entre les sieurs Rion et Perrin, » les articles concernant les intérêts;—consi- » dérant que Perrin, par la remise du titre de » la créance qu'il portait sur la marine, et » d'un transfert de cette créance aux mains de » Rion-Kerallet, s'est entièrement livré à sa » foi; que d'ailleurs l'acte de transfert énonce » la somme pour laquelle la créance a été » transportée: Perrin ne dénie pas sa signa- » ture apposée au pied de cet acte; qu'il ne » précise aucuns faits de dol, de fraude et de » surprise, dont Rion aurait usé pour obtenir » cet acte de transfert; que le jugement dont » est appel atteste l'usage de ces sortes d'actes » dans le commerce pour des créances de » pareille nature; par ces motifs déclare sans » griefs dans ces deux appels les parties qui » les ont respectivement relevés, etc., etc. »

On répond:

Que la loi, en donnant à l'habitude d'usure le caractère de délit, a consacré la présomption légale qu'il y avait fraude et dol dans toute convention où il avait été stipulé un intérêt usuraire; qu'elle suppose qu'en consentant cet intérêt, le débiteur n'a pas agi librement et que le prêteur en l'exigeant a agi avec fraude;

Que, par suite, ces conventions rentrent dans les dispositions de l'article 1353 du code civil.

De là il suit qu'en demandant à prouver l'usure par témoins, on n'élève pas la prétention de prouver contre et outre le contenu aux actes, mais seulement celle d'attaquer l'acte du chef de dol, de simulation, ce qui est toujours permis.

La Cour royale de Caen a été appelée à s'expliquer catégoriquement sur la question, et elle l'a fait par un arrêt ainsi motivé :

« Considérant que de semblables circons-
» tances (celles relevées dans le jugement)
» font présumer que le contrat dont il s'agit
» n'est pas sincère et n'a été fait que dans la
» vue, de la part de Philippe, de masquer des
» intérêts usuraires, et de faire fraude à la loi
» du 3 septembre 1807; considérant que les
» faits articulés par Godefroy tendent à établir
» cette fraude, et que dès-lors, aux termes de
» l'article 1353 du code civil, il y a lieu d'ad-
» mettre, non-seulement les présomptions,
» mais encore la preuve testimoniale; consi-
» dérant que cette vérité a été consacrée par

» un arrêt de la Cour de Cassation du 2 décem-
» bre 1813, dans lequel cette Cour professe
» que dans les contrats usuraires, l'emprun-
» teur n'agit pas librement, que le prêteur agit
» avec fraude, et entrent nécessairement dans
» les dispositions de l'article du code ci-dessus
» cité.

» Considérant que si en effet la preuve de
» l'usure ne pouvait s'établir et par les pré-
» somptions et par la preuve testimoniale,
» autant vaudrait en ce cas rayer l'article 3 de
» la loi du 3 septembre 1807, qui dispose que
» s'il est prouvé qu'il y ait eu usure, le prêteur
» sera tenu de restituer l'excédant de l'intérêt
» légal ou d'en faire la réduction sur le capi-
» tal; en effet si cette preuve ne pouvait être
» faite que par des actes par écrit, le légis-
» lateur n'aurait-il pas bien compris qu'il eût
» été impossible de se procurer une preuve de
» cette nature? Car quel est l'usurier qui ne
» prend pas toutes les précautions convenables
» pour ne laisser aucune trace de l'abus au-
» quel il se livre? On ne peut donc pas suppo-
» ser que le législateur, en voulant arrêter ces
» abus, ait en même temps voulu interdire

» l'usage des seuls moyens propres à les dévoi-
» ler. D'un autre côté si le ministère public peut
» prouver par témoins l'habitude de l'usure,
» comment se ferait-il qu'on rejetât la même
» preuve quand il s'agirait de constater chacun
» des faits qui constituent cette habitude? La
» preuve testimoniale en pareil cas était admis-
» sible dans notre ancienne jurisprudence; si
» la loi de 1807 ne l'admettait pas elle-même,
» ou si elle servait de prétexte pour la rejeter,
» loin que cette loi fût propre à intimider les
» usuriers, elle deviendrait au contraire leur
» égide; et après les maux incalculables que
» la dévorante usure a faits à la société, il est
» impossible de croire que la loi destinée à y
» mettre un terme puisse au contraire en favo-
» riser les progrès et en assurer l'impunité;

» Considérant que ce n'est pas ici le cas
» d'appliquer cette maxime que *celui qui a par-*
» *ticipé à une fraude ne peut s'en faire un titre* :
» car l'emprunteur ne participe à la fraude
» que passivement, et le prêteur en est le seul
» auteur. Comment pourrait-on appeler son
» complice celui qui ne figure dans une pa-
» reille convention que comme contraint par

» sa malheureuse position à en devenir vic-
» time ? La cause se présente donc avec de
» telles circonstances que ce serait blesser la
» justice, la raison et la loi, que de dire qu'en
» pareil cas la preuve testimoniale n'est pas
» admissible ; — considérant que si la preuve
» testimoniale peut être admise selon les cir-
» constances en matière d'usure, ce n'est pas
» une raison pour admettre indistinctement
» tous les faits allégués par une partie, et qu'il
» faut au contraire examiner si ces faits en eux-
» mêmes sont admissibles et concluans. Or,
» lorsque l'engagement se trouve formé par
» un contrat authentique, on ne peut sans
» prendre la voie de l'inscription de faux pro-
» poser des faits de preuve qui tendraient à
» établir le contraire de ce qui se trouve for-
» mellement exprimé comme vrai par ce con-
» trat. Mais lorsque ces faits peuvent être vrais,
» sans que ceux exprimés dans le contrat
» soient faux, il n'est pas douteux que la
» preuve peut en être admise sans avoir re-
» cours à l'inscription de faux, si d'ailleurs ces
» faits de preuve sont concluans. »

On a formé un pourvoi contre cette décision,

mais il a été rejeté par un arrêt rendu par la Cour de Cassation le 28 juin 1821. En voici les motifs :

« Attendu que d'après les lois, l'usure peut
» être établie par la preuve vocale, que par
» conséquent l'arrêt attaqué ne se trouve point
» avoir contrevenu à l'article 1341 du code
» civil ; — attendu que tous les faits dont la
» preuve a été admise sont pertinens et ne
» contrarient en rien le fait de numération
» d'espèces attesté dans l'acte du notaire qui a
» pu rester étranger à la simulation des choses
» qui se passaient devant lui ; — attendu que
» le décès de Philippe, qualifié d'usurier habi-
» tuel, rendait bien le tribunal de police correc-
» tionnelle incompétent, mais que l'action qui
» résultait de l'usure reprochée n'en subsis-
» tait pas moins et a pu être légitimement
» poursuivie devant les tribunaux ordinaires,
» et les preuves légalement ordonnées par
» témoins, ainsi qu'il résulte de l'esprit de la
» loi du 3 septembre.—Rejette. »

Dans l'espèce de ces arrêts, le notaire avait constaté dans l'acte la numération des écus. Si l'on avait demandé à être admis à faire preuve du contraire, on aurait été non-recevable, parce que c'eût été demander à prouver contre et outre le contenu aux actes authentiques : il n'y aurait eu que la voie de l'inscription de faux à prendre ; mais en ne demandant qu'à prouver l'usure, on ne manifeste que l'intention d'attaquer l'acte du chef de dol, de fraude et de simulation. Une telle action est toujours recevable et il est incontestable que la preuve testimoniale peut être invoquée pour la justifier.

La Cour royale de Limoges, 1re. chambre, par arrêt du 28 février 1839, rapporté dans Dalloz, volume 1839, 2e. partie, page 267, a jugé formellement que la partie qui a participé à la simulation, contenant une fraude à la loi, est recevable à prouver cette simulation, même par témoins. Voici l'arrêt :

« La Cour ; — attendu que, suivant acte
» public du 15 avril 1832, Guillaume Chabrier
» s'est reconnu débiteur envers Marie Faure,
» son épouse, de la somme de 3955 francs ; —
» que par acte public du 29 juillet suivant, il
» a déclaré que la reconnaissance du 15 avril
» n'était qu'une donation surprise à sa faiblesse

» pour tout ce qui excédait la somme de 670
» francs, la seule qu'il eût réellement touchée
» du chef de son épouse, et qu'il entendait
» révoquer cette donation;—que Marie Faure
» est décédée au mois de septembre 1834, et
» qu'il s'agit aujourd'hui, entre Guillaume
» Chabrier et ses enfans, de déterminer la
» valeur de ces actes;

» En ce qui touche la première exception pro-
» posée contre la demande de Guillaume Cha-
» brier, et tirée de la règle *nemo auditur*, etc.;
» —attendu que cette règle, qui ne permet pas
» aux parties contractantes d'attaquer elles-
» mêmes un acte auquel elles ont concouru dans
» une intention frauduleuse, serait appliquée
» contrairement à son esprit, si on l'étendait au
» cas où l'une des parties attaque un contrat
» pour cause de simulation simple, et sans
» qu'on puisse imputer à cette partie ni dol ni
» fraude, et que, dans l'espèce, en admettant
» que la reconnaissance du 15 avril fût une
» donation déguisée, il est évident qu'on ne
» saurait faire à Guillaume Chabrier aucune
» imputation personnelle de cette nature;

» En ce qui touche la seconde exception

» opposée à Guillaume Chabrier, et qu'on fait
» résulter de ce que l'article 1341 du code civil
» lui interdit de combattre par la preuve tes-
» timoniale, et conséquemment aussi par
» des présomptions, la sincérité de l'acte du
» 15 avril 1832 ; — attendu en droit, que, si
» l'article 1341 du code civil ne permet d'ad-
» mettre aucune preuve par témoins contre et
» outre le contenu aux actes, cet article reçoit
» une exception des dispositions de l'article
» 1353 du même code, qui autorise l'admission
» soit de cette preuve, soit des présomptions
» morales, lorsque l'acte est attaqué pour
» cause de fraude ou de dol ; — que cet article
» n'établit aucune distinction entre le cas où
» il y a fraude envers les personnes, et le cas
» où il y a fraude à la loi ; — et attendu, en fait,
» que, si, comme le prétend Guillaume Cha-
» brier, la reconnaissance du 15 avril 1832
» cachait une donation déguisée, il est évi-
» dent que cette simulation n'aurait été prati-
» quée que pour éluder les sages dispositions
» de l'article 1096 du code civil, qui, par des
» considérations d'ordre public, a déclaré que
» les donations entre époux, durant le ma-

» riage, seraient toujours révocables; — que
» conséquemment il y a lieu, dans l'espèce, de
» faire fléchir la règle de la prohibition de la
» preuve testimoniale; — au fond..... — Par ces
» motifs, émendant, déclare que la recon-
» naissance du 15 avril 1832 contient une
» donation déguisée, et que cette donation a
» été valablement révoquée par l'acte du 29
» juillet suivant, etc. »

En rapportant cet arrêt, M. Dalloz rappelle que c'est en ce sens que la jurisprudence s'est toujours prononcée depuis la décision rendue, conformément à sa plaidoirie, par la Cour de Cassation, chambres réunies.

Nous pouvons encore indiquer l'arrêt rendu par la Cour royale de Toulouse le 26 avril 1839, qui décide que la preuve testimoniale peut être admise pour constater le fait et l'habitude de l'usure. Cet arrêt, rapporté dans Dalloz, tome 1839, 2e. partie, page 266, a déjà été cité au commencement de ce chapitre.

On peut donc prouver par témoins que le prêt conventionnel a été fait à un taux excédant celui fixé par la loi. C'est un droit dévolu à l'emprunteur, et lorsqu'il demande à l'exercer, les tribunaux ne peuvent se dispenser d'admettre la preuve des faits articulés, lorsqu'ils sont pertinens , sauf à apprécier le résultat de l'enquête quand il sera rapporté devant eux.

Si la preuve est concluante, c'est-à-dire si elle établit clairement et de manière à entraîner la conviction du juge, qu'il y a eu usure , la restitution doit être ordonnée, ou bien la réduction doit être prononcée si le paiement n'a pas encore eu lieu.

Si le demandeur ne fait pas la preuve à laquelle il a été admis , le tribunal doit rejeter sa demande.

Mais tout en laissant à désirer, la preuve peut cependant rendre le fait tellement vraisemblable que le magistrat se trouve dans cette position qu'il lui en coûte autant de rejeter la demande de l'emprunteur que de l'admettre, parce que des doutes sérieux font naître dans sa conscience une hésitation honorable. Dans une telle circonstance, la loi met à la disposition des tribunaux un moyen auquel ils ne doivent recourir qu'avec beaucoup de mesure et de sagesse et dans les cas prévus par la loi, mais qu'ils peuvent appeler à leur secours lorsque la preuve est telle qu'il ne leur reste qu'un scrupule. Ce moyen, c'est le serment supplétif. L'article 1366 du code civil est ainsi conçu :

« Le juge peut déférer à l'une des parties le » serment, ou pour en faire dépendre la déci- » sion de la cause, ou seulement pour déter- » miner le montant de la condamnation. »

L'article 1367 du même code dispose que pour que le juge puisse déférer ce serment, il faut la réunion des deux conditions suivantes : la première, que la demande ne soit pas pleinement justifiée ; la seconde, qu'elle ne soit pas totalement dénuée de preuves.

Il n'est pas à ma connaissance que jamais l'on ait contesté au juge le droit de recourir au serment supplétif, en matière d'usure comme en toute autre ; mais on s'est demandé à laquelle des deux parties le serment devait être déféré.

L'article 1366 précité dit : *à l'une des parties*. C'est donc au tribunal à faire un choix entre le demandeur et le défendeur, d'après le degré de confiance qu'ils inspirent par leur position sociale, leur réputation, leurs mœurs et leurs habitudes. Les circonstances doivent aussi être prises en considération.

Tout en professant ces principes, la Cour royale de Riom, par arrêt du 16 janvier 1827, a jugé que lorsque rien ne s'élevait contre les mœurs du débiteur, c'était à lui que de préférence la justice devait déférer le serment supplétif. Voici les motifs de cet arrêt :

« Attendu que d'après les documens qu'a » fait ressortir la plaidoirie de la cause à la- » quelle les parties ont été présentes, on ne » peut douter que Moska n'ait eu en son pou- » voir cinq billets ou effets à lui souscrits par » la veuve Chaussy, lesquels billets ont dû » être en blanc, n'ont dû porter que la simple » mention des sommes qui en étaient l'objet, » sans expression d'aucune cause, sans date, » sans énonciation des termes de paiement, » si ce n'est au coin de chacun des effets, hors » du corps d'iceux, lesquelles énonciations » ont dû être écrites de la main de Moska, ou » au moins de toute autre main que celle de la » veuve Chaussy ;

» Attendu que ces formes sont trop extraor-

» dinaires pour ne pas faire concevoir des
» soupçons sur la sincérité des engagemens ;
» Attendu que les sommes énoncées dans
» les effets ont néanmoins composé, en tout
» ou en partie, le montant des deux obliga-
» tions dont Moska réclame le paiement ;
» Attendu que les engagemens de la veuve
» Chaussy ont été multipliés, successifs et
» rapprochés les uns des autres ; que cette
» multiplicité, cette succession de tems et ces
» rapprochemens jettent des soupçons sur la
» sincérité des obligations en question, sur-
» tout dès qu'aucune des obligations ne
» contient la mention de la numération des
» espèces, si ce n'est une somme de 15 francs ;
» Attendu qu'il n'y a pas de conformité entre
» les sommes énoncées dans les obligations et
» celles qui, d'après les notes et déclarations,
» auraient seulement été prêtées à la veuve
» Chaussy ;
» Attendu d'ailleurs qu'il résulte de l'arrêt
» de la Cour du 2 février 1825, que Moska a été
» reconnu pour s'être rendu coupable d'usure,
» envers un grand nombre de particuliers ;
» qu'il a été déclaré en avoir l'habitude de-

» puis un grand nombre d'années, et que,
» comme, tel la Cour lui a infligé une peine
» conformément aux lois portant répression
» des délits d'usure ;

» Attendu que toutes ces circonstances font
» naître les présomptions les plus fortes, que
» les obligations dont il s'agit sont infectées
» de fraude et d'usure ;

» Attendu qu'en pareil cas l'affirmation du
» débiteur, réunie à toutes ces présomptions,
» forme avec ces présomptions mêmes un
» complément de preuve du dol, de la fraude
» et de l'usure ;

» Par ces motifs, la Cour..... émendant, dé-
» clare valables les offres de la veuve Chaussy,
» la déclare libérée... à la charge et non autre-
» ment d'affirmer pardevant la Cour qu'elle
» ne doit autre chose que les 6000 francs énon-
» cés en son acte d'offres, etc. »

La loi laisse encore un autre moyen à la disposition de celui qui demande une restitution ou une réduction d'intérêts. Ce moyen, nous le trouvons dans les articles 1358 et suivans du code civil. Le serment décisoire peut être déféré en cette matière comme en toute autre.

S'il est prouvé qu'il y a eu fait d'usure, le prêteur peut être renvoyé devant le tribunal correctionnel. C'est là l'action criminelle, l'action publique. Pour savoir dans quelles circonstances il peut être appelé devant le tribunal correctionnel comme pour déterminer par qui et comment il peut être poursuivi, il faut recourir à l'article 4 de la loi du 3 septembre 1807. Ce n'est réellement que là que nous trouverons la volonté du législateur. La dernière disposition de l'article 3 n'est qu'une espèce de réserve au moins inutile.

CHAPITRE QUATRIÈME.

Article 4. « Tout individu qui sera pré-
» venu de se livrer habituellement à l'usure,
» sera traduit devant le tribunal correctionnel,
» et, en cas de conviction, condamné à une
» amende qui ne pourra excéder la moitié des
» capitaux qu'il aura prêtés à usure.

» S'il résulte de la procédure qu'il y a eu
» escroquerie de la part du prêteur, il sera
» condamné, outre l'amende ci-dessus, à un
» emprisonnement qui ne pourra excéder
» deux ans. »

C'est cet article qui caractérise et punit le délit d'usure. Il est à lui seul toute la loi pénale. C'est sur ses dispositions que doit particulièrement porter notre examen, car c'est sur le délit d'usure que notre intention est de faire notre travail.

Cet article 4 de la loi du 3 septembre 1807 a donné lieu à beaucoup de difficultés. Reprenons-en séparément toutes les parties.

= TOUT INDIVIDU ,

Ces mots ne permettent pas d'admettre une exception. Les Français sont égaux devant la loi, et dès qu'un délit est commis, il doit être réprimé, n'importe quel individu en est prévenu. Les exceptions ne portent que sur la forme et le mode des poursuites. Ainsi nous verrons quelles personnes non-justiciables des tribunaux correctionnels, à raison de leur qualité ou de leurs fonctions, ne le sont pas davantage pour le délit d'usure. Nous entrerons dans un examen approfondi des questions qui peuvent surgir sur ce point.

Bornons-nous à constater ici que personne ne saurait prétendre à l'impunité. Tout délit d'usure doit être réprimé, et *tout individu* qui le commet doit être poursuivi. Celui qui n'a droit à aucune exception doit être renvoyé devant le tribunal correctionnel, et celui qui n'est pas justiciable de ce tribunal est remis à la juridiction que la loi lui réserve.

Il existe des individus auxquels la loi n'a pas accordé le privilége d'une juridiction spéciale, et qui cependant ne peuvent être poursuivis devant les tribunaux ordinaires sans qu'au préalable on ait rempli, à leur égard, certaines formalités. C'est une garantie que, dans l'intérêt général, la loi a cru devoir leur assurer.

Les agens du gouvernement ne peuvent être poursuivis pour des faits relatifs à leurs fonctions qu'en vertu d'une décision du conseil d'état. Comme il est difficile de concevoir que des faits d'usure puissent avoir ce caractère, je ne pense pas que l'autorisation du conseil d'état soit jamais nécessaire pour poursuivre les fonctionnaires du chef d'habitude d'usure.

Les députés, pendant la durée des sessions législatives, ne peuvent être poursuivis qu'après autorisation de la chambre. Cette autorisation est nécessaire pour la poursuite d'un délit d'usure comme pour toute autre.

= QUI SERA PRÉVENU DE SE LIVRER HABITUELLEMENT A L'USURE,

Qu'est-ce que commettre le délit d'usure?

C'est se livrer habituellement à l'usure.

Il est très-important de bien remarquer les termes de la loi; il en résulte qu'il ne suffit pas de prêter à usure pour se rendre coupable du délit, il faut se livrer *habituellement* à l'usure. Ce n'est donc pas le prêt à usure qui constitue le délit, c'est *l'habitude.*

Ainsi donc, quand il n'y a pas habitude, il n'y a pas de délit, et il y a délit quand il y a habitude.

Si je prête à un seul individu une somme de 100,000 francs, en exigeant un intérêt de quarante pour cent, si ce prêt est le seul prêt qui me soit reproché; j'ai évidemment prêté à usure, puisque j'ai excédé le taux légal de l'intérêt, mais je n'ai pas commis un délit; on ne peut pas me poursuivre pour habitude d'usure; n'ayant fait qu'un seul prêt, on ne peut pas dire qu'il a chez moi *habitude.* On serait donc tout-à-fait mal fondé à venir invoquer contre moi les dispositions de l'article 4 de la loi du 3 septembre 1807.

La Cour de Cassation a formellement jugé, par arrêt du 22 novembre 1811, que le fait isolé de la perception d'un intérêt excessif n'était pas ce qui caractérisait le délit d'usure punissable de peines correctionnelles. Cet arrêt, qui est rapporté dans Denevers, volume 1812, partie 1re., page 128, est ainsi motivé :

« La Cour, sur les conclusions de M. Lecou-
» tour, avocat-général, — vu l'article 4 de la
» loi du 3 septembre 1807, — et attendu que
» le fait isolé de la perception d'un intérêt
» excessif n'est pas ce qui caractérise le délit
» d'usure, punissable de peines correction-
» nelles, puisque la loi du 3 septembre 1807
» ne soumet à ces peines que les individus
» convaincus de se livrer *habituellement* à
» l'usure; — que le tribunal de Genève s'étant
» borné à parler de billets faits à Geoffroy, et
» dans lesquels un intérêt de dix à douze pour
» cent était ajouté à *quelques-uns des capitaux*,
» sans le déclarer dans l'habitude de se faire
» consentir des obligations de cette nature, il

» n'a pu le déclarer coupable du délit d'usure » et lui infliger la peine de l'amende, qu'en » faisant une fausse application de ladite loi » du 3 septembre 1807 : — casse, etc., etc. »

L'importance de la somme prêtée ne peut être d'aucune considération, car elle ne peut pas faire qu'il y ait habitude, et la loi veut *habitude*.

Je n'aurai donc pas à craindre d'être condamné au tribunal correctionnel ; tout ce qu'on pourra faire contre moi, ce sera de réclamer devant la juridiction civile l'application de l'article 3 de la loi précitée.

Si, au contraire, au lieu de prêter en une seule fois la somme de 100,000 francs à un seul individu, je prête à vingt personnes différentes 1000 francs à chacune, en exigeant un intérêt de sept pour cent, je me place alors dans le cas de l'application de l'article 4. Prêter à usure, c'est prêter au-dessus du taux légal ; j'ai prêté à sept pour cent, donc j'ai prêté à usure. *Habituellement* emporte la nécessité d'une réunion de plusieurs prêts, de prêts plusieurs fois répétés : j'ai prêté à vingt personnes, il y a donc habitude. Je me suis donc livré habituellement à l'usure.

Mais s'il ne peut y avoir de difficulté dans les deux hypothèses que nous venons de poser, il n'en est pas de même dans beaucoup d'autres cas. La loi n'a pas indiqué la limite au-delà de laquelle il y aurait délit; elle n'a pas dit combien il faudrait de prêts pour constituer l'habitude; elle n'a pas décidé que prêter deux fois à usure ce ne serait pas se livrer habituellement à l'usure, non plus qu'elle n'a dit que l'on aurait commis ce délit si on avait fait dix-neuf prêts. Il faut donc interpréter la loi, en chercher le sens et faire apparaître la volonté du législateur. Nous avons à nous demander combien il est nécessaire qu'on ait prêté de fois à usure pour qu'il y ait habitude.

Legraverend, tome 1er., page 11, n'hésite pas à décider que deux perceptions d'un intétérêt excessif doivent constituer l'habitude, quand même les deux prêts auraient été faits au même individu.

Deux prêts ne me paraissent pas pouvoir constituer l'habitude. On ne peut pas dire qu'on a l'habitude de faire une chose quand on ne l'a faite que deux fois. Dans le langage légal, un second fait constitue la récidive, et si le législateur n'avait voulu qu'un second prêt pour qu'il y eût délit, il aurait employé le mot *récidive* au lieu du mot *habitude*. De ce qu'il s'est servi de ce dernier mot de préférence au premier, il est raisonnable de conclure qu'il a voulu plus qu'un second prêt à usure, plus que la récidive, pour constituer le délit.

Je crois qu'on doit porter la même décision quand il n'y a eu que trois prêts à usure. Ce n'est pas là ce qu'on peut rigoureusement appeler une habitude. En exigeant une habitude, le législateur a clairement indiqué que c'était celui qui se livrait à l'usure par métier qu'il voulait frapper; et ce n'est pas encore faire ce métier que d'avoir à se reprocher trois prêts faits à usure à des époques plus ou moins rapprochées.

Si quatre prêts à usure sont constatés, l'habitude commence, à notre avis, à se révéler. Dans ce cas, n'hésitons pas à la reconnaître, si les prêts ont été faits à des époques rapprochées; mais si plusieurs années les séparaient les uns des autres, si, par exemple, un prêt avait eu lieu en 1830, un autre en 1833, un troisième en 1835, et le quatrième en 1838, il y aurait trop de rigueur à déclarer que ces faits constituent l'habitude. Il n'y aurait que justice si les quatre prêts prenaient date dans la même année.

Voilà quelles bases on doit, à mon avis, adopter pour décider s'il y a ou non *habitude* de l'usure. Cependant la loi n'ayant pas tracé de limites, la doctrine ne peut pas en déterminer d'une manière certaine, et elle doit nécessairement reconnaître qu'une grande latitude est laissée, à cet égard, aux magistrats, qui doivent, dans l'examen de cette question, apprécier les faits et les circonstances.

Par arrêt du 24 décembre 1825 rapporté dans Dalloz, volume 1826, 1re. partie, page 110, la Cour de Cassation a jugé qu'il suffisait que des prêts usuraires aient été faits à deux personnes, pour que le prêteur pût être condamné comme coupable d'habitude d'usure. Mais il faut remarquer que, dans l'espèce, l'arrêt attaqué constatait que cinq prêts à usure avaient été faits à ces deux personnes, et dès-lors on conçoit que la Cour suprême ait considéré l'habitude comme suffisamment établie. En effet, c'est bien moins le nombre des victimes que le nombre des prêts qu'il faut prendre en considération pour décider s'il y a ou non habitude. Cela me paraît tellement vrai que je n'hésite pas à aller beaucoup plus loin que la Cour de Cassation, et mon opinion est que l'on doit aussi décider qu'il y a habitude lorsque le prêteur n'a prêté qu'à une seule personne, si le nombre des prêts est tel qu'il en résulte nécessairement une habitude de la part du prêteur. En un mot, ce ne sont pas les emprunteurs, mais bien les prêts qui doivent être comptés.

La Cour de Cassation a plus tard, et par un arrêt du 4 mars 1826, rapporté dans Dalloz, volume 1826, 1re. partie, page 243, nettement posé ce principe, qui nous paraissait déjà incontestable avant de connaître cette décision.

Dans l'espèce, les prêts avaient été faits à une seule personne. Le sieur Thirion-Montauban est condamné par le tribunal correctionnel de la Seine, comme convaincu de s'être habituellement livré à l'usure à l'égard d'Osmont-D'Amilly.

Sur l'appel de Thirion, arrêt de la Cour de Paris, du 26 décembre 1825, qui confirme en ces termes :

« Considérant que le législateur a laissé à » la conscience des juges l'appréciation du » caractère et du nombre des faits qui consti- » tuent le délit d'habitude d'usure, sans le » faire dépendre du nombre des individus » auxquels les faits peuvent s'appliquer ; — » que ce délit, rentrant, comme tous les » autres, dans le droit commun criminel, il » doit être, comme eux, poursuivi et jugé » d'après les dispositions générales de ce droit » commun. »

Pourvoi en Cassation, 1°. pour fausse application de la loi du 3 septembre 1807 et violation de l'article 191 du code d'instruction criminelle. — Ce n'est que l'habitude d'usure qui est punie par la loi, disait-on ; or, dans l'espèce, il n'y a certainement pas habitude du délit d'usure puisque le sieur Thirion-Montauban n'est reconnu avoir commis des faits d'usure que relativement à un seul individu.

ARRÊT.

« Attendu, sur le premier moyen, qu'aux » termes de l'article 3 de la loi du 3 septem- » bre 1807, il y a usure lorsqu'il y a prêt

» conventionnel portant intérêt au-dessus de
» cinq pour cent en matière civile et de six
» pour cent en matière de commerce ; — que,
» pour qu'un individu puisse être prévenu de
» se livrer habituellement à l'usure, il suffit
» qu'il soit reconnu et constaté qu'il a fait
» successivement divers prêts conventionnels
» à un taux excédant celui qui est fixé par la
» loi ; — qu'il suit de là que si la perception
» successive des intérêts usuraires d'un seul
» prêt ne constitue pas l'habitude d'usure, il
» en est autrement d'une succession de prêts
» usuraires faits à la même personne ; — que
» c'est en effet de la répétition de ce même acte
» que résulte l'habitude de le faire, comme
» c'est de sa nature que résulte sa criminalité,
» et que cette habitude de faire un acte illicite
» existe, soit qu'on le fasse successivement à
» l'égard d'une seule personne ou de person-
» nes diverses, puisque dans l'un et l'autre
» cas, il y a répétition successive d'un fait dont
» la répétition habituelle est réputée délit par
» la loi ; — rejette ce moyen. »

La Cour de Cassation fait dans cet arrêt une distinction, qui nous paraît fort juste, entre le cas où des prêts successifs sont faits à une même personne et celui où il n'y a eu que plusieurs perceptions d'intérêts usuraires d'un seul et même prêt, et elle décide que si la perception successive des intérêts usuraires d'un seul prêt ne constitue pas l'habitude d'usure, il doit en être autrement d'une succession de prêts usuraires faits à la même personne. En effet dans un cas il y a eu plusieurs prêts, et plusieurs prêts constituent l'habitude, qu'ils soient faits ou non à la même personne. Dans l'autre il n'y a eu qu'un prêt, et un seul prêt ne peut pas établir l'habitude.

Ces observations nous conduisent à la question de savoir si, lorsqu'il y a un prêt unique, mais plusieurs fois renouvelé aux échéances, il se forme autant de prêts que de conventions nouvelles, ou si celles-ci ne sont que des modifications apportées au premier contrat. Cette question, qui est grave, peut être posée et examinée d'une manière générale.

Les renouvellemens peuvent-ils être considérés comme des prêts nouveaux et devenir ainsi des élémens constitutifs de l'habitude ?

Ces termes se résument en ceux-ci : un renouvellement est-il un prêt ?

Oui, dit-on d'une part : lorsque le terme est arrivé, le prêteur reprend la libre disposition de son capital; il peut le prêter de nouveau tout aussi bien au même emprunteur qu'à toute autre personne. S'il le prête au même individu, il intervient alors, entre les parties, une nouvelle convention, tant pour le terme que pour les intérêts. C'est un nouveau contrat ; le premier a produit tous ses effets ; enfin, c'est un nouveau prêt.

Non, répond-on d'autre part : la prolongation de délai que le débiteur obtient, au jour du terme, n'est pas un nouveau prêt, une nouvelle convention; c'est seulement une modification du premier contrat. Deux ans et six mois lui avaient été accordés pour se libérer, il demande et il obtient un délai plus long : la convention première est par là modifiée quant au terme, mais le premier prêt reste fait, et il n'en est pas fait un nouveau.

La jurisprudence admet constamment que les renouvellemens doivent être pris en considération comme les prêts, pour établir l'habitude de l'usure.

Nous indiquerons d'abord un arrêt de la

Cour de Cassation, du 15 avril 1826, rapporté dans Dalloz, tome 1826, partie 1re., page 244.

La même Cour, par arrêt du 3 juin 1826, rapporté dans Dalloz, volume 1826, partie 1re., page 374, a formellement jugé que des renouvellemens, même tacites, d'anciens prêts usuraires, pouvaient être regardés comme élémens du délit d'habitude d'usure, lorsqu'en vertu de ces renouvellemens, il y a eu stipulation d'intérêts extra-légaux et perception de ces intérêts.

Voici les motifs de cette décision :

« Attendu que la Cour royale de Nismes, » en déclarant que, dans *la supputation des* » *sommes* prêtées à usure, elle devait *faire en-* » *trer* celles provenant de *renouvellemens* de » prêts usuraires, parce que, à l'époque de ces » renouvellemens, il y a eu *nouvelles conven-* » *tions usuraires et perception d'intérêts excédant* » *le taux légal*, et que le délit d'usure était » établi par le seul fait de cette nouvelle con- » vention usuraire, n'a fait que consacrer les » principes de la matière établie par la loi » du 3 septembre 1807; qu'en effet le délit » d'usure se composant de faits successifs qui

» se lient et se rattachent les uns aux autres ;
» *la stipulation et la perception d'intérêts usuraires*
» provenant *de prêts ou de renouvellemens de*
» *prêts antérieurs, sont des élémens légaux* du dé-
» lit d'usure ; qu'ainsi l'arrêt attaqué ne con-
» tient point l'effet rétroactif qui lui est imputé
» et qu'il n'a contrevenu en aucune manière
» aux dispositions de l'article 5 de la loi du 3
» septembre 1807. »

Dans l'espèce, les prêts étaient antérieurs à la loi de 1807, mais la question relative aux renouvellemens n'en était pas moins la même.

Cet arrêt a décidé, en même tems, la question fort importante de savoir si les renouvellemens devaient être pris en considération pour la quotité de l'amende. Cette dernière question s'est représentée à la Cour de Cassation en 1837, et y a obtenu les honneurs d'un arrêt de partage. Elle se rattache essentiellement à celle qui nous occupe. M. le procureur-général Dupin portait la parole et eut l'occasion de dire quelques mots sur cette difficulté.

« Il est constant, dit ce savant jurisconsulte,
» d'après la jurisprudence de la Cour, que les
» renouvellemens consentis successivement

» peuvent être considérés comme faits cons-
» titutifs du délit et que l'habitude prévue et
» punie par la loi peut résulter des divers
» renouvellemens. »

Dans l'arrêt que la Cour prononça le 31 mars 1837, nous lisons :

« Attendu, en effet, que ce qui sert d'élément
» au délit doit servir d'élément à la peine ;
» Qu'il résulte de là que les renouvellemens
» d'un même prêt entrent nécessairement dans
» la supputation de l'amende, comme ils con-
» courent à caractériser le fait que cette amende
» a pour objet de réprimer. »

Il faut donc tenir pour constant que les renouvellemens sont, tout aussi bien que les prêts primitifs, des élémens pour établir l'habitude.

Mais ici se présente une question beaucoup plus grave et long-tems controversée ; c'est celle-ci :

Peut-on remonter indéfiniment pour réunir et grouper les prêts faits à usure, afin d'en faire ressortir l'habitude ?

Rendons notre examen plus clair par des exemples :

Quatre prêts à usure ont été faits, un en 1838,

un en 1837, et deux en 1832; y a-t-il dans cette espèce le délit d'habitude d'usure? Pour mon compte, je ne le crois pas. Je ne saurais dire que celui qui est cinq ans sans faire une chose a l'habitude de la faire. Mais en admettant que ces quatre prêts suffisent pour établir l'habitude, il faut alors examiner la question de savoir si les deux premiers prêts, faits en 1832, n'ont pas été atteints par la prescription, et si, par la suite, le nombre des prêts ne doit pas être réduit à deux, c'est-à-dire à un nombre insuffisant pour constituer l'habitude? Posons un exemple bien plus frappant encore et qui fera mieux ressortir la gravité de la difficulté.

Cinquante prêts à usure ont eu lieu en 1832, et ont, par conséquent plus de trois ans de date. Depuis lors, un seul prêt à usure a été fait, et en 1839. Y a-t-il le délit d'habitude d'usure?

Si l'on peut se prévaloir des cinquante prêts faits en 1832, l'affirmation n'est pas douteuse; mais la négative ne l'est pas davantage, si la prescription s'oppose à ce que les cinquante prêts de 1832 puissent être invoqués pour constituer le délit d'habitude d'usure.

Enfin un troisième et dernier exemple :

Un individu a prêté, le 1er janvier 1816, 100,000 fr. à quarante pour cent ; le 4 janvier 1819, 100,000 fr. au même taux ; le 10 janvier 1822, 100,000 fr. ; le 12 janvier 1825, 100,000 francs ; le 20 janvier 1828, 100,000 francs ; encore le 28 janvier 1831, 100,000 francs ; le 10 février 1834, 100,000 francs ; et le 10 mars 1837, encore 100,000 fr., toujours à quarante pour cent. Voilà bien un individu qui se livre habituellement à l'usure : cela est incontestable, et cependant il est impossible de lui faire application de l'article 4 de la loi du 3 septembre 1807, si on décide que les prêts qui ont plus de trois ans de date, sont prescrits; il n'en restera plus en effet qu'un seul qui ne le soit pas. Il y a plus ; non-seulement la poursuite serait impossible en 1837, mais encore elle l'aurait toujours été, n'importe à quelle époque on voulût se placer depuis 1816 jusqu'à 1837 ; jamais plus d'un fait d'usure n'échapperait à la prescription. De cette manière, un prêteur pourrait très-facilement éluder l'article 4 de la loi du 3 septembre 1807 ; il suffirait de prendre le soin de laisser prescrire un fait avant de s'en permettre un nouveau, et avec cette simple précaution il pourrait être impunément usurier toute sa vie en présence de la loi qui défend l'habitude d'usure. Il n'en est pas ainsi : voici les principes qui doivent servir à décider la question dans les espèces que nous venons de poser, comme dans toutes autres semblables.

Le délit d'habitude d'usure doit être soumis à la prescription. Cette vérité ne sera pas contestée, mais quelle sera cette prescription ?

La loi du 3 septembre 1807 ne contenant, à cet égard, aucune disposition, il est nécessaire de recourir à la règle générale sur la matière. Cette règle, c'est l'article 638 du code d'instruction criminelle qui veut que tous les délits soient prescrits par trois ans. Une prescription étant de toute nécessité, la loi du 3 septembre 1807 n'ayant aucune disposition sur la prescription, il faut reconnaître que le délit d'habitude d'usure se prescrit par trois ans comme les autres délits, aux termes de l'article 638 du code d'instruction criminelle, qui, il faut le faire remarquer en passant, a été promulgué après la loi de 1807.

Ce n'est pas tout que de savoir qu'il faut que trois années se soient écoulées pour que la prescription soit acquise; la difficulté est de déterminer le point de départ.

En matière d'usure, qu'est-ce que le délit ?

Ce n'est pas chaque prêt à usure en particulier, mais c'est l'habitude de prêts usuraires qui constitue le délit. Ce n'est donc pas chaque prêt usuraire en particulier qui peut se prescrire par trois ans, mais l'habitude de l'usure, habitude qui ne peut se constituer que par la réunion des prêts. Il est bien essentiel de ne jamais perdre de vue que l'habitude de l'usure est un fait général et moral qui se compose et ne peut se composer que de faits particuliers dont l'appréciation est soumise aux tribunaux pour en déduire leur conviction sur le fait moral. Les faits particuliers ne sont que des élémens de délit; ils ne sont pas punissables en eux-mêmes ; mais, réunis, ils forment un faisceau qui constitue l'habitude, et c'est cette habitude qui est le délit.

Si l'on demande maintenant quand commence à courir la prescription du délit d'habitude d'usure, la réponse est devenue facile ; il faudra dire que ce sera du jour où le délit aura été constitué par la réunion de ses élémens.

Une autre difficulté doit nous arrêter un instant.

Si l'usurier n'a pas prêté à usure depuis trois ans, il n'y a pas de doute que la prescription qui a commencé à courir depuis le dernier élément qui est venu constituer le délit d'habitude, est acquise au coupable par le laps des trois années écoulées sans nouveau prêt de sa part ; mais si le prêteur a continué de faire de nouveaux prêts postérieurement à ceux qui étaient déjà suffisans pour constituer le délit d'habitude, la prescription a-t-elle commencé de la date du dernier prêt, qui était nécessaire pour constituer l'habitude ? En un mot, les nouveaux prêts ont-ils interrompu le cours de la prescription ?

Je pense que la prescription ne peut commencer à courir que du jour du dernier prêt. Au fur et à mesure qu'un nouveau prêt a lieu, il vient interrompre la prescription et la fait recommencer à la date du dernier fait particulier qui vient fournir un dernier élément pour la formation du délit d'habitude. La prescription court lorsqu'on cesse d'ajouter à la réunion des faits constitutifs du délit, mais elle ne court plus lorsqu'un nouveau fait d'usure vient révéler de plus en plus l'habitude, vient composer le délit et y mettre la dernière main.

La prescription commence donc à courir du jour du dernier prêt à usure.

M. Chardon, dans son ouvrage sur le dol, professe, à la page 120, que la prescription ne commence à courir que du jour où le prêteur a reçu la dernière somme produite par les prêts usuraires. Ainsi, dit-il, la dernière négociation de ce genre que se soit permise Jacob étant un billet de 1,200 fr. souscrit à son profit par Jean pour 1,000 fr. seulement qu'il lui a remis, les trois ans n'ont commencé à courir que du jour où le billet a été payé, et non de celui où il a été confectionné. Jusque-là le fait d'usure n'était qu'en perspective : il ne s'est réalisé que lors du paiement.

Je ne saurais partager l'opinion de M. Chardon; je pense, au contraire, que les trois ans ont commencé à courir du jour où le dernier billet a été confectionné. C'est en effet le dernier acte d'usure que se soit permis le prêteur; peu importe l'époque à laquelle le billet a été payé, le fait d'usure n'en a pas moins existé du moment où le prêt a eu lieu ; M. Chardon pense qu'il n'était encore alors qu'une perspective et qu'il ne s'est réalisé que lors du paiement. C'est là, suivant nous, qu'est l'erreur. Si cette base était admise, il faudrait ne compter, pour constituer l'habitude de l'usure, tous les prêts faits à un intérêt usuraire que lorsque le paiement en aurait été effectué; et bien certainement ce n'est pas ainsi qu'on procède dans la pratique. Il n'est pas à ma connaissance que jusqu'à présent aucun usurier soit parvenu à faire écarter les prêts qui ne lui étaient pas encore remboursés, en soutenant que bien que ces prêts fussent faits à usure, ce n'était là qu'une perspective qui ne se réaliserait que lors du paiement des intérêts usuraires. Comment en effet pourrait-on faire consacrer par les tribunaux qu'il est nécessaire d'attendre que l'usurier ait définitivement réglé avec ses débiteurs, avant de pouvoir prendre les mesures indiquées par la loi pour arrêter les conséquences de l'usure. Et puis, si l'usurier a négocié ses billets, s'il les a escomptés, s'il les abandonne, s'il les a fait renouveler, s'il a reçu des à-compte, comment déterminer toutes ces époques et toutes ces circonstances, pour en apprécier l'importance et l'influence? M. Chardon n'a pas aperçu, il nous semble, toutes les conséquences de sa théorie, et, dans son aversion pour le délit d'usure, il n'a pas vu que son désir de laisser le plus long-tems possible l'usurier sous le coup des poursuites, conduisait inévitablement à un résultat bien avantageux à l'usurier; car si, pour empêcher la prescription de courir du jour du prêt, on concède que le prêt n'est qu'une perspective, il faudra bien aussi faire la même concession lorsque l'on voudra s'emparer d'un fait de prêt pour en faire un élément du délit d'habitude d'usure. Ce n'est pas tout; M. Chardon, en général si sévère, dans ses opinions, envers les usuriers, et si favorable aux individus que le malheur condamne à recourir à leur ruineux secours, n'a donc pas remarqué que sa théorie conduisait à la nécessité de respecter les ravages de l'usure jusqu'à la ruine entière des victimes ? De deux choses l'une; si c'est le le paiement et non le prêt qui constitue le fait d'usure, on est irréprochable jusqu'au paiement ; si, au contraire, c'est le prêt qui est répréhensible, si c'est le prêt qui est la contravention à la loi, c'est du jour du prêt que doit courir la prescription.

Cette dernière opinion nous paraît la plus conforme au droit comme à la raison. La loi qui défend de *prêter* à usure est enfreinte dès l'instant qu'on a *prêté* à usure. Le paiement qui a lieu postérieurement n'est que la conséquence du prêt, le produit du délit. Bien certainement si le paiement n'avait pas lieu, le délit n'en existerait pas moins ; seulement l'usurier n'en aurait pas retiré le produit qu'il espérait.

Après avoir vu quand commençait à courir la prescription, il faut préciser le moment où elle est acquise.

La prescription est acquise quand trois ans se sont écoulés sans que le prêteur à usure ait fait un nouveau prêt.

La prescription une fois acquise, le prêteur ne peut plus être poursuivi ; mais qu'arriverait-il s'il venait à faire de nouveaux prêts ?

Il semble que la prescription a purgé tout le passé, qu'elle a anéanti le délit et que rien ne peut le faire revivre. C'est ainsi qu'on le jugerait, sans difficulté, en toute autre matière correctionnelle. Un individu qui aurait la prescription à opposer à un premier délit n'aurait rien à craindre à raison de ce délit, quand même il en commettrait un autre de même espèce. Il n'en est pas de même en matière d'usure. Le prêteur qui, après s'être trouvé à l'abri de toutes poursuites à cause de la prescription, et qui, dans la suite, fait de nouveaux prêts, vient ajouter de nouveaux élémens aux anciens, il les fait revivre, et tous ces anciens élémens se réunissent aux nouveaux pour constituer l'habitude. Je dis se réunissent, il faut dire peuvent être réunis, car la loi n'a pas imposé de règles aux magistrats pour commander leur conviction. C'est à eux de juger s'il y a ou non habitude. Ils peuvent et doivent même avoir égard aux faits anciens, mais c'est pour eux une question de fait, une question de conviction. Y a-t-il ou n'y a-t-il pas habitude? Leurs décisions à cet égard échappent à la censure de la Cour de Cassation. Qu'ils disent qu'il y a habitude ou qu'ils décident qu'il n'y a pas habitude, ils ne font jamais que juger en fait. Il en serait tout autrement s'ils déclaraient qu'ils n'ont pas eu égard aux faits anciens parce que la loi le leur défendait, ou bien que ces faits étaient prescrits. Ils auraient alors jugé un point de droit, et une telle décision devrait être annulée par la Cour de Cassation, comme une méconnaissance des principes de la matière.

Pour décider en fait s'il y a eu ou non habitude d'usure, les magistrats doivent donc admettre les prêts anciens ; mais ils doivent aussi tenir compte des circonstances particulières. S'il arrivait, par exemple, qu'un individu, après s'être livré habituellement à l'usure, fût resté pendant trente ans sans faire aucun prêt, et qu'ensuite il en fît un, certes s'il était poursuivi, les tribunaux ne déclareraient pas qu'il y a ici habitude de l'usure. Ils ne le feraient pas et ils ne devraient pas le faire ; mais s'ils le faisaient, comme ils auraient jugé en fait, la décision ne pourrait donner lieu à cassation. S'ils décidaient qu'en droit ils ne peuvent dans une telle circonstance reconnaître qu'il y a habitude de l'usure, la loi serait violée, et le jugement n'échapperait pas à la cassation.

Si au lieu d'un aussi long intervalle entre les prêts anciens et le nouveau, il ne s'était écoulé, au contraire, que peu d'années, alors les magistrats n'hésiteraient point à voir dans le nouveau prêt une continuation de l'habitude ancienne et à rattacher le fait récent aux faits anciens. C'est à eux à apprécier ces différentes circonstances ; dès qu'ils jugent en fait, la décision ne peut être critiquée; il suffit qu'ils reconnaissent que le droit ne fait pas obstacle à ce qu'ils prononcent qu'il y a, ou qu'il n'y a pas habitude.

Les principes sur cette importante question de prescription ont été consacrés par six arrêts de la Cour de Cassation, qui ne permettent plus un doute sérieux et qui par suite doivent nous dispenser d'insister davantage.

Le premier est du 15 juin 1811 ; il porte :

« Attendu que les faits particuliers d'exaction
» d'intérêts usuraires ne constituent pas un
» délit, que chacun ne forme que des élémens
» de la réunion desquels résulte le délit d'ha-
» bitude d'usure ;

» Que dès lors aucun de ces faits particuliers » ne peut être soumis à la prescription, qui » n'est applicable qu'au délit constitué pour le » fait complexe d'habitude d'usure ;

» Qu'ainsi ceux d'entre les faits parti- » culiers d'exaction d'intérêts usuraires qui » seraient antérieurs de plus de trois ans aux » premières poursuites, peuvent être réunis » aux faits postérieurs auxquels ils se ratta- » chent, soit pour constituer le délit d'habi- » tude d'usure, soit pour évaluer l'amende » dont le délit est passible. »

Le deuxième est du 4 août 1820 ; il est ainsi motivé :

« Attendu que les faits particuliers d'usure » ne constituent pas un délit ; qu'à ces faits » particuliers ne pouvaient donc être appli- » qués les articles 637 et 638 du code d'instruc- » tion criminelle ; que le délit d'habitude » d'usure, qui était l'objet des poursuites, se » composait de faits particuliers et élémentai- » res de prêts usuraires ; que ce délit n'aurait » donc pu être prescrit, qu'autant qu'il n'eût » pas été justifié de prêts usuraires pendant les » trois années antérieures aux poursuites ; que

» ces faits auraient pu être déclarés constituer » par eux-mêmes le délit d'habitude d'usure; » qu'ils ont pu régulièrement être rapprochés » des faits antérieurs à ces trois ans, mais pos- » térieurs à la loi du 3 septembre 1807; que, » par ce rapprochement et cette réunion, le » délit déjà prouvé par les prêts usuraires faits » dans les trois ans a acquis seulement un plus » grand degré de gravité, et que, sous tous les » rapports, il a été reconnu sur des bases léga- » les ;—rejette le pourvoi. »

La même cour a jugé de même par un arrêt du 15 juin 1821.

On lit, dans un quatrième arrêt, du 29 mai 1824:

« Que tous les capitaux prêtés à usure doi- » vent être pris en considération pour l'éva- » luation de l'amende tout comme pour cons- » tituer l'habitude, la loi n'autorisant pas à » retrancher ceux qui l'auraient été à une » époque antérieure de plus de trois ans à la » poursuite de la justice. »

Un autre arrêt de la même Cour, rendu le 23 juillet 1825, décide la question dans le même sens; il est ainsi conçu :

« Ouï, etc.

» Attendu d'un côté que le tribunal d'appel » de Draguignan, reconnaissant dans le droit, » que le délit d'habitude d'usure se compose » de faits usuraires successifs, et que les faits » récens et qui remontent à moins de trois » années avant les poursuites, se joignant aux » faits antérieurs à ces trois années, font re- » vivre les faits anciens, à l'effet d'établir le » délit, et de déterminer l'amende qui doit lui » être appliquée, ne s'est écarté ni de la lettre, » ni de l'esprit de la loi, et qu'il ne fait au » contraire que consacrer les vrais principes » de la matière ;

» Attendu, d'un autre côté, que le tribunal » de Draguignan ayant reconnu en fait, qu'in- » dépendamment du prêt usuraire fait à Mail- » let, et qui remonte à moins de trois années, » il en existe d'autres, ayant aussi moins de » trois ans, ce qui résulte de la déposition des » témoins entendus à l'audience, cette décla- » ration ne saurait être détruite par les preu- » ves que le demandeur voudrait induire des » dates des différens actes usuraires qui ont » servi de base à la condamnation, et que de-

» meurant cette déclaration, la prescription
» invoquée par le demandeur ne saurait effacer
» son délit; que le tribunal de Draguignan,
» en décidant que les faits récens réunis aux
» faits plus anciens, tous bien prouvés, éta-
» blissaient le délit d'habitude d'usure imputé
» au prévenu, n'a fait qu'une juste application
» de l'article 638 du code d'instruction crimi-
» nelle, et n'a nullement contrevenu à ses
» dispositions; que par suite, il a fait aussi une
» juste application de l'article 4 de la loi du
» 3 septembre 1807;—la Cour rejette, etc. »

Les mêmes principes se retrouvent encore professés dans un autre arrêt de la Cour de Cassation du 24 décembre 1825.

Nous devons citer encore un autre arrêt rendu par la Cour de Cassation le 25 février 1826, rapporté dans Dalloz, volume 1826, partie 1re, page 197. Il paraît décider, en outre, une question fort importante, celle de savoir si on peut regarder comme un fait nouveau d'usure, propre à faire revivre les anciens faits prescrits, l'action de recevoir l'intérêt extra-légal qui a été convenu, ou de recevoir le remboursement d'une obligation ancienne, pour laquelle un intérêt usuraire a été stipulé et réuni au capital. Voici dans quelle espèce :

Dans l'intervalle de l'année 1812 au mois de janvier 1821, le sieur Briandet avait fait, à cinq particuliers, différens prêts usuraires qui, réunis, s'élevaient à la somme de 12,000 fr. environ. Il avait notamment prêté à un sieur Maréchal, en 1812 et 1818, suivant deux actes notariés, une somme de 4000 francs à douze pour cent ; les actes ne portaient l'intérêt qu'à cinq pour cent; l'intérêt extra-légal avait été joint au capital.

Le 15 décembre 1824, c'est-à-dire plus de trois ans après le dernier prêt à usure qu'aurait fait Briandet en 1821, il reçut du sieur Maréchal, le remboursement intégral des obligations que celui-ci lui avait souscrites.

Le ministère public a traduit Briandet devant le tribunal correctionnel de Dijon comme prévenu d'habitude d'usure.

Briandet a opposé la prescription ; il a soutenu que le paiement qu'il avait reçu le 15 décembre 1824 ne pouvait faire revivre les prêts auxquels il se rattachait, non plus que les autres prêts qui lui étaient imputés, et qui, tous antérieurs de plus de trois ans aux poursuites du ministère public, se trouvaient effacés par la prescription triennale portée en l'article 638 du code d'instruction criminelle.

Ce système de défense a été successivement écarté par le tribunal correctionnel et par arrêt de la Cour royale de Dijon, du 25 novembre 1825: Briandet a été condamné à une amende de 4455 francs, comme coupable d'habitude d'usure.

Le jugement et l'arrêt sont motivés sur ce que l'habitude d'usure est un délit successif et complexe qui se compose de plusieurs faits, et sur ce que les prêts usuraires qui datent de moins de trois ans avant la poursuite, font revivre les prêts antérieurs de plus de trois ans, soit pour caractériser le délit d'habitude d'usure, soit pour déterminer le montant de l'amende.

Ces principes sont incontestables, mais voyons l'application qui en a été faite dans la cause.

« Attendu en fait, que, dès l'année 1812 » jusqu'au mois de janvier 1821, Briandet a » prêté aux cinq individus ci-dessus dénom-

» més plusieurs sommes à des intérêts de
» douze, quinze, dix-huit et vingt-trois pour
» cent; que les prêts usuraires faits au sieur
» Maréchal, l'un de ces emprunteurs, dans les
» années 1812 et 1818 ont subsisté jusqu'au 15
» décembre 1824, jour de la libération inté-
» grale dudit Maréchal; qu'ainsi il est constant
» que l'habitude d'usure contractée, dès l'an-
» née 1812, par Briandet, a continué sans in-
» terruption depuis cette année jusqu'au 15
» décembre 1824; que dès-lors Briandet n'est
» pas fondé dans son exception de pres-
» cription. »

Si Briandet n'a fait aucun prêt depuis le mois de janvier 1821, il s'est écoulé plus de trois ans depuis le dernier fait, pouvant faire revivre les anciens, et la conséquence nécessaire est que la prescription est acquise. Non, disent le tribunal et la Cour royale de Dijon, parce que les prêts usuraires faits à Maréchal, l'un des emprunteurs, dans les années 1812 et 1818, ont subsisté jusqu'au 15 décembre 1824, jour de la libération intégrale dudit Maréchal. On juge donc que la prescription ne peut courir tant que tous les prêts faits à usure ne sont pas remboursés, ou bien veut-on décider que le paiement fait à Briandet constitue de sa part un nouveau fait d'usure qui fait revivre les anciens? C'est dans tous les cas commettre une erreur grave; l'existence de la dette n'empêche pas la prescription de courir en faveur du prêteur susceptible d'être inquiété, non à raison de sa créance, mais à raison du prêt qu'il a fait; et recevoir le capital et des intérêts usuraires n'est pas prêter à usure, ce n'est pas un acte d'usure. La loi ne défend pas de recevoir des intérêts usuraires, mais elle défend de prêter à usure. C'est l'acte qui est prohibé et point du tout son exécution.

Il y eut pourvoi en cassation de la part de Briandet. On a plaidé dans son intérêt les deux moyens dont voici l'analyse :

1°. Violation de l'article 3 de la loi du 3 septembre 1807, en ce que la Cour de Dijon a regardé comme un fait d'usure l'action de recevoir des intérêts usuraires précédemment stipulés ; c'est à l'aide de ce fait unique et en le rattachant aux divers prêts anciens et prescrits, reprochés au prévenu, que la Cour royale a décidé que l'habitude d'usure contractée, par Briandet, dès l'année 1812, avait continué, sans interruption, jusqu'en 1824. Cependant, disait-on, et, selon nous, avec beaucoup de raison, l'action de recevoir le paiement d'un intérêt ou d'une obligation usuraire ne constitue pas légalement un acte d'usure. L'usure réside essentiellement dans la stipulation d'un intérêt extra-légal ; c'est par la convention qu'elle est consommée ; le fait ultérieur du paiement n'y ajoute rien.—L'article 3 de la loi du 3 septembre 1807 ne voit, en effet, l'usure que dans le prêt conventionnel à un taux extra-légal, c'est-à-dire dans la convention d'un intérêt usuraire. Il est si vrai que l'usure est consommée par la stipulation, que le prêteur correctionnellement poursuivi pour délit d'usure, ne pourrait échapper à l'action du ministère public, sous prétexte que les obligations dans lesquelles il a stipulé les intérêts usuraires, ne sont pas encore parvenues à leur échéance, ni même en renonçant à recevoir le paiement de ces intérêts. D'ailleurs, le remboursement d'un prêt à usure peut être reçu par un tiers cessionnaire des droits du prêteur ; ce qui prouve de plus en plus qu'on ne saurait y voir un acte usuraire.

2°. Contravention à l'article 4 de la loi du 3 septembre 1807 et à l'article 638 du code d'instruction criminelle. — En supposant que le paiement reçu par Briandet, le 15 décembre 1824, puisse être considéré comme un acte d'usure dans le sens de la loi, il aurait sans doute, d'après la jurisprudence de la Cour suprême, fait revivre d'anciens prêts antérieurs de plus de trois ans aux poursuites du ministère public; mais il n'aurait pu produire cet effet, qu'à l'égard de ceux de ces prêts dont ce remboursement lui-même ne serait pas séparé par l'intervalle de trois ans. Or, dans l'espèce, plus de trois années s'étaient écoulées au 15 décembre 1824, dès les derniers prêts rappelés dans l'arrêt dénoncé, quoique ces derniers prêts eussent eu lieu en 1821; cette circonstance remarquable écartait l'application des arrêts de la Cour de Cassation qui ont été cités lors de l'arrêt de la Cour de Dijon. — On comprend, quoique ce soit déjà une théorie rigoureuse, que, quand il n'y a pas eu d'intervalle, ou bien lorsque l'espace de tems qui s'est écoulé entre les différens prêts usuraires est moindre de trois années, la Cour de Cassation ait pensé que ceux de ces prêts antérieurs de plus de trois ans à la poursuite du ministère public, devaient être joints aux prêts plus récens pour caractériser le délit d'habitude d'usure ; dans ce cas, en effet, on peut dire que l'habitude d'usure n'a pas eu d'interruption légale. Mais lorsque le nouveau fait est postérieur de plus de trois ans aux anciens faits, il y a solution légale de continuité, l'habitude d'usure a cessé, les prêts qui servaient à la constituer sont dépouillés du caractère du délit ; la loi les a couverts d'une bienfaisante et irrévocable amnistie. En un mot, le passé est anéanti ; il ne reste plus qu'un seul fait, qui, s'il est suivi de plusieurs autres faits, pourra bien caractériser, à son tour, une nouvelle habitude d'usure, mais qui, dans son isolement, ne saurait offrir l'idée de ce délit. Autrement, et si l'on prêtait à la jurisprudence de la Cour régulatrice l'intention que la Cour de Dijon lui a donnée, un seul prêt, et même, comme dans l'espèce, le simple fait de recevoir le paiement d'un prêt suranné, qui serait déclaré entaché d'usure, pourrait entraîner une condamnation à la fois flétrissante et ruineuse contre un homme, qui pendant trente et quarante ans, serait demeuré pur de tout trafic usuraire ; et la prescription, qui efface les plus grands crimes, ne pourrait jamais atteindre le délit d'usure ?

En vain opposerait-on que l'arrêt dénoncé a jugé, par appréciation de faits, que l'habitude d'usure, contractée par Briandet, *a continué sans interruption jusqu'au* 15 *décembre* 1824. Personne n'ignore qu'en matière correctionnelle, les magistrats, investis du double caractère de jurés et de juges, ne peuvent prononcer de condamnation légale qu'après avoir précisé les faits dont ils déclarent le prévenu coupable, et qu'autant que ces faits, ainsi précisés, tombent sous l'application d'une disposition pénale. Cette règle, consacrée par la jurisprudence la plus constante, est encore plus sévèrement obligatoire en matière d'usure, où l'amende doit se calculer sur l'importance des prêts qui ont eu lieu. Aussi la Cour de Dijon a-t-elle pris soin de rappeler dans son arrêt les divers prêts usuraires dont elle a reconnu le sieur Briandet coupable. Mais tous ces prêts, comme elle le déclare elle-même, sont antérieurs à 1821, si l'on en excepte le paiement intégral, reçu le 15 décembre 1824. Ce n'est, dès-lors, qu'en considérant ce dernier fait comme un acte usuraire et en le rapportant aux faits anciens, dont il était isolé par un intervalle de plus de trois ans, que la Cour de Dijon a été et a pu être amenée à conclure que l'habitude d'usure avait *continué sans interruption dès l'année* 1821 *jusqu'au* 15 *décembre* 1824. Or, en cela, il n'y a pas eu appréciation de faits, mais solution en point de droit; la Cour décide, sinon en termes très-exprès, du moins de la manière la plus virtuelle: 1°. que le fait de perception d'un intérêt usuraire est un fait d'usure; 2°. qu'un nouvel acte d'usure fait revivre les prêts anciens, quel que soit l'espace de tems qui le sépare de ces anciens prêts. Ce sont ces deux propositions que la Cour de Cassation a incontestablement le droit de réviser et de condamner, si, comme on croit l'avoir prouvé, elles ne tendent qu'à consacrer deux erreurs.

M. l'avocat-général Laplagne-Barris a d'abord fait observer que les termes, dans lesquels étaient conçus les motifs de l'arrêt dénoncé, pouvaient, à la rigueur, dispenser la Cour de se livrer à l'examen des moyens proposés par le demandeur. Entrant néanmoins dans la discussion de ces moyens , M. l'avocat-général a pensé, sur le premier, que l'usure ne consistait pas uniquement dans la convention du prêt usuraire , mais encore dans le paiement de l'intérêt. Ce n'est pas cependant que la réunion de ces deux faits soit nécessaire pour caractériser le délit ; chacun d'eux constitue par lui-même un fait d'usure.—Sur le deuxième moyen, M. l'avocat-général a été d'avis qu'un seul acte d'usure suffisait pour faire renaître des faits prescrits, quel que fût l'espace de tems écoulé entre les anciens prêts et le prêt nouveau.

L'opinion de M. l'avocat-général est une nouvelle autorité en faveur de ceux qui soutiennent qu'un seul acte d'usure fait revivre les faits anciens, quelle que soit leur date, et nous sommes de ce nombre, sauf toutefois l'appréciation des circonstances que nous reconnaissons appartenir aux lumières et à la conscience des magistrats , lorsqu'un longtems s'est écoulé entre les anciens prêts et le prêt nouveau. Mais nous ne pouvons voir , avec M. Laplagne-Barris , un acte d'usure dans la perception de l'intérêt d'un capital prêté à usure, et nous en avons déduit les motifs. Nous concevons aussi fort difficilement comment la Cour de Cassation pouvait, à la rigueur, se dispenser de se livrer à l'examen des moyens proposés par le demandeur. Si elle le pouvait en cette circonstance, il nous semble qu'elle le pourra toujours ou presque toujours. En effet, toujours avant d'appliquer le droit, les tribunaux devront constater et apprécier les faits. Si la Cour de Dijon s'était bornée à dire que l'habitude de l'usure avait *continué sans interruption dès l'année* 1812 *jusqu'au* 15 *décembre* 1824, ce serait là, nous le comprendrions, une simple constatation de faits et circonstances qui rentrerait, peut-être, dans son domaine exclusif ; mais la Cour de Dijon a fait plus, et, selon nous, elle devait le faire : elle a dit pourquoi l'habitude d'usure avait continué sans interruption jusqu'au 15 décembre 1824; c'est parce qu'elle a considéré le paiement intégral, reçu ledit jour 15 décembre 1824, comme un fait usuraire. L'habitude d'usure n'est donc, ici, que la conséquence d'un fait, d'un fait seul, puisque la Cour de Dijon, en rappelant, dans son arrêt, les divers prêts, déclare qu'ils sont tous antérieurs à 1821, et ce fait seul c'est le paiement intégral du 15 décembre 1824. Or, de l'aveu même de la Cour de Dijon, si le fait du paiement n'existait pas, aucun fait nouveau ne viendrait faire revivre les faits anciens, qui se trouveraient ainsi prescrits. On est bien d'accord sur les faits, ils sont constans et nettement posés dans l'arrêt. Dans un tel état de choses, la question n'est pas de savoir s'il y a ou non habitude d'usure, ce qui serait une question de fait, mais il s'agit de savoir si le fait du paiement, effectué en 1824, est un acte d'usure qui, faisant revivre les faits antérieurs à 1821, s'oppose à la prescription. C'est là, nous le soutenons avec confiance, une question de droit, s'il en fut jamais, en matière d'usure. C'est une question de droit que la question de savoir si l'acceptation d'un paiement est un acte d'usure, c'est une question de droit que la question de savoir si un acte quelconque peut interrompre la prescription.

Voici les termes de l'arrêt qui a été rendu, après un très-long délibéré, en la chambre du conseil :

« La Cour ;—sur les conclusions conformes

» de M. Laplagne-Barris , avocat-général ; — » sur les moyens de cassation proposés par le » demandeur et pris de la violation de l'article » 638 du code d'instruction criminelle et des » articles 3 et 4 de la loi du 3 septembre 1807, » en ce que le délit d'usure aurait été prescrit » par le laps de temps de plus de trois années, » depuis le dernier prêt usuraire imputé à » Briandet, lequel remonte à l'année 1818, » sans que, depuis cette époque, aucun autre » prêt usuraire lui ait même été imputé, le » paiement par lui reçu des sommes prêtées, » en ladite année 1818, ne pouvait être consi- » déré comme un fait usuraire et faire revivre » le délit d'habitude d'usure déjà éteint ;

» Attendu que, par l'arrêt attaqué, il a été » expressément déclaré que, depuis l'année » 1812 jusqu'à l'année 1821, Briandet a prêté, » à divers emprunteurs y dénommés, plusieurs » sommes à des intérêts de douze, quinze, dix- » huit et vingt-trois pour cent, excédant le » taux légal ;

» Qu'il a été notamment reconnu et déclaré » que les prêts usuraires faits par Briandet à » Maréchal, un des emprunteurs, dans les

» années 1812 et 1818, ont subsisté jusqu'au
» 15 décembre 1824, jour de la libération in-
» tégrale dudit Maréchal, et qu'il est constant
» que l'habitude d'usure, contractée par Brian-
» det, dès l'année 1812, a continué sans inter-
» ruption depuis cette année jusqu'au 15 dé-
» cembre 1824;

» Attendu que cette déclaration, en fait,
» étant irréfragable, il en résulte que la pres-
» cription de trois années, portée par l'article
» 638, n'a pas pu être acquise à Briandet, puis-
» que les poursuites dirigées contre celui-ci,
» pour délit d'habitude d'usure, ont eu lieu
» moins de huit mois *avant* (c'est *après* qu'il
» faut lire) le dernier fait de Briandet déclaré
» usuraire par la Cour royale de Dijon, à
» laquelle il appartenait d'apprécier, d'après
» les faits, les caractères du délit d'habitude
» d'usure imputé au prévenu;—attendu que,
» d'après les faits déclarés constans par cette
» Cour, il n'a point été commis de violation
» de l'article 638 du code d'instruction crimi-
» nelle, ni des articles 3 et 4 de la loi du 3
» septembre 1807, et que, d'ailleurs, la pro-
» cédure est régulière,—rejette. »

Il n'y a pas lieu, à notre avis, d'être plus satisfait du dispositif de cet arrêt que des motifs qui le précédent. Au lieu d'une décision franche et nette des questions soumises à la Cour régulatrice , décision qu'on était en droit d'attendre des lumières d'un tribunal institué pour tracer les règles à suivre, on se demande encore, après avoir lu l'arrêt, si la cour a décidé que le fait de recevoir un paiement intégral était un acte d'usure, ou bien si elle s'est bornée à accueillir la fin de non-recevoir indiquée par M. l'avocat-général Laplagne-Barris.

La Cour de Cassation pose très-bien, dans le premier paragraphe de l'arrêt, la question soumise à sa décision.

Elle rétablit, dans le second, les faits de la cause.

Puis dans le troisième, pour arriver à la solution de la question, la Cour dit : *qu'il a été reconnu et déclaré que les prêts usuraires faits par Briandet à Maréchal, un des emprunteurs , dans les années* 1812 *et* 1818 , *ont subsisté jusqu'au* 15 *décembre* 1824, *jour de la libération intégrale dudit Maréchal.*

Ils ont subsisté jusqu'au 15 décembre 1824....

OUI, si la réception du paiement est un acte d'usure; mais NON, si elle n'en est pas un. La Cour de Cassation aurait dû, à notre avis, commencer par décider cette question de droit, au lieu de s'attacher à la conséquence d'une solution affirmative ; en effet, si c'est un acte d'usure, il est exact de dire que les prêts *ont subsisté jusqu'au* 15 *décembre* 1824; mais on ne peut plus le dire, si la réception du paiement n'est pas un acte d'usure.

La Cour ajoute *qu'il est constant que l'habitude d'usure contractée par Briandet dès l'année* 1812 *a continué sans interruption depuis cette année jusqu'au* 15 *décembre* 1824 ; IL EST CONSTANT... OUI, si c'est un acte d'usure; mais NON, si ce n'en est pas un. Il faut toujours en revenir à la question, et jusqu'ici la Cour de Cassation n'a rien dit pour sa solution. En dit-elle davantage dans le dernier paragraphe ?

Attendu *que cette déclaration, en fait, étant irréfragable, il en résulte que la prescription de trois années portée par l'article* 638 *n'a pas pu être acquise à Briandet, puisque les poursuites dirigées contre celui-ci, pour délit d'habitude d'usure, ont eu lieu moins de huit mois après le dernier fait de*

Briandet, déclaré usuraire, par la Cour royale de Dijon, à laquelle il appartenait d'apprécier, d'après les faits, les caractères du délit d'habitude.

C'est donc la fin de non-recevoir que la Cour accueille ! Mais alors pourquoi ne pas le dire plus nettement ? Il fallait dire que la question de prescription, que le refus d'appliquer l'article 638 du code d'instruction criminelle, en un mot, que l'application du droit à un fait constaté et non contesté était une question de fait et non une question de droit.

Jusqu'ici donc la Cour de Cassation n'a point examiné la question importante qui lui était soumise. Mais voici la dernière disposition de l'arrêt : *attendu que d'après les faits déclarés constans par cette Cour, il n'a pas été commis de violation de l'article* 638 *du code d'instruction criminelle ni des articles* 3 *et* 4 *de la loi du* 3 *septembre* 1807...

La Cour de Cassation veut-elle dire par là que la Cour de Dijon a eu raison de considérer la réception d'un paiement intégral comme un acte d'usure ? pas le moins du monde. Nous ne pouvons donner cette portée à cette dernière disposition. En la rapprochant de celles qui précèdent, on est plus porté à penser qu'après avoir admis que la Cour royale de Dijon avait pu décider en fait, que trois années ne s'étaient pas écoulées depuis le dernier acte usuraire, la Cour suprême a été nécessairement amenée à conclure qu'en droit, il n'y avait pas eu violation de la loi, par le refus d'appliquer l'article 638 du code d'instruction criminelle. Cette dernière conclusion était une conséquence nécessaire, mais elle n'a pas de rapport direct à la question principale, qu'on ne peut guères regarder comme décidée dans l'arrêt du 25 février 1826, que nous venons de rappeler et d'examiner.

Cependant, tel n'est pas l'avis de M. Dalloz, qui, en rapportant cet arrêt, y a joint la note suivante. Nous croyons utile de la transcrire, parce qu'elle contient des observations précieuses et qui nous paraissent de la plus grande justesse.

« Cet arrêt, rendu après un délibéré très-
» long et très-animé, est rédigé dans des ter-
» mes qui semblent, au premier abord, s'oppo-
» ser à ce qu'on puisse y voir une solution bien
» nette des deux questions qui ont été agitées
» devant la Cour de Cassation, et qui n'avaient

» pas été soulevées devant la Cour royale ; —
» cependant, si l'on se pénètre bien des élé-
» mens de l'espèce et des principes qui servent
» à déterminer les attributions de la Cour
» suprême en cette matière, principes consa-
» crés par sa jurisprudence, on y reconnaîtra
» peut-être qu'elle a pu difficilement s'abste-
» nir de résoudre ces questions ;

» D'une part, en effet, les prêts usuraires,
» rappelés dans l'arrêt de la Cour royale,
» étaient tous antérieurs à l'année 1821, sauf
» le paiement reçu par Briandet et qui n'a eu
» lieu que le 15 décembre 1824, c'est-à-dire
» plus de trois ans après ces prêts. On ne peut
» pas admettre l'idée que, dans le tems inter-
» médiaire, Briandet ait commis d'autres faits
» d'usure, ni même qu'il ait reçu des rembour-
» semens partiels du sieur Maréchal ; car il n'y
» a de faits élémentaires et caractéristiques du
» délit d'habitude d'usure que les faits spécia-
» lement déclarés par le juge.

» D'un autre côté, si les tribunaux correc-
» tionnels sont souverains dans l'appréciation
» des preuves qui servent à établir l'existence
» d'un fait, et même des circonstances qui en

» déterminent la moralité, ils relèvent tou-
» jours de la loi, et par conséquent de la Cour
» de Cassation, dans l'appréciation du carac-
» tère légal de ce même fait. Ainsi, et pour
» rendre cette vérité plus sensible par un
» exemple, une Cour royale déclare qu'il ré-
» sulte de l'instruction qu'à telle et telle
» époque le prévenu a fait tel et tel prêt à
» usure. Quelque erronée que puisse être cette
» déclaration, elle échappe à toute censure.
» De même un arrêt juge, en appréciant les
» circonstances, que des escomptes de billets
» faits par un individu n'ont été, de sa part,
» qu'un moyen employé pour déguiser des prêts
» usuraires; c'est encore là une appréciation
» d'actes et de faits qui est irréfragable; la
» Cour suprême l'a décidé par plusieurs arrêts
» tout récens (Voyez plus haut, page 108).
» Mais qu'une Cour royale, après avoir reconnu
» qu'un individu s'est livré à plusieurs escomp-
» tes véritables, le déclare coupable d'habi-
» tude d'usure, pour avoir perçu un intérêt de
» plus de six pour cent, sur les escomptes, il
» est évident que, dans ce cas, la Cour royale
» apprécie non plus des faits et des actes, mais

» le caractère légal de ces actes et de ces faits ;
» et, dès-lors, sa décision peut être soumise
» à la révision de la Cour suprême ; elle doit
» même être cassée, puisqu'elle attribue à l'es-
» compte, qui est un contrat aléatoire et com-
» posé, le caractère de l'usure que la loi
» n'attache qu'au prêt (voyez tome 25, page
» 300). Car il ne peut être au pouvoir d'un tri-
» bunal d'appliquer une peine à un fait inno-
» cent, ni de déclarer innocent un fait cou-
» pable.

» Cela posé, peut-on dire que la Cour de
» Dijon ait apprécié des faits et qu'elle ait porté
» une décision souveraine, 1° lorsqu'elle a con-
» sidéré l'action de recevoir le paiement d'un
» intérêt usuraire comme un fait légal d'usure ;
» 2° quand elle a jugé que la prescription ne
» pouvait être invoquée, parce que l'habitude
» d'usure contractée par Briandet, dès l'année
» 1812, avait continué sans interruption jus-
» qu'au 15 décembre 1824, quoiqu'il résultât
» des faits consignés par elle-même dans son
» arrêt que plus de trois ans s'étaient écoulés
» depuis les derniers prêts usuraires jusqu'au
» remboursement du mois de décembre 1824,

» qu'elle a déclaré avoir pour effet de les faire
» revivre ? Nous ne pouvons le penser, et c'est
» pour ce motif qu'au commencement de notre
» article, nous avons présenté les deux ques-
» tions comme résolues. Le lecteur, au reste,
» en jugera. »

Pour mon compte, j'en ai jugé. Je me trompe peut-être, mais, à coup sûr, une décision judiciaire qui permet une telle incertitude n'est pas une grave autorité.

On a vu quels sont les faits dont on peut se prévaloir pour établir l'habitude.

S'ils ne sont pas assez nombreux pour constituer l'habitude de l'usure, le prévenu peut bien être poursuivi; mais les tribunaux doivent le renvoyer exempt de toute peine, encore que les faits reprochés et prouvés fussent en eux-mêmes répréhensibles.

Mais si, par la suite, le prévenu vient, par de nouveaux prêts et même par un seul prêt, fournir un nouvel élément pour établir l'habitude, la poursuite peut alors être reprise, et les tribunaux doivent tenir compte tout à la fois des faits anciens et des faits nouveaux pour décider si leur réunion constitue ou ne constitue pas l'habitude.

Lorsque les faits, en les groupant tous, sont en assez grand nombre pour faire déclarer l'habitude, il doit intervenir un jugement de condamnation.

Il peut arriver qu'après une première condamnation l'usurier continue à prêter à usure, et l'on se demande s'il faudra encore réunir un nombre de prêts usuraires suffisant pour établir l'habitude, ou bien si l'on pourra demander la punition d'un ou de plusieurs nouveaux faits en se prévalant des faits anciens.

Je pense qu'après une première condamnation il faut un nombre de prêts assez considérable pour établir l'habitude, sans tenir compte de ceux qui ont contribué à constituer le premier délit. En effet, la première condamnation a effacé en quelque sorte le premier délit. Le condamné a été puni à raison de tous ces premiers faits qui ont constitué le délit, et se prévaloir encore contre lui de ces faits, ce serait violer la maxime *non bis in idem*, ce serait infliger deux punitions aux mêmes faits.

Il faut donc, pour qu'un nouveau délit soit constitué, qu'il soit survenu, depuis la première condamnation, des prêts usuraires en assez grand nombre pour constituer l'habitude.

Mais il peut arriver que, lors de la première poursuite, des faits aient été négligés ou ignorés, et qu'ainsi ils n'aient pas concouru à constituer l'habitude, qui a été cependant reconnue indépendamment de leur existence; pourra-t-on, lors d'une seconde poursuite, rappeler ces premiers faits et les réunir aux faits nouveaux, pour en faire ressortir l'habitude de l'usure?

Je ne le crois pas, la loi n'a pas dit que l'habitude existerait autant de fois qu'il y aurait un certain nombre de prêts. L'habitude n'en aurait existé ni plus ni moins dès qu'elle était déjà constante lors de la première condamnation, et un ou plusieurs prêts usuraires en augmentant le nombre des élémens auraient été sans portée aucune quant à l'existence du délit. La question était de savoir s'il y avait ou non habitude, et dès qu'elle a été résolue affirmativement, peu importe le nombre d'élémens qui a amené cette décision, comme peu importe le nombre des témoins qui ont fait la preuve d'un fait. La condamnation a purgé le passé, et l'on n'y peut plus revenir.

Il y a, je le sais, une objection à faire. On peut dire que l'amende aurait pu être plus élevée si les faits ignorés étaient venus concourir avec ceux connus et relevés par l'instruction. C'est là une question qui se rattache à l'application des peines et que nous pourrons examiner; mais quelle qu'en soit la solution, reconnaissons toujours, quant à l'habitude, que les élémens ne sont rien dans leur isolement, mais que, réunis, ils composent un fait; ce fait, c'est l'habitude. Or, ce fait une fois constitué, il faut pour en constituer un autre des élémens nouveaux qui, pour établir un délit postérieur à la première condamnation, ne peuvent être eux-mêmes que des élémens postérieurs.

= SERA TRADUIT,

Par qui?

Par qui le prévenu peut-il être poursuivi?

Les procureurs du roi peuvent poursuivre les délits; c'est un droit qui leur est accordé; ils doivent même les poursuivre; c'est un devoir qui leur est imposé par leurs fonctions. L'habitude de l'usure étant un délit, il doit, comme tous les autres, être poursuivi d'office par le ministère public. Nous verrons tout à l'heure quel procureur du roi est chargé de la poursuite du délit d'habitude d'usure, en recherchant quels sont les tribunaux correctionnels qui sont compétens pour connaître de ce délit. Les règles de compétence bien établies, quant aux tribunaux correctionnels, les pouvoirs des différens procureurs du roi se trouveront en même tems bien déterminés par elles, car c'est au ministère public du tribunal compétent qu'il appartient d'agir.

Si la répression des délits a dû être, dans l'intérêt général, confiée spécialement aux officiers du ministère public, on sait qu'il ne s'ensuit pas que toute partie lésée soit privée de son droit de demander réparation à la justice et d'attraire au tribunal correctionnel celui qui par un délit lui a occasionné un préjudice. Cette règle générale ne reçoit-elle pas une exception en matière d'usure? La partie lésée, la partie civile peut-elle poursuivre l'usurier devant le tribunal correctionnel? En un mot, le délit d'habitude d'usure peut-il être poursuivi par tout autre que le procureur du roi ? Telle est la question qui se présente ici et qui doit nous arrêter un instant.

Il est difficile d'admettre qu'un emprunteur qui a à se plaindre d'un fait usuraire puisse appeler son prêteur devant le tribunal de police correctionnelle, en se prévalant des dispositions de l'article 4 de la loi du 3 septembre 1807. Il n'a aucune qualité pour se constituer le vengeur de la société et venir à la barre du tribunal provoquer l'examen de tous les actes intervenus entre son prêteur et des tiers. La juridiction correctionnelle appartient aux particuliers tout comme au ministère public, mais pour les faits qui les concernent et non pour ceux qui leur sont totalement étrangers. Si l'emprunteur ne peut invoquer les prêts faits à des tiers pour établir le délit d'habitude d'usure, il se trouvera réduit aux actes qui lui sont personnels, et comme alors il n'en a qu'un à reprocher à son prêteur, il s'ensuivra une impossiblité absolue de justifier qu'il existe un délit dont il puisse se plaindre.

Mais s'il n'est pas possible d'accorder à celui qui a à se plaindre d'un fait usuraire le droit de se pourvoir au tribunal correctionnel, la question devient plus grave lorsque le plaignant offre de faire la preuve de prêts usuraires à lui faits en assez grande quantité pour qu'il en résulte le délit d'habitude de l'usure.

La question s'est présentée, et voici dans quelles circonstances.

Un sieur Ameline a accusé un sieur Dujardin de lui avoir fait souscrire des lettres de change qui comprenaient des intérêts usuraires, et de se livrer habituellement à l'usure ; et dans sa demande, portée au tribunal correctionnel, il conclut à l'amende et aux dommages et intérêts.

Devant le tribunal de Coutances on soutint qu'Ameline était sans qualité pour poursuivre correctionnellement.

Le tribunal a accueilli l'exception d'incompétence ; sur l'appel, elle fut au contraire rejetée, attendu que tout citoyen qui se prétend lésé par un délit peut en poursuivre la réparation.

Pourvoi en cassation.

Le demandeur soutenait que d'après l'article 3 de la loi du 3 septembre 1807, combiné avec l'article 4 de la même loi, celui qui se plaint d'une stipulation d'intérêts fixés à un taux excédant celui qu'il est permis d'exiger, n'a pas qualité pour traduire le prêteur devant le tribunal correctionnel ; qu'il peut seulement demander devant les tribunaux ordinaires la restitution ou la réduction des intérêts excessifs ou usuraires, et qu'au ministère public seul appartient la poursuite correctionnelle ayant pour objet la punition du délit d'habitude d'usure.

En effet, disait-il, la stipulation d'intérêts à un taux supérieur à celui fixé par la loi n'a pas en soi le caractère de *délit*, puisque, lors même que le tribunal ordinaire reconnaît que le prêteur a exigé des intérêts excessifs, et le condamne à restituer ou souffrir la réduction sur le principal de la créance, il ne doit pas le renvoyer devant le tribunal correctionnel, et qu'il ne peut faire ce renvoi que lorsqu'il lui paraît que cet individu se livre habituellement à l'usure.

S'il fallait, ajoutait-il, pour forcer le prêteur à restituer ou réduire des intérêts excessifs, le convaincre de se livrer habituellement à l'usure, le débiteur, pour obtenir la restitution ou réduction , pourrait bien le traduire devant le tribunal correctionnel; mais la loi ne l'exige pas; au contraire, elle permet de demander devant les tribunaux ordinaires la réduction ou la restitution, elle ne reconnaît même que dans ces tribunaux le pouvoir de l'ordonner sur la demande du débiteur.

Les articles 94 et 95 du code du 3 brumaire an IV supposent un délit dont la partie lésée a un intérêt de poursuivre la punition par la voie correctionnelle , pour le faire constater légalement et obtenir par suite la réparation du dommage que ce délit lui a causé. Ces articles ne peuvent recevoir d'application au délit d'habitude d'usure.

Cette habitude se compose de divers faits qui , pris isolément , n'ont aucun caractère criminel et peuvent seulement devenir l'objet d'actions civiles formées respectivement par les débiteurs lésés par des intérêts excessifs.

Ainsi , suivant le demandeur , Ameline n'a pu le traduire devant le tribunal correctionnel, le fait particulier dont il s'est plaint n'étant pas qualifié délit et ne pouvant engendrer qu'une action civile, aux termes de l'article 3.

Il existe bien, a répondu Ameline, une différence entre l'article 3 et l'article 4 de cette loi; mais cette différence ne s'élève pas contre l'arrêt attaqué.

L'article 3 n'est applicable qu'à l'individu qui, pour la première fois, a exigé des intérêts usuraires, et l'article 4 a pour but de faire punir sévèrement celui qui se livre habituellement à l'usure.

Dans le premier cas, on ne peut poursuivre que civilement. Dans le second, la partie lésée peut bien former la même action, mais elle peut aussi traduire devant le tribunal correctionnel celui qu'elle accuse de se livrer habituellement à l'usure.

Or ici, la plainte portée contre Dujardin avait pour objet, non seulement la réparation d'un fait d'usure particulier au plaignant, mais encore celui d'habitude d'usure, dont Dujardin était prévenu.

Le tribunal correctionnel a donc été légalement saisi.

ARRÊT.

« La cour, après un délibéré en la chambre

» du conseil, vu l'article 6 du code du 3 brumaire an IV, et l'article 4 de la loi du 3 septembre 1807; et *attendu* que c'est seulement l'habitude de l'usure que l'article 4 de la loi du 3 septembre 1807 range dans la classe des délits, par l'attribution qu'elle confère sur ce fait à la juridiction correctionnelle, et par la peine qu'elle y inflige; que l'habitude de l'usure est un fait général et moral qui se compose de faits particuliers dont l'appréciation est soumise sans doute aux tribunaux correctionnels pour en déduire leur conviction sur le fait moral d'habitude d'usure, dont ces faits particuliers sont les élemens; mais que ces faits particuliers, considérés séparément et en eux-mêmes, n'ont pas le caractère individuel de délit; — que les tribunaux correctionnels qui ne peuvent connaître des réparations civiles que lorsqu'ils y statuent accessoirement à un délit, sont donc aussi sans attribution pour prononcer sur la réparation civile, à laquelle un fait particulier d'usure peut donner lieu; — que le fait général d'habitude d'usure, quoique constituant un

» délit, ne peut jamais produire une action en
» réparation civile, parce que ce fait est mo-
» ral et complexe ; qu'il ne peut résulter que
» de l'ensemble de plusieurs faits particuliers ;
» qu'il ne peut être conséquemment rattaché
» à aucun de ces faits séparément, et que
» néanmoins ce n'est que par les faits particu-
» liers qu'il peut y avoir eu dommage ou pré-
» judice ; — que dans la poursuite du délit
» d'habitude d'usure, une partie civile, qui ne
» peut agir, ainsi que le consacre l'article 6
» du code du 3 brumaire an IV, que pour la
» réparation du dommage par elle souffert,
» serait donc sans intérêt, et par conséquent
» sans qualité ; - qu'il suit de là que les tribu-
» naux correctionnels ne peuvent, dans aucun
» cas, être saisis de la connaissance de ce dé-
» lit par la poursuite de la partie plaignante ;
» qu'ils ne pourraient même pas accueillir son
» intervention dans une procédure régulière-
» ment commencée sur l'action du ministère
» public ; — que l'instruction doit être faite et le
» jugement rendu sur la poursuite de la partie
» publique, agissant d'après le renvoi autorisé
» par l'article 3 de la loi du 3 septembre 1807,

» ou d'office, sur une dénonciation civique,
» ou sur des renseignemens personnels; —
» que la partie lésée par un ou plusieurs faits
» d'usure doit agir, pour la réparation du
» dommage par elle souffert, devant les tribu-
» naux civils, conformément à l'article 3 de la
» loi du 3 septembre; — que la Cour de justice
» criminelle du département de la Manche,
» en déclarant légitime et valable l'action cor-
» rectionnellement intentée par Ameline con-
» tre Dujardin, sur un délit prétendu d'habi-
» tude d'usure, et en renvoyant ledit Ameline
» devant le tribunal correctionnel de Coutan-
» ces, pour suivre les fins de sa plainte, a
» donc violé les règles de compétence établies
» par la loi, et a faussement appliqué les arti-
» cles 94 et 95 du code du 3 brumaire an IV,
» et l'article 4 de la loi du 3 septembre 1807;
» — casse, etc. »

Du 3 février 1809, rapporté dans Denevers, volume 1809, page 106.

Cet arrêt important déduit fort bien tous les motifs qui s'opposent à ce que la partie lésée puisse poursuivre à sa requête devant le tribunal de police correctionnelle. La Cour décide que la partie lésée ne serait pas même recevable à intervenir dans l'instance commencée par le ministère public. On conçoit très-bien, en effet, que les mêmes obstacles se rencontrent ici, et que les motifs qui s'opposent à l'admission de la poursuite, se retrouvent identiquement les mêmes et dans toute leur force, pour faire proscrire l'intervention.

Cet arrêt a été rendu avant la promulgation du nouveau code pénal; mais depuis, comme auparavant, la juridiction correctionnelle demeure interdite par la force des choses à la partie lésée. On conçoit très-bien qu'une personne, au préjudice de laquelle un vol a été commis, puisse en demander la réparation devant la juridiction correctionnelle. Le fait du vol constitue, à lui seul, le délit, tandis que le fait d'usure n'est qu'un élément de délit qui peut bien servir à constituer un délit, mais qui, isolé, n'est absolument qu'un fait insignifiant.

D'ailleurs, les principes professés par l'arrêt du 3 février 1809 ont été de nouveau consacrés par un autre arrêt de la Cour de cassation, en date du 5 novembre 1813.

S'il demeure constant que la partie lésée ne peut point poursuivre à sa requête le délit d'usure, il n'est pas moins hors de doute qu'il lui est interdit de se constituer partie civile dans l'instance introduite par le ministère public. Voici encore un autre arrêt de la Cour de Cassation qui a jugé la question *in terminis*. Il est du 4 mars 1826.

« Attendu que les tribunaux criminels qui » ne peuvent connaître des réparations civi- » les, que lorsqu'ils y statuent accessoirement » à un délit, sont sans attribution pour pro- » noncer sur la réparation civile à laquelle » un fait particulier d'usure peut donner lieu; » que le fait général d'habitude d'usure, quoi- » que constituant un délit, ne peut jamais » produire une action en réparation civile, » parce que ce fait est moral et complexe, » qu'il ne peut résulter que de l'ensemble de » plusieurs faits particuliers, qu'il ne peut » être conséquemment rattaché à aucun des » faits séparément, et que néanmoins ce n'est » que par les faits particuliers qu'il peut y » avoir eu dommage ou préjudice dont les » tribunaux civils peuvent seuls connaître. »

C'est, comme on le voit, toujours sur les mêmes principes que la Cour de Cassation se fonde pour écarter l'intervention de la partie lésée dans les poursuites du délit d'usure.

La Cour de Cassation a encore décidé la question dans le même sens, par un arrêt du 19 février 1830. Cet arrêt porte :

« Que nulle partie civile n'est reçue à inter-
» venir dans les préventions pour habitude
» d'usure, cette nature d'affaire n'admettant
» d'autre partie que le ministère public d'une
» part, et le prévenu de l'autre; sauf aux indi-
» vidus lésés par des stipulations d'intérêts
» usuraires, à se pourvoir devant les tribu-
» naux civils. »

Ces principes paraissaient assez bien établis pour que l'on pût penser que leur application ne serait plus contestée avec succès; cependant, la Cour royale de Paris a résisté à cette jurisprudence par un arrêt rendu le 13 septembre 1837, et dont voici la teneur :

« Considérant que les articles 1, 3 et 63 du
» code d'instruction criminelle autorisent
» sans distinction toute partie ayant souffert
» un dommage par suite d'un crime ou délit,

» à se constituer partie civile pour en deman-
» der la réparation; que la loi du 3 septembre
» 1807 ne fait point exception à ce principe
» général; que vainement, pour exclure celui
» qui veut se constituer partie civile en
» matière d'usure, on objecte que ce sont des
» prêts particuliers qui ont occasionné le
» dommage dont on pourrait demander répa-
» ration, et que la loi ne punit pas des faits
» particuliers, mais seulement l'habitude de
» ces faits; que la loi ne punit pas une pure
» abstraction, n'ayant causé préjudice à per-
» sonne; que ce qu'elle a voulu atteindre,
» c'est la série des faits immoraux et domma-
» geables qui caractérisent l'habitude de prê-
» ter à usure; que si le législateur a jugé
» convenable de ne punir les faits d'usure
» que quand l'habitude leur donnerait un
» caractère particulier de gravité, il n'en est
» pas moins vrai que la loi ne prononce la
» peine que quand l'habitude est établie,
» qu'en conséquence et en proportion des
» faits particuliers qui ont révélé l'habitude
» et qui l'ont rendue préjudiciable, faits que
» la loi elle-même prescrit de prendre indivi-

» duellement en considération pour la décla-
» ration de culpabilité et la détermination de
» la peine, en ordonnant de fixer l'amende en
» proportion des capitaux prêtés à usure; que
» l'on doit considérer comme ayant souffert
» du délit d'habitude d'usure et ayant, en con-
» séquence, le droit de se constituer partie
» civile, sur la plainte en habitude d'usure,
» ceux à qui un préjudice a été causé par les
» faits qui caractérisent cette habitude, et qui
» servent de base à la déclaration de culpabi-
» lité et à l'application de la peine;—que
» l'action civile a toujours, sans difficulté, été
» admise en matière d'habitude de corruption
» de mineurs, quoique la loi, dans ce cas, ne
» punisse aussi que l'habitude;—que Des-
» marbœuf, signalant à la charge de Poirier-
» Desfontaines une série de faits suffisans pour
» constituer le délit d'usure, et un dommage
» par lui éprouvé par suite de l'un des faits
» constitutifs du délit, il y a lieu d'admettre
» son intervention comme partie civile. »

Il y eut pourvoi en cassation contre cet arrêt.

M. l'avocat-général Hébert a fortement défendu l'arrêt attaqué.

Après un très-long délibéré intervint l'arrêt suivant :

« Vu les articles 3 et 4 de la loi du 3 sep-
» tembre 1807; attendu que l'article 3 de cette
» loi confère à ceux qui ont à se plaindre, dans
» le prêt conventionnel, de la perception
» d'intérêt excédant le taux légal, le droit
» d'obtenir, devant la juridiction civile, la
» restitution de l'excédant, s'il a été perçu,
» ou la réduction de cet excédant sur le prin-
» cipal de la créance; attendu que ce n'est
» qu'après avoir ainsi statué, que la loi veut
» que l'usurier soit renvoyé devant le tribu-
» nal correctionnel, s'il est prévenu de se
» livrer habituellement à l'usure, ou s'il y a
» escroquerie de sa part, conformément à
» l'article 4; que cette distinction résulte
» d'abord des observations du tribunat, dans
» sa séance du 24 août 1807, sur le projet de
» loi rédigé par le conseil-d'état, qui conférait
» à la juridiction saisie le droit de condamner
» le prêteur à l'amende, en même tems
» qu'elle statuait sur l'intérêt civil et que les
» observations du tribunat ont été adoptées
» par le conseil-d'état lui-même, dans sa

» séance du 25; que c'est ainsi que le projet a
» été soumis à l'approbation du corps législa-
» tif; attendu que, d'après la combinaison
» des articles 3 et 4 de la loi précitée du 3 sep-
» tembre 1807, le ministère public est seul
» appelé à poursuivre devant la juridiction
» correctionnelle l'habitude d'usure; que les
» particuliers ne peuvent donc citer directe-
» ment devant elle, en réparation du dommage
» qu'ils ont éprouvé de la perception d'inté-
» rêts excessifs, et que par là même ils n'ont
» pas droit d'intervenir dans la poursuite et
» de se constituer parties civiles; qu'à leur
» égard la juridiction civile est exclusivement
» compétente; que cette législation forme
» donc une exception aux articles 1, 3 et 63
» du code d'instruction criminelle, et que
» cette exception est fondée sur la différence
» essentielle qui existe entre l'habitude d'un
» fait illicite, qui, par sa réitération, inté-
» resse la société tout entière, et l'intérêt privé
» qui veut soustraire les transactions aux-
» quelles il a participé aux tribunaux civils
» qui en sont les juges naturels; — et attendu
» que, dans l'espèce, c'est le sieur Desmar-

» bœufs qui a saisi la justice correctionnelle
» d'une plainte en habitude d'usure, à raison
» d'un prêt à lui fait avec intérêts au-dessus
» du taux légal, et sans qu'il ait articulé des
» faits particuliers d'escroquerie; que, par
» cette plainte, il s'est constitué partie civile,
» et que la Cour royale, par l'arrêt attaqué,
» l'a maintenu en cette qualité, et lui a adjugé,
» à titre de restitution, une somme de 5,261
» fr. 44 cent., laquelle ne pouvait être pro-
» noncée, à son profit, que par le tribunal
» civil; en quoi ladite cour a formellement
» violé l'article 3 de la loi précitée, du 3 sep-
» tembre 1807; — casse. »

Cet arrêt, qui a pour date le 8 mars 1838, est rapporté dans Dalloz, tome 1838, première partie, page 196.

Sur le renvoi qui lui fut fait, par la Cour de Cassation, la Cour royale de Rouen, par arrêt du 25 avril 1838, a jugé comme la Cour royale de Paris. Voici les termes de cet arrêt qui est rapporté dans Dalloz, volume 1838, 2e partie, page 182.

« La Cour; — attendu qu'aux termes des
» articles 1er., 3 et 63 du code d'instruction

» criminelle, tous ceux qui sont lésés par un
» crime ou un délit peuvent intervenir devant
» la juridiction criminelle ou correctionnelle
» comme parties civiles, et demander la répa-
» ration du dommage que leur a causé le crime
» ou le délit dénoncé au ministère public ; —
» attendu que la loi de 1807 peut se concilier
» avec les principes généraux, posés dans le
» code précité ; qu'en effet, l'article 3 de cette
» loi, en donnant à la partie civile le droit de
» se plaindre du prêt conventionnel excédant
» l'intérêt légal, devant la juridiction civile,
» ne lui interdit pas nécessairement tout re-
» cours à la juridiction correctionnelle pour
» le cas où les faits dont elle aurait souffert
» constitueraient le délit d'habitude d'usure,
» soit même pour celui où le fait dommageable
» pour le plaignant ne constituerait que l'un
» des élémens de ce délit ; — attendu qu'en
» réservant la juridiction correctionnelle pour
» le cas où il y aurait habitude d'usure, l'ar-
» ticle 4 de la loi précitée ne fait autre chose
» que de soumettre, comme elle le devait, à la
» juridiction correctionnelle, des faits qui
» avaient le caractère de délit, sans exclure

» formellement de cette juridiction l'intérêt » privé ;—attendu que le tribunal, en refusant » de conférer aux tribunaux civils le droit de » prononcer l'amende sur la poursuite dirigée » devant eux dans un intérêt privé , n'a rien » fait que de conforme aux principes géné- » raux du droit commun, auxquels le retour est » toujours favorable , surtout lorsque des dé- » cisions différentes et contradictoires peuvent » être rendues sur les mêmes faits par des ju- » ridictions distinctes.—Par ces motifs, etc. »

On s'est pourvu contre cette décision, et la question s'est présentée devant les chambres réunies, de la Cour de Cassation. Voici l'arrêt rendu, le 4 novembre 1839, sur les conclusions de M. le procureur-général Dupin.

« La Cour ; — vu les articles 1er, 3 et 63 du » code d'instruction criminelle, portant, etc. ; » — vu aussi l'article 182 du même code ; — » vu les articles 3 et 4 de la loi du 3 septembre » 1807 ;—attendu que l'action civile en répa- » ration du dommage causé pour tout fait » quelconque de l'homme est, de sa nature , » dans les attributions des tribunaux civils ; » — que ce n'est que par exception à l'ordre

» général des juridictions que la loi crimi-
» nelle a autorisé facultativement l'exercice
» de l'action d'intérêt privé devant les juges
» qui ont pour mission spéciale de réprimer,
» dans l'intérêt de la société, les crimes, délits
» et contraventions; — attendu qu'en réglant
» l'exercice de cette faculté, les articles pré-
» cités du code d'instruction criminelle (con-
» formes au principe antérieurement établi),
» ne permettent de transporter l'action civile
» devant les tribunaux correctionnels, soit
» accessoirement à l'action publique, soit par
» citation directe, qu'à celui qui se prétend
» lésé par un délit, et qui réclame la répara-
» tion du dommage causé par ce délit; — qu'il
» faut donc que le fait sur lequel cette action
» se fonde constitue par lui-même un délit;
» — attendu qu'en introduisant un principe
» nouveau, relativement au prêt d'argent et à
» l'intérêt conventionnel, la loi spéciale du
» 3 septembre 1807 a fixé les limites de la ré-
» pression à laquelle elle a voulu pourvoir;
» — qu'en ouvrant la voie civile pour la répa-
» ration du fait particulier d'usure, elle n'a
» ouvert la juridiction correctionnelle et éta-

» bli la répression pénale que contre celui qui
» se livre habituellement à l'usure; qu'ainsi,
» et devant la juridiction correctionnelle, le
» fait particulier d'exaction usuraire qui a été
» exercé à l'égard de tel individu n'est que
» l'un des élémens dont la réunion composera
» le délit complexe d'habitude d'usure, mais
» ne constitue pas lui-même ni la cause de
» l'action publique ni la base de la condam-
» nation pénale, ni par conséquent le délit;
» —d'où il suit que, le dommage qui a pu
» résulter de ce fait particulier n'ayant pas
» été causé par un délit, l'action civile en
» réparation de ce dommage ne peut pas être
» portée devant les tribunaux correctionnels,
» mais seulement devant les tribunaux civils;
» — et qu'en jugeant le contraire, l'arrêt
» attaqué a formellement violé tant les articles
» 1, 3 et 63 du code d'instruction criminelle,
» que les articles 3 et 4 de la loi du 3 sep-
» tembre 1807; — casse. »

Cet arrêt est rapporté dans le journal du droit criminel, rédigé par MM. Achille Morin, Chauveau Adolphe et Faustin Hélie, année 1839, 11e. cahier, page 349.

Cet arrêt consacre virtuellement la distinction proposée par MM. Chauveau, Morin et Hélie, qui, dans le journal du droit criminel, volume 1838, page 62, combattent la doctrine de la Cour de Cassation. Ces jurisconsultes reconnaissent que lorsque l'usuré n'est lésé que par un seul des faits, dont il faut la réunion pour constituer le délit d'habitude d'usure, il ne peut pas rendre plainte et se porter partie civile, pas plus qu'il ne pourrait saisir la justice correctionnelle par citation directe, puisque le fait unique dont il se plaint n'est pas un délit. Mais ils pensent que si l'usuré a été victime de plusieurs faits, dont la réitération constitue l'usure habituelle, il peut user de la voie ouverte par les articles 1, 3 et 63 du code d'instruction criminelle. Ils n'admettent pas avec la Cour de Cassation que la loi du 3 septembre 1807 contienne à cet égard une exception.

MM. Chauveau, Morin et Faustin Hélie pensent que celui qui se trouve victime de plusieurs faits dont le nombre peut constituer un délit d'habitude d'usure commis à son préjudice, peut rendre plainte et se porter partie civile, et qu'il pourrait même citer directement devant le tribunal correctionnel. Mais ils restreignent, à la faculté d'intervenir, les droits de celui qui ne peut se plaindre que d'un fait, qui ne constitue pas par lui seul un délit.

M. Merlin, au répertoire, v°. usure, n°. 2, soulève la question et rapporte, pour la résoudre, les deux arrêts de la Cour de Cassation, du 3 février 1809 et du 5 novembre 1813. Il n'ajoute rien aux motifs de ces arrêts; mais en ne les combattant pas, ce jurisconsulte laisse évidemment penser que ces deux décisions judiciaires sont conformes à son avis.

On est donc parfaitement d'accord pour refuser à une partie lésée le droit de s'adresser aux tribunaux correctionnels, lorsqu'elle n'a qu'un fait d'usure à reprocher au prêteur; mais la question de savoir si l'usuré peut recourir à la juridiction correctionnelle, lorsqu'il peut fournir la preuve de faits d'usure assez nombreux pour établir l'habitude, est encore une question fort difficile. On vient de voir que la jurisprudence de la Cour de Cassation a été invariable depuis la loi de 1807 jusqu'à l'arrêt du 4 novembre 1839, qui consacre un principe tout opposé à celui constamment professé par les arrêts des 3 février 1809, 5 novembre 1813, 4 mars 1826, 19 février 1830, et 8 mars 1838. Je préfère, quant à moi, les motifs de ces nombreuses décisions à ceux de l'arrêt du 4 novembre 1839, et je reste convaincu que la loi du 3 septembre 1807 contient une exception à la règle générale. On en comprend toute la nécessité quand on réfléchit aux complications et aux inconvéniens qu'entraînerait l'intervention des parties lésées dans les poursuites pour les délits d'habitude d'usure. Je persiste à penser que c'est le procureur du roi seul qui a qualité pour poursuivre le délit d'habitude d'usure. La partie lésée non-seulement ne peut pas agir à sa requête, mais elle n'a aucun droit d'intervenir, comme partie civile, dans une instance introduite par le ministère public. Elle ne serait pas plus fondée dans la prétention de porter plainte au procureur du roi, soit en se constituant, soit en ne se constituant pas partie civile ; une telle plainte ne serait, pour le ministère public, qu'un simple renseignement qui ne l'obligerait pas à poursuivre, et quand même il aurait pour effet de déterminer le procureur du roi à agir, il n'en pourrait avoir aucun pour la partie plaignante qui n'en acquerrait pas, par là, le droit de figurer dans l'instance. Enfin la partie lésée doit rester tout à fait étrangère à toutes les actions, comme à toutes les procédures relatives au délit d'habitude d'usure.

Mais si elle ne peut se joindre, en aucune manière, au ministère public, et si les actions doivent être dirigées sans son concours et hors sa présence, il n'est pas donné non plus à la partie lésée de pouvoir, en aucun cas, entraver l'action publique. C'est ainsi que les décisions intervenues entre elle et le délinquant, devant la juridiction civile, sont sans aucune influence sur l'examen auquel doit se livrer le tribunal correctionnel, sur la demande du procureur du roi. Des jugemens auraient décidé qu'il n'y avait pas eu perception d'intérêts usuraires dans les espèces qui leur ont été soumises, qu'il n'en résulterait aucun obstacle pour l'exercice de l'action publique. Les décisions judiciaires intervenues entre les emprunteurs et le prêteur ne sauraient avoir l'autorité de la chose jugée à l'égard du ministère public, qui poursuit du chef de *délit d'habitude d'usure*. Ce fait, qu'on incrimine, ne ressort pas de l'examen d'un ou plusieurs actes, mais de l'ensemble des faits particuliers que le procureur du roi réunit pour en faire résulter le délit. Comment pourrait-on d'ailleurs opposer les jugemens et arrêts, rendus par les juges civils, comme autorité de chose jugée et par suite comme fin de non-recevoir, devant la juridiction correctionnelle ? Il n'y aurait identité ni de demande ni de parties.

Les transactions intervenues entre les prêteurs et l'emprunteur ne peuvent avoir plus de force que les décisions judiciaires. Les prêteurs peuvent transiger sur leurs intérêts civils, ils peuvent exercer leur action devant les tribunaux civils, y obtenir telle décision que de droit, mais jamais leurs actes quant à la surveillance de leurs intérêts civils, ne peuvent entraver l'action que, dans l'intérêt général, la loi a placée dans les mains des magistrats chargés des fonctions du ministère public.

Ces principes ont reçu la sanction de la Cour de Cassation, dans son arrêt du 25 juillet 1823, ainsi motivé :

« Attendu que pour prononcer la confirma-
» tion du jugement du tribunal correctionnel
» de Strasbourg, la Cour royale de Colmar,
» chambre correctionnelle, ne s'est pas référée
» aux motifs exprimés dans ce jugement ;

» Qu'elle s'est uniquement fondée sur ce
» que l'arrêt de la même Cour royale, cham-
» bre civile, du 25 juillet 1821, en annulant
» le contrat pignoratif, du 17 novembre 1817,
» avait en même tems reconnu et jugé que les
» 4,300 fr. payés avant la passation du contrat,
» et les sommes payées depuis à la décharge
» de Federlé, devaient être par lui restitués
» au prévenu en principal et intérêts, ainsi
» que les frais et loyaux coûts de ce même
» contrat ; qu'ainsi elle avait invariablement
» jugé par là qu'il n'y avait pas d'usure à im-
» puter au prévenu, à l'occasion de cette vente
» à réméré ; qu'ainsi encore, les faits qui ont
» trait à ce contrat *demeurant à couvert sous le*
» *principe de la chose jugée*, ces mêmes faits ne
» pouvaient dès-lors servir à interrompre la
» prescription acquise à l'égard de ceux anté-
» rieurs ;

» Qu'ainsi l'arrêt ne repousse l'action en

» poursuite d'habitude d'usure formée contre
» le prévenu par le ministère public, qu'en
» considérant que, d'après l'autorité de la
» chose jugée au civil, les faits relatifs à l'acte,
» du 17 novembre 1817, ne pouvaient être ré-
» putés usuraires; qu'il n'avait donc pu en
» résulter interruption de la prescription, et
» que dès-lors elle était acquise relativement
» aux faits antérieurs à cet acte;

» Mais, attendu que pour rendre applicable
» l'exception de l'autorité de la chose jugée,
» il faut, d'après l'article 1351 du code civil,
» qu'il y ait identité de demande et de parties
» litigantes;

» Que, dans l'espèce, il n'y avait pas iden-
» tité de demande, puisque, dans l'instance
» civile, il s'agissait uniquement de la demande
» en annulation d'un contrat supposé pigno-
» ratif, et que l'instance correctionnelle ne
» portait que sur la poursuite du délit d'habi-
» tude d'usure;

» Qu'il n'y avait pas non plus identité de par-
» ties, puisque la première instance était liée
» entre Zaeffel et Féderlé, et la seconde uni-
» quement entre le ministère public et Zaeffel;

» Que, sous ce double rapport, l'exception » de la chose jugée dans l'instance civile ne » pouvait être appliquée à l'instance correc- » tionnelle ;

» Qu'ainsi, en décidant qu'elle devait l'être, » et en fondant uniquement sur ce motif la » confirmation du jugement de première ins- » tance, l'arrêt attaqué a fait une fausse appli- » cation de l'exception de l'autorité de la chose » jugée, et violé l'article 1351 du code civil ;

» Par ces motifs, la Cour casse et annulle » l'arrêt de la Cour royale de Colmar, cham- » bre des appels de police correctionnelle, du » 20 juin dernier, confirmant le jugement du » tribunal correctionnel de Strasbourg. »

= DEVANT LE TRIBUNAL CORRECTIONNEL,

Quel tribunal ?

L'article 4 de la loi du 3 septembre 1807 ne le dit pas.

L'article 182 du code d'instruction criminelle dispose que le tribunal sera saisi, en matière correctionnelle, de la connaissance des délits de sa compétence, soit par le renvoi qui lui en sera fait, d'après les articles 130 et 160, soit par la citation donnée directement au prévenu.

Cet article ne désigne pas le tribunal compétent ; mais comme il renvoie aux articles 130 et 160 , c'est là qu'il faut remonter.

L'article 160 du code d'instruction criminelle, est relatif aux tribunaux de simple police.

L'article 130 du même code fait partie du livre qui traite de l'instruction préparatoire , sur un fait qui n'est encore caractérisé ni crime , ni délit , ni contravention. C'est donc là que nous devons chercher les règles de compétence, et nous les trouverons dans l'article 23 , qui porte que le procureur du roi du lieu du délit , celui de la résidence du prévenu et celui du lieu où le prévenu pourra être trouvé, sont également compétens.

La loi du 3 septembre 1807 ne faisant aucune exception , c'est à la règle générale qu'il faut recourir pour fixer la compétence.

Trois tribunaux correctionnels sont donc concurremment compétens pour connaître d'un délit : celui du lieu du délit , celui de la résidence du prévenu et celui du lieu où le prévenu pourra être trouvé.

En est-il de même en matière d'usure ?

Le tribunal de l'arrondissement dans lequel le délit d'habitude d'usure a été commis est compétent, cela est hors de doute. Mais la difficulté est de bien reconnaître dans quel arrondissement le délit a été commis.

Lorsqu'il s'agit d'un délit ordinaire, comme d'un vol ou d'une blessure, il n'est pas difficile de bien déterminer le lieu du délit ; il n'en est pas de même en matière d'usure. Un individu peut avoir prêté à usure dans deux, trois et même quatre arrondissemens ; dans ce cas, où sera le lieu du délit ?

Pour pouvoir poursuivre le délit d'habitude d'usure, il faut qu'il existe ; or, si dans un arrondissement, il n'y avait eu qu'un prêt à usure ou un nombre de prêts insuffisant pour constituer l'habitude, il n'y aurait pas de délit commis dans cet arrondissement ; et, par suite, le procureur du roi, n'étant pas celui du lieu du délit, serait évidemment sans qualité pour poursuivre, à moins qu'il ne fût compétent à raison de la résidence du prévenu. Il peut en être de même pour le procureur du roi d'un second arrondissement, d'un troisième, d'un quatrième et même d'un plus grand nombre. De cette manière, il pourrait arriver que, de six procureurs du roi ayant tous à reprocher au prêteur à usure un certain nombre de prêts, pas un seul ne serait compétent, à raison du lieu du délit, faute de pouvoir établir que dans l'arrondissement il a été fait un nombre suffisant de prêts pour constituer l'habitude, qui fait seule le délit. Il suit de là que la compétence, à raison du lieu du délit, ne pourra être invoquée par aucun procureur du roi, pour la poursuite du délit d'usure, bien que ce délit existe par une réunion d'élémens disséminés dans divers arrondissemens.

Mais si un procureur du roi pouvait réunir un assez grand nombre de prêts, faits à usure dans son arrondissement, pour constituer l'habitude, alors le délit existerait, et le procureur du roi aurait qualité pour poursuivre, à raison du lieu du délit, bien que ce fût dans un autre arrondissement que le prêteur aurait fait le plus grand nombre de prêts à usure. Le procureur du roi pourrait poursuivre quand les faits recueillis dans son arrondissement seraient les seuls qu'on pût reprocher à l'inculpé ; pourquoi l'existence des autres prêts pourrait-elle avoir pour effet de le priver de son droit ?

Un arrêt de la Cour de Cassation, rendu le 15 octobre 1818, pose le principe à cet égard, en décidant qu'un individu prévenu d'avoir exercé l'usure non-seulement dans l'arrondissement de son domicile, mais encore dans deux autres, peut indifféremment être poursuivi devant le tribunal correctionnel de l'un de ces arrondissemens, dans le cas où les faits qui lui sont imputés suffisent, quand ils sont prouvés, pour établir l'habitude d'usure dans chacune de ces trois circonscriptions prises isolément. Voici cet arrêt que nous trouvons dans Denevers, volume 1819, 1re. partie, page 163.

« La Cour, — sur les conclusions de M. le
» conseiller Ollivier, faisant les fonctions
» d'avocat-général ; considérant que le délit
» d'habitude d'usure se forme de plusieurs
» actes particuliers d'usure ; que le juge du
» lieu de ce délit est donc celui dans le ressort
» duquel un individu est prévenu d'avoir
» successivement exercé des actes particuliers
» d'usure suffisans pour en constituer une ha-

» bitude ; que la chambre du conseil du tribu-
» nal de Carcassonne, par son ordonnance du
» 7 juillet 1818, confirmée par arrêt de la Cour
» royale de Montpellier, du 29 du même mois,
» a déclaré, en fait, d'après l'instruction, que
» les actes particuliers d'usure que Pierre
» Debosque est prévenu d'avoir exercés dans
» l'arrondissement dudit tribunal suffiraient,
» s'ils étaient prouvés, pour établir l'habitude
» d'usure ; d'où il suit, d'après les dispositions
» des articles 23 et 63 du code d'instruction
» criminelle, que le juge d'instruction près le
» tribunal de Carcassonne a été légalement
» saisi de l'instruction et de la poursuite dudit
» délit ;—attendu, d'ailleurs, la régularité de
» la procédure et de l'arrêt dénoncé ; rejette.»

Il résulte donc, en résumé, de cette discussion qu'il y a compétence à raison de la perpétration du délit, lorsque des prêts à usure ont eu lieu dans l'arrondissement, en assez grand nombre pour constituer l'habitude. Il y a incompétence quand il serait prouvé que des prêts à usure ont eu lieu dans l'arrondissement, si ces prêts ne constituent pas l'habitude et quand même cette habitude pourrait facilement être établie par des faits recueillis dans un autre ressort.

Le tribunal de la résidence est toujours compétent pour connaître du délit d'habitude d'usure, qui serait imputé à un prévenu, sans qu'il soit besoin de rechercher dans quels arrondissemens les prêts à usure ont eu lieu. Quand on ne pourrait en trouver un seul dans l'arrondissement de cette résidence, la compétence n'en serait pas moins certaine. Ce n'est pas ici le fait, mais la *résidence* qui confère attribution au tribunal.

Il n'est pas inutile de faire remarquer que le législateur se sert du mot *résidence*, ce qui peut présenter une différence avec le mot *domicile*. On sait quelle peut être cette différence. Toutefois, il ne faut pas confondre non plus la résidence avec un simple séjour de quelques instans, de quelques jours; par résidence, il faut entendre la *demeure* du prévenu.

Il nous reste à parler du troisième tribunal auquel l'article 23 du code d'instruction criminelle attribue juridiction; c'est celui du lieu où le prévenu pourra être trouvé.

Le mot *trouvé* nous a toujours paru, nous

l'avouons, fort mal choisi pour rendre la pensée du législateur. Est-ce à dire que partout où se trouve le prévenu, il y a compétence attribuée aux juges du lieu ? Ainsi pourrait-on soutenir qu'un usurier, qui voyage, emporte avec lui la compétence pour la mettre à la disposition de tous les procureurs du roi dont il traverse le ressort ? Un tel système conduirait au ridicule. On ne pourrait plus quitter son domicile sans craindre d'être privé du droit d'être jugé par ses juges. Il suffirait de donner à un habitant d'Arras, qui se trouverait à Lyon pour deux heures, une assignation à comparaître devant le tribunal de Lyon, pour que les magistrats de ce siège fussent compétens, par cela seul que le prévenu aurait été *trouvé* à Lyon. Ce n'est pas là le vœu de la loi.

En donnant attribution au procureur du roi du lieu où le prévenu *pourra être trouvé*, le législateur était dominé par cette pensée, qu'il s'agissait d'arrestation préventive ; et, dans ce cas l'on comprend le but de la loi et les avantages de la compétence. L'intérêt général veut que tous les moyens de répression soient laissés au ministère public. Il est nécessaire que le procureur du roi qui a connaissance d'un délit commis par un individu qu'il a sous la main, puisse assurer l'arrestation du coupable ; il faut qu'il puisse poursuivre sans être obligé à des renvois et à des lenteurs aussi préjudiciables à l'inculpé qu'à une bonne administration de la justice.

Mais lorsque l'inculpé ne peut pas être arrêté à raison du fait qui lui est imputé, parce que le délit ne l'expose pas à une peine d'emprisonnement, il est contraire à l'esprit de la loi que, par cela seul qu'il est *trouvé* dans le ressort d'un tribunal, il en devienne justiciable.

Il est certain pour nous que, pour avoir la véritable pensée du législateur, il est nécessaire de remplacer dans l'article 23 du code d'instruction criminelle le mot *trouvé* par le mot *arrêté ;* on n'a plus alors que des conséquences raisonnables.

Quand un individu sera inculpé d'un crime ou d'un délit de nature à être puni d'emprisonnement, son arrestation, qui pourra être faite partout, rendra compétens les juges du lieu ; mais quand un délit n'exposera pas son auteur à une peine d'emprisonnement, le prévenu, ne pouvant être arrêté nulle part, conservera la faculté de voyager et de paraître dans tous les lieux qu'il lui plaira, sans craindre de faire voyager avec lui une compétence, à la disposition de tous ceux qui jugeraient à propos de s'en emparer.

Si c'est là, comme nous en sommes convaincu, la véritable interprétation de l'article 23 du code d'instruction criminelle, nous n'avons plus, pour en faire l'application en matière d'usure, qu'à rechercher si l'inculpé peut être arrêté préventivement.

L'article 4 de la loi du 3 septembre 1807 ne porte pas une peine d'emprisonnement contre celui qui se livre habituellement à l'usure. Il s'ensuit que les prévenus de ce délit ne peuvent pas être arrêtés avant jugement. S'ils ne peuvent pas être arrêtés, la conséquence nécessaire, à notre avis, c'est que leur présence dans un lieu quelconque ne saurait être attributive de compétence en vertu de l'article 23 du code d'instruction criminelle, qui nous paraît tout-à-fait inapplicable en matière d'usure.

Une objection peut être faite, et il faut la prévoir afin de la combattre.

La seconde partie, dira-t-on, de l'article 4 de la loi du 3 septembre 1807 porte que s'il résulte de la procédure qu'il y a eu escroquerie de la part du prêteur, il sera condamné, outre l'amende, à un emprisonnement qui ne pourra excéder deux ans. De là on voudra conclure que, puisque l'emprisonnement peut, en définitive, être prononcé, l'arrestation préventive est autorisée et fait naître la compétence pour le juge du lieu de l'arrestation.

Je réponds que la disposition dernière de l'article 4 ne pourrait pas motiver l'arrestation préventive. *S'il résulte de la procédure,* dit la loi :—il faut donc qu'il y ait eu d'abord une procédure. Le législateur ne s'occupe que de la procédure, qui a pour but d'établir le délit d'habitude d'usure; et, après avoir déterminé la peine, il ajoute que s'il résulte de la procédure, c'est-à-dire de *cette* procédure, qu'il y a eu escroquerie, les juges devront prononcer un emprisonnement qui ne pourra excéder deux ans.

Il était juste en effet de prescrire une peine annexe pour un délit qui viendrait s'annexer au premier; mais ce n'est là qu'une éventualité que le législateur prévoit et qui ne change en rien le caractère de la poursuite, pas plus qu'elle ne peut en modifier les règles. L'escroquerie peut devenir un accessoire de l'usure, mais elle peut aussi ou n'être pas découverte, ou n'être pas connexe au délit d'usure, et par conséquent rester l'objet d'une poursuite particulière. Enfin c'est un accessoire possible, mais non nécessaire. Comment pourrait-elle, sans existence certaine, substituer les règles de procédure qui lui sont propres à celles qui appartiennent à l'action principale ?

Dira-t-on que le procureur du roi peut poursuivre tout à la fois du chef d'habitude d'usure et d'escroquerie? Alors si la poursuite a pour but articulé la répression de ces deux délits, je crois qu'il faut distinguer.

Si le ministère public poursuit, outre le délit d'habitude d'usure, le délit ordinaire d'escroquerie, comme ce dernier est passible d'une peine d'emprisonnement, pas de doute que le prévenu puisse être arrêté préventivement, non comme prévenu d'usure, mais comme prévenu d'escroquerie ; il se trouve alors poursuivi pour deux délits séparés, et si l'arrestation a pour effet de conférer la compétence quant au délit d'escroquerie, il n'en résulte pas comme conséquence que la juridiction devienne compétente pour prononcer sur le délit d'usure. Du moment que les deux délits sont séparés, distincts et non connexes, la compétence pour l'un n'entraîne pas compétence pour l'autre.

Mais si les deux délits d'usure et d'escroquerie sont connexes, ce sera en vain que le procureur du roi aura motivé sa poursuite sur deux délits, ce sera en vain qu'il aura obtenu l'arrestation provisoire : la volonté de l'officier du parquet pas plus que la marche qu'il a cru devoir adopter ne peuvent changer les règles de la procédure. Quand les deux délits sont connexes, l'habitude d'usure est le délit principal, l'escroquerie est un délit accessoire que les juges doivent réprimer par une peine particulière, quand il est reconnu qu'il s'adjoint au délit d'usure ; mais ce n'est jamais qu'un délit annexe, qui peut résulter de la procédure instruite pour établir le délit d'habitude d'usure, ou, pour mieux dire, ce n'est qu'une circonstance qui vient aggraver ce délit.

C'est donc le délit d'habitude d'usure qui est

le but principal et premier de l'action publique.

C'est donc la loi, c'est la procédure, ce sont les règles relatives à ce délit qu'il faut suivre.

Ce délit n'entraînant pas et ne pouvant pas même entraîner par lui-même la peine d'emprisonnement, l'arrestation préventive du prévenu est impossible.

L'arrestation n'étant pas possible pour ce délit, la compétence ne peut pour ce délit résulter du fait de l'arrestation.

=ET EN CAS DE CONVICTION,

Il y a conviction lorsque le ministère public parvient à administrer la preuve que le prévenu a fait des prêts à usure en assez grand nombre pour qu'il soit démontré qu'il y a chez lui habitude de l'usure et par suite délit.

Comment cette preuve peut-elle être faite ?

Le délit d'usure se prouve comme tous les autres délits; aucune disposition de loi ne fait d'exception en sa faveur. Les titres, les documens du procès, les réponses du prévenu sont autant d'élémens pour la conviction du juge; c'est à lui de les apprécier. Le délit peut être prouvé par témoins, même lorsqu'il s'agit de réunir leurs dépositions contre le contenu en des actes authentiques et relativement à des sommes excédant 150 francs.

Ce point important n'est plus maintenant douteux. Tous les jours les procureurs du roi produisent, devant les tribunaux correctionnels, des témoins pour prouver que l'intérêt est usuraire quoiqu'il ait été stipulé au taux légal, dans un acte authentique.

La jurisprudence est fixée aujourd'hui à cet égard.

La question s'est présentée devant la Cour royale de Colmar, qui s'est prononcée contre la preuve testimoniale. Voici ce qu'on lit dans cet arrêt, que l'on peut regarder comme contenant le résumé de toutes les raisons que l'on pouvait trouver pour faire proscrire la preuve testimoniale en matière d'usure.

« Considérant sur le délit d'habitude d'usure
» que nulle action ou poursuite d'un délit ne
» peut être accueillie en justice si les lois in-
» terdisent les moyens par lesquels on cher-
» cherait à constater le fait qui constitue le
» délit ;

» Que l'habitude de l'usure reprochée à

» Courbé n'est puisée que dans des conventions
» écrites et deux prêts de sommes très-modi-
» ques faits sans titres et que les emprunteurs
» disent avoir eu lieu à des intérêts exorbi-
» tans ;

» Que du texte des conventions écrites il
» n'apparaît rien d'illicite ; qu'elles sont pour
» la plupart consacrées par l'autorité de la
» chose jugée ; que si (comme le déposent les
» témoins, presque tous dans leur propre cause,
» étant débiteurs en vertu des actes en ques-
» tion) ces actes contiennent stipulation pour
» déguiser l'usure dont on les impugne , cette
» simulation doit être préjudiciellement jugée
» par les tribunaux ordinaires ;

» Que jusque-là les actes civils , dont l'ap-
» préciation est hors du domaine des tribunaux
» de police, conservent toute leur force et la
» foi qui leur est due pour tout ce qu'ils expri-
» ment ; que dès lors le fait qu'ils renferment
» des intérêts excessifs , fait constitutif de
» l'usure , n'existe pas aux yeux de la loi ;

» Qu'un système différent tendrait à établir
» par une preuve testimoniale des faits outre
» et contre le contenu aux actes ou bien des

» conventions excédant la valeur de 150 fr. ;
» ce qui serait une violation évidente des lois,
» en ce que par un moyen indirect et extraor-
» dinaire on parviendrait à faire une preuve
» qu'elles défendent ;

» Que les conventions verbales sont égale-
» ment hors de l'atteinte de la preuve testimo-
» niale qui détruirait l'indivisibilité des aveux,
» et que d'ailleurs, au procès actuel, il ne s'agit
» que de deux prêts verbalement constitués, et
» que, fussent-ils usuraires, ils n'établiraient
» pas l'habitude d'usure ;

» Que la loi du 3 septembre 1807 est dans
» ces principes, puisque, par son article 3, elle
» dispose que lorsqu'il sera prouvé que le prêt
» conventionnel a été fait à un taux excédant
» celui fixé par l'article 1er, le prêteur sera
» condamné par le tribunal saisi de la contes-
» tation à restitution ou à réduction ;

» Qu'il est évident et reconnu en jurispru-
» dence que les tribunaux civils seuls peuvent
» être saisis des contestations dont parle la
» loi, et que devant eux seuls le débiteur
» usuré peut solliciter les restitutions ou ré-
» ductions auxquelles l'usurier doit être con-

» damné ; qu'il suit de là que c'est devant eux
» que l'usure doit être prouvée d'abord, avant
» le renvoi ou la poursuite d'office prévus par
» la loi même ;

» Que l'article 4 fixe l'amende prononcée
» contre l'usure d'après la quotité des capi-
» taux prêtés à usure ; que, pour la connaître,
» il faut donc nécessairement que les actes qui
» constatent le prêt soient appréciés, ce que
» ne peuvent faire les tribunaux de police cor-
» rectionnelle ; qu'ainsi jusqu'au jugement
» civil sur la valeur des contrats, il ne peut
» y avoir de base pour l'évaluation de l'amende,
» qui est la seule peine de l'usure. »

Ces raisonnemens ne sont pas sans force ; mais il faut reconnaître que, s'ils avaient prévalu, le délit d'habitude d'usure n'aurait jamais pu être prouvé, et par conséquent serait resté impuni. Le droit que l'article 4 confère au ministère public serait illusoire, et la loi impuissante resterait sans application possible.

Ce sont sans doute ces considérations qui ont déterminé le procureur-général près la Cour de Colmar à se pourvoir contre la décision de cette Cour. Voici l'arrêt rendu, sur ce pourvoi, par la Cour de Cassation, le 2 décembre 1813 :

« Sur les conclusions de M. Merlin, procu-
» reur-général, après en avoir délibéré en la
» chambre du conseil, et à l'audience du 26
» novembre, et à celle de ce jour ;

» Vu l'article 4 de la loi du 3 septembre
» 1807 ;—vu aussi l'article 1353 du code civil ;

» Attendu, 1°. que, dudit article 4 de la loi
» du 3 septembre 1807, il résulte que l'habi-
» tude d'usure est un délit, et que les tribu-
» naux correctionnels doivent en connaître,
» sur la poursuite directe du ministère public,
» tout comme ils peuvent en être saisis, d'après
» l'article 3 de la même loi, par le renvoi qui
» leur en aurait été fait par les tribunaux
» civils ;

» Attendu, 2°. que ce délit ne porte pas sur
» des faits extrinsèques à des contrats ; qu'il
» ne suppose pas, comme le délit de violation
» de dépôt, la préexistence d'une convention ;
» qu'il se forme dans les actes mêmes de prêt ;
» qu'il est inséparable du prêt et se confond
» avec lui ; que, dès-lors, tout délit étant sus-
» ceptible de toute espèce de preuve, les sti-

» pulations d'intérêts usuraires dont peut se
» composer l'habitude d'usure, et qui sont pré-
» sentées comme constituant le délit de cette
» habitude, doivent être soumises à la preuve
» testimoniale, quoiqu'elles se rattachent à
» des contrats civils, et que les clauses por-
» tées dans un contrat puissent se trouver en
» contradiction avec le résultat de la preuve
» testimoniale ;

» Que la loi, en donnant à l'habitude d'usure
» le caractère de délit, a consacré la présomp-
» tion légale qu'il y avait fraude et dol dans
» tout acte, dans toute convention de prêt où il
» avait été stipulé un intérêt excédant celui
» qu'elle autorise; qu'elle a supposé qu'en con-
» sentant à un intérêt usuraire, l'emprunteur
» n'avait point agi librement, et que le prê-
» teur, en l'exigeant, avait agi avec fraude;

» Que les actes et conventions de prêt avec
» un intérêt usuraire, étant ainsi frappés de
» la présomption légale du dol ou de la fraude,
» entrent nécessairement dans les dispositions
» de l'article 1353 du code civil ;—qu'il résulte
» de cet article que la loi assimile aux preuves
» testimoniales les présomptions non établies

» par elle, et que c'est par suite de cette assi-
» milation qu'elle prohibe les présomptions
» qu'elle n'a pas établies, dans toutes les ma-
» tières où les preuves testimoniales sont
» prohibées ; — qu'ainsi, en admettant les pré-
» somptions non établies par la loi, toutes les
» fois qu'un acte est attaqué pour cause de
» fraude ou de dol, l'article 1353 est censé
» admettre la preuve testimoniale dans le
» même cas ; — que dès lors il ne peut y avoir
» aucun doute que les fraudes d'intérêts usu-
» raires qui peuvent avoir été les élémens
» d'un délit d'habitude d'usure, ne puissent,
» dans la poursuite du délit, être prouvées
» par témoins ;

» Que la Cour de Colmar, en déclarant
» l'action du ministère public non-recevable,
» quant à présent, sur la prévention du délit
» d'habitude d'usure imputé à Courbé, sur le
» fondement que les actes de prêt consentis
» par lui n'avaient pas encore été déclarés,
» par un tribunal civil, avoir été faits sous un
» intérêt excédant celui de la loi, et qu'il ne
» pouvait être établi par témoins, devant la
» juridiction correctionnelle, que ces actes ou

» conventions de prêt continssent des stipu-
» lations d'intérêt usuraire, a violé les articles
» 4 de la loi du 3 septembre 1807, et 1353 du
» code civil. »

Le ministère public peut donc prouver par témoins le délit d'habitude d'usure.

Non-seulement il peut présenter des témoins, en première instance, devant le tribunal de police correctionnelle, mais il peut en faire entendre de nouveaux dans l'instance d'appel; et quand ces témoins déposeraient de faits nouveaux et non soumis aux premiers juges, ces faits doivent être appréciés et pris en considération. C'est ce qui a été jugé par un arrêt de la Cour de Cassation, rendu le 26 février 1825, que nous allons rapporter :

Le tribunal de police correctionnelle de Saverne, par un jugement du 22 juin 1824, avait prononcé sur une prévention du délit d'habitude d'usure.

Sur l'appel, de nouveaux témoins furent entendus; mais, par jugement du 11 janvier 1825, le tribunal de Strasbourg avait décidé que, pour évaluer l'amende applicable au délit d'usure, on ne devait pas prendre en considération les faits d'usure déclarés par les nouveaux témoins entendus, en instance d'appel, et qu'il ne fallait avoir égard qu'à ceux de ces faits qui étaient attestés par les témoins entendus en première instance.

On s'est pourvu en cassation pour fausse interprétation des articles 175 et 211 du code d'instruction criminelle. Voici l'arrêt qui intervint :

« Ouï, M., etc. ;

» Attendu que la faculté accordée aux tri-
» bunaux correctionnels d'appel par les arti-
» cles 175 et 211 du code d'instruction crimi-
» nelle, de faire entendre de nouveaux témoins,
» emporte nécessairement le droit et l'obliga-
» tion d'apprécier l'aggravation des charges
» résultant de l'audition de ces témoins ;

» Que, par conséquent, dans l'espèce, le
» tribunal correctionnel de Strasbourg ne
» pouvait se dispenser d'apprécier, par rapport
» à la fixation de l'amende, les nouveaux
» faits d'usure résultant des dépositions des
» témoins entendus en instance d'appel ;

» Que néanmoins, après avoir reconnu que
» vingt-neuf de ces témoins avaient déclaré

» des faits d'usure nouveaux , il a refusé
» d'avoir égard à leurs déclarations, pour la
» fixation de l'amende, sous prétexte que cette
» fixation ne devait être faite que d'après les
» faits déposés par les témoins entendus en
» première instance ;

» En quoi ce jugement a fait une fausse in-
» terprétation des articles 175 et 211 du code
» criminel , et par suite violé la disposition de
» ces articles ;

» Par ces motifs , la Cour casse et annule le
» jugement du tribunal correctionnel de Stras-
» bourg, du 11 janvier dernier, qui condamne
» Isaac Meyer à 4,799 francs d'amende , pour
» délit d'habitude d'usure ;

» Et pour être de nouveau statué sur l'appel
» du jugement du tribunal correctionnel de
» Saverne , du 22 juin précédent , renvoie le
» prévenu et les pièces de la procédure devant
» la Cour royale de Colmar ;

» Ordonne , etc. »

L'application des principes que nous venons de développer et qui sont actuellement admis sans conteste, conduit beaucoup plus loin. Non-seulement il faut reconnaître que le ministère public peut appeler des témoins pour prouver le délit d'habitude d'usure, tant en première instance qu'en appel, mais il faut concéder qu'il peut faire entendre comme témoins les parties lésées elles-mêmes. Les emprunteurs, ceux-là mêmes qui ont contracté avec le prévenu, qui ont certifié par l'apposition de leur signature au bas des actes authentiques la sincérité des énonciations des actes, sont aptes à déposer comme témoins dans l'instance ouverte à la requête du ministère public, à la charge du prêteur. On ne peut les repousser sous le prétexte qu'ils sont ainsi appelés à déposer dans leur propre cause et contre leurs propres actes. C'est là une nécessité de l'application des principes, et qui résulte des arrêts que nous avons cités, notamment de celui de la Cour de Cassation, du 28 juin 1821. Mais, s'il faut la subir, les tribunaux auront tel égard que de raison aux déclarations des emprunteurs, et mesureront avec prudence et sagesse le degré de confiance qu'il convient d'accorder à de telles dépositions, qui peuvent n'être pas toujours désintéressées et exemptes de haine ou de récrimination. Il en est en matière d'usure comme en toute autre; la déposition d'un témoin est un élément de conviction; mais, en matière d'usure, comme en toute autre, le juge a pour devoir d'apprécier la déclaration et de se demander s'il est convaincu de la culpabilité du prévenu.

Après avoir vu comment pouvait être faite la preuve du délit d'habitude d'usure, il nous reste à examiner quand le délit est suffisamment prouvé, et à déterminer les faits qui sont admissibles pour servir d'élémens de conviction.

Il y a conviction et le délit est suffisamment prouvé, lorsque le procureur du roi a établi que l'inculpé a prêté à usure un nombre de fois suffisant pour que l'habitude d'usure se trouve constatée.

Pour établir l'habitude de l'usure, on doit tenir compte de tous les prêts faits par le prévenu, sans distinction entre ceux qui ont été faits par acte authentique et ceux qui l'ont été par acte sous seing-privé, sans admettre aucune différence entre ceux qui ont été faits par conventions verbales et ceux qui l'ont été sous la forme de billets de commerce ou de toute autre manière. C'est le fait en lui-même qui est répréhensible, c'est le fait qui doit être compté pour constituer l'habitude, dès qu'il est prouvé, peu importe du reste la forme employée pour constater le prêt entre le prêteur et l'emprunteur.

On a prétendu que la loi du 3 septembre 1807 ne s'occupant que de l'intérêt conventionnel, les tribunaux civils étaient seuls compétens pour rechercher l'usure, lorsque les prêts étaient constatés par des billets de commerce; mais cette distinction a été repoussée par la Cour de Cassation, qui, dans son arrêt du 4 août 1820, a décidé formellement qu'on pouvait examiner des billets négociables, afin de reconnaître s'ils ne déguisaient pas des prêts usuraires.

Le tribunal de Châteauroux avait jugé que le sieur Redand avait voilé des prêts usuraires sous l'apparence de billets de commerce. Le demandeur puisa dans cette décision un de ses moyens de cassation. La loi du 3 septembre 1807, disait-il, ne s'occupe que de l'intérêt conventionnel, et les tribunaux civils sont seuls compétens pour connaître de la simulation des actes. Voici quelle fut la réfutation de ce moyen, consignée dans l'arrêt de la Cour de Cassation, du 4 août 1820, que nous avons déjà cité sur une autre question.

» Attendu, sur le *troisième moyen*, que le tri-
» bunal correctionnel avait le droit d'apprécier
» la nature des faits et des pièces qui prouvent
» le délit d'habitude d'usure ; que, par consé-
» quent, il pouvait examiner et déclarer le
» caractère des billets négociables produits
» dans l'instruction, et y reconnaître, s'il le
» croyait ainsi, des prêts usuraires déguisés,
» et, de l'ensemble de ces faits, déduire éga-
» lement la preuve de l'habitude d'usure ; —
» attendu que, sur ce délit d'habitude d'usure,
» ainsi reconnu et déclaré, il a été fait une
» juste application de la loi du 3 septembre
» 1807, et que la procédure est régulière ; —
» rejette, etc. »

Cet arrêt se trouve dans le recueil publié par M. Laporte, volume 1820, partie 1re, page 526.

La Cour de Cassation a également jugé, par arrêt du 14 juillet 1827, qu'une stipulation verbale d'intérêts usuraires pouvait, aussi bien qu'une stipulation écrite, servir d'élément au délit d'habitude d'usure. Voici les motifs de cette décision :

« Attendu, sur le troisième moyen, que le » jugement attaqué a suffisamment satisfait au » vœu de l'article 3 de la loi du 3 septembre » 1807, en déclarant que la plupart des prêts » faits par le demandeur avaient eu lieu à un » taux *excédant le taux légal ;* qu'il n'était pas » nécessaire que ce jugement précisât la » somme exigée à titre d'intérêts ; attendu » qu'une stipulation *verbale* d'intérêts usurai- » res peut aussi bien qu'une stipulation *écrite* » servir d'élément au délit d'habitude d'usure. »

Ainsi il faut tenir pour constant que tous les prêts faits à usure doivent être pris en considération pour constituer l'habitude, sans qu'il soit permis d'en rejeter aucun à raison de la forme sous laquelle il a été constaté ou de l'absence de tout acte.

Nous avons vu que l'usure pouvait être recherchée dans les escomptes en matière de commerce, dans les contrats de mariage, dans les donations, dans les ventes à réméré, dans les contrats d'échange et dans les rentes constituées ; les faits que le ministère public peut y puiser doivent donc être admis comme des élémens pour constituer le délit d'habitude d'usure.

La forme de l'acte est sans importance. Un seul contrat est à l'abri des investigations du ministère public, c'est celui qui constitue une rente viagère ; on sait que la rente viagère peut être élevée au taux qu'il plaît aux parties contractantes de fixer.

La règle générale est donc que tous les prêts faits à usure, sous quelque forme qu'ils soient déguisés, doivent être admis comme élémens de conviction. Mais si la rente viagère forme une exception à raison de la nature de l'acte qui constate le prêt, il en est une autre fort importante à raison du tems où le prêt a été fait.

Avant le code civil et même depuis, mais antérieurement à la promulgation de la loi du 3 septembre 1807, il n'existait aucune loi pour fixer l'intérêt ; on ne peut donc reprocher au prévenu des faits qui n'étaient pas défendus par la loi ; on ne peut point, en exécution de la loi du 3 septembre 1807, venir incriminer des faits qui lui sont antérieurs : ce serait donner à cette loi un effet rétroactif. De là il suit à toute évidence qu'on ne peut compter pour établir l'habitude d'usure les prêts usuraires faits antérieurement à la loi du 3 septembre 1807 ; ils ne doivent avoir aucune influence, pas plus pour former la conviction que pour la fixation de la peine. On ne doit pas perdre de vue que, légalement parlant, ces faits étaient très-licites.

Cette doctrine a été constamment professée par la Cour de Cassation.

Nous citerons d'abord un arrêt, rendu le 20 février 1810, qui est ainsi motivé :

« Et attendu qu'il résulte de toutes ces lois » que les parties avaient, en l'an IX et années » subséquentes, la liberté de faire les stipu- » lations d'intérêts qu'elles jugèrent conve- » nables, et que cet intérêt a pu excéder celui » de la loi jusqu'à la promulgation de la loi du » 3 septembre 1807; qu'ainsi la Cour d'appel » a fait une fausse application des lois an- » ciennes, et contrevenu aux lois citées, en » tant qu'elle a réduit l'intérêt des capitaux » et valeurs au-dessous de celui convenu par » les parties ; casse. »

Cet arrêt est rapporté dans Denevers, tome 1810, page 81.

En voici un second rendu le 11 avril 1810:

« Sur le moyen résultant de ce que la Cour » d'appel aurait réduit au taux de six pour » cent les intérêts convenus aux époques de » frimaire et nivôse an IV, dates des lettres » de change dont il s'agit au procès, et qui » ont été reconnues avoir pour cause ces » mêmes intérêts convenus.

» Vu l'art. 1907 du code civil;

» Attendu qu'avant la publication du code » civil, il n'existait aucune loi qui eût fixé le » taux de l'intérêt commercial; qu'il n'exis- » tait aucune loi qui eût défendu d'exiger cet » intérêt au-dessus de six pour cent, ou à un » taux plus élevé; attendu que les usages du » commerce formaient la seule règle à cet » égard; que ces usages n'étaient point uni- » formes, et qu'ils variaient suivant les évé- » nemens et les besoins particuliers de chaque » place de commerce; que la loi du 2 octobre » 1789, relative au prêt de l'argent, à terme » fixe et à intérêt, s'explique très-positivement » sur ces mêmes usages, en ces termes : « Sans

» entendre rien innover, y est-il dit, aux
» usages du commerce;

» Que si, dans les premières années de la
» révolution, il est résulté de ces usages une
» liberté presque illimitée dans les conven-
» tions qui eurent pour objet l'intérêt de l'ar-
» gent placé dans le commerce, cette liberté,
» ou plutôt cet abus fut, en quelque sorte,
» l'effet inévitable de la législation d'alors,
» qui déclarait l'or et l'argent marchandises,
» en même tems qu'elle accordait à chaque
» citoyen la faculté de faire, en matière d'in-
» térêts, toutes sortes de conventions; « (A
» l'égard du commerce, disait l'orateur du
» gouvernement (en exposant les motifs de la
» loi du 3 septembre 1807), les usages fai-
» saient la règle; en général, c'était six pour
» cent ou demi pour cent par mois;—ces règles
» ne purent résister à la déclaration du papier-
» monnaie; le mal s'accrut par la loi du 11
» avril 1793, qui déclara expressément que
» l'argent était marchandise. La loi du 26
» floréal an II rapporta celle du 11 avril;
» mais les conséquences du principe qui avait
» été proclamé ne s'en faisaient pas moins

» sentir dans la plupart des affaires qu'on » traitait alors ; l'élévation des intérêts n'était » plus qu'une spéculation ordinaire ; de là » ces excès auxquels on se livra pendant le » cours de ces tems désastreux.... nous n'au- » rions pas besoin d'avertir que la loi nou- » velle ne doit point avoir d'effet rétroactif ; » il aurait suffi de se référer à l'article du » code civil, qui porte que la loi ne rétroagit » jamais ; mais pour éviter toute interpréta- » tion indiscrète et prévenir toutes alarmes, » le projet contient un article, qui déclare » qu'il n'est rien innové aux stipulations » d'intérêt par contrat ou autres actes an- » térieurs » ;

» Attendu que les dispositions du code civil, » tant celles qui prohibent tout effet rétro- » actif que celles qui permettent indéfiniment » d'excéder, par la convention, le taux de l'in- » térêt légal, *toutes les fois que la loi ne le pro- » hibe pas*, ainsi expliquées par le législateur » lui-même, ne peuvent avoir un sens dou- » teux ou équivoque, en ce qui concerne » l'intérêt conventionnel ; attendu qu'il en » résulte évidemment que la convention des

» parties, à cet égard, doit être respectée par
» les tribunaux, toutes les fois qu'aucune loi
» ne la prohibait dans le tems où elle a été
» faite ; d'où il suit que les arrêts attaqués
» n'ont pu rechercher, sous le rapport du taux
» des intérêts, ce qui avait été convenu entre
» Paulée et les frères Claro, par les traités de
» l'an IV, époque où il n'existait aucune loi qui
» eût fixé, relativement au commerce, le taux
» de l'intérêt, et qu'ils n'ont pu réduire ces
» intérêts convenus, sous le prétexte qu'ils
» excédaient le taux légal, sans violer ouver-
» tement les dispositions du code civil, et
» notamment l'article 1907 précité. D'après ces
» motifs, la Cour casse et annule les arrêts
» rendus par la Cour d'appel séant à Douai les
» 29 thermidor an XII et 12 thermidor an XIII,
» en ce que ces arrêts ont ordonné la réduction
» des intérêts convenus entre Paulée et les
» frères Claro dans les traités dont il s'agit,
» et réduit par ce moyen la valeur desdits trai-
» tés, qui s'élevait à une somme de 102,108
» francs, à celle de 17,325 francs, etc. »

Cet arrêt est rapporté dans Denevers, vol. 1810, première partie, page 155.

Les mêmes principes se retrouvent appliqués dans un troisième arrêt, rendu le 29 janvier 1812, rapporté dans Denevers, volume 1812, première partie, page 281.

Cet arrêt est ainsi motivé :

« La Cour, — sur les conclusions conformes » de M. Lecoutour, avocat-général ; — vu l'ar- » ticle 1er de la loi du 5 thermidor an IV, rela- » tive à la liberté des transactions entre les » citoyens, les articles 5, 6 et 7 de la loi du » 15 fructidor an V, qui valident tous traités, » quelle que soit la valeur exprimée dans les » actes ; l'article 1906 du code civil, portant » que l'emprunteur qui a payé des intérêts qui » n'étaient pas stipulés, ne peut ni les répéter, » ni les imputer sur le principal ; l'article » 1907 du même code, qui porte, en termes » précis, que l'intérêt conventionnel peut » excéder celui de la loi, quand la loi ne le » prohibe pas, et l'article 5 de la loi du 3 sep- » tembre 1807, portant qu'il n'est rien innové » aux stipulations d'intérêt par contrats anté- » rieurs à la publication de cette loi ; — et » attendu qu'il résulte de ces lois que les par- » ties avaient alors, et ont eu sous l'empire du

» code civil, et jusqu'à la loi du 3 septembre
» 1807, qui a modifié, pour l'avenir, les dispo-
» sitions de l'article 1907, la liberté d'excéder,
» par leurs conventions, le taux de l'intérêt
» légal ; — que l'écrit portant *bordereau de*
» *compte du* 17 *mars* 1807, énonce formellement
» et distinctement des sommes capitales, et
» les intérêts desdites sommes ; — que les let-
» tres de change, données à Laplante par Garat,
» sont le résultat de ce compte, sauf néanmoins
» 2420 francs d'excédant, qui paraissent avoir
» été ajoutés pour intérêts à courir jusqu'à
» l'échéance desdites lettres de change ; —
» qu'ainsi, il n'y a pas eu fixation du taux de ces
» nouveaux intérêts, et si la confusion des
» 2420 francs, joints aux 7000 francs, formant
» le montant de l'arrêté du 17 mars, laisse du
» doute sur la question de savoir si l'intérêt a
» porté sur le total de la somme. ou sur le ca-
» pital seulement, et, par conséquent, sur le
» taux réel de cet intérêt, ce qui ne remplit
» pas le vœu de l'article 1907. et rend légitime
» sa réduction, il n'en est pas de même du
» capital de 4000 francs, porté séparément et
» distinctement dans le compte de 7000 francs,

» compris aux lettres de change ; que le taux
» en est clairement connu par l'intérêt annuel
» tiré hors ligne du capital ; — que par consé-
» quent, il y a évidemment, sous ce rapport,
» violation des lois des 5 thermidor an IV et
» 15 fructidor an 5, et notamment de l'article
» 1907 du code civil, qui a été faussement
» appliqué, et de l'article 5 de la loi du 3 sep-
» tembre 1807 ; — que la Cour d'appel a, en
» outre, violé l'article 1906 du code civil, en
» ordonnant que, sur le capital de 4000 francs,
» les sommes payées à compte, et qui excède-
» raient le taux légal, seraient imputées sur
» ce capital ; que ce n'étaient pas des effets à
» acquitter, qui avaient été donnés en paiement
» par à-compte sur le bordereau du 17 mars
» 1807 ; qu'il fait foi d'un reçu de 2166 francs,
» touchés, à diverses fois, sur le montant du
» capital et intérêts portés audit compte ; —
» qu'un pareil paiement entièrement consom-
» mé ne pouvait, aux termes de l'article 1906,
» être sujet à imputation ni répétition, quand
» même les intérêts n'auraient pas été stipulés ;
» qu'enfin l'arrêt attaqué ne peut se soutenir,
» sous prétexte que les effets donnés n'auraient

» pas exprimé la cause réelle de leur valeur,
» puisqu'il s'agit de lettres de change, et
» qu'elles contiennent les énonciations vou-
» lues par la loi, pour assurer leur validité;
» — casse, etc. »

Ces trois arrêts ont été rendus en matière commerciale, mais leur autorité n'en est pas moins grande pour la décision de la question qui nous occupe; car les principes étant les mêmes, l'application n'en saurait être différente.

Voici une autre espèce dans laquelle le débiteur avait tout à la fois souscrit au profit du créancier diverses obligations notariées et plusieurs billets.

En vertu des actes et des jugemens obtenus au tribunal de commerce, le créancier poursuivit la vente des biens immeubles du débiteur.

L'ordre et la distribution du prix de la vente ayant été ouverts, le débiteur demanda que la créance fût réduite, offrant de prouver qu'il y avait eu usure et anatocisme.

Le 2 août 1810, le tribunal civil de St.-Étienne rendit un jugement définitif qui débouta le débiteur de sa demande.

Les principaux motifs de ce jugement sont :

Que les engagemens constitutifs souscrits par le débiteur remontent à une époque antérieure à la loi du 3 septembre 1807 ;

Que la loi du 2 octobre 1789 autorise le prêt d'argent à terme fixe, avec stipulation d'intérêt suivant le taux déterminé par la loi ;

Que la loi du 6 floréal an II, rapportée le 2 prairial suivant, déclare l'argent marchandise ;

Que l'article 1er de la loi du 5 thermidor an IV, ayant accordé à chaque citoyen la liberté de contracter comme bon lui semblerait, ordonne l'exécution des obligations souscrites depuis sa promulgation dans les termes et valeurs stipulés ;

Que l'article 5 de la loi du 5 fructidor an V confirme tous traités, accords ou transactions faits depuis le 1er janvier 1791, contenant fixation en numéraire métallique, réduction ou atermoiement d'une créance résultant d'un autre titre, quelle que soit la date ou quelle que soit la valeur exprimée dans les nouveaux actes ;

Qu'il résulte de ces lois que les parties

avaient alors la liberté de faire toutes les stipulations qu'elles jugeaient convenables en matière d'intérêts ;

Que l'article 1905 du code civil a permis de stipuler des intérêts pour simple prêt ;

Que, d'après l'article 1909, l'intérêt conventionnel peut excéder celui de la loi toutes les fois que la loi ne le prohibe pas ; qu'il suffit que le taux de ces intérêts soit fixé par écrit ;

Qu'à l'époque de la promulgation du code civil, il n'existait aucune loi qui eût fixé le taux de l'intérêt conventionnel, et que la liberté accordée par les lois du 5 thermidor an IV et du 5 fructidor an V subsistait dans toute son étendue ;

Que la loi du 3 septembre 1807, qui a réglé le taux de l'intérêt légal ou conventionnel pour l'avenir, porte, article 5 : « Il n'est rien » innové aux stipulations d'intérêts par con» trats ou autres actes faits jusqu'au jour de » la publication de la présente loi » ;

Qu'en faisant cette exception, le législateur semble avoir voulu couvrir d'un voile les traités intervenus dans des tems de désordre et d'anarchie ;

Que l'orateur du gouvernement n'a laissé aucun doute à cet égard dans l'exposé des motifs de la loi du 3 septembre 1807, en disant, sur l'article 5 de cette loi : « Nous n'aurions » pas besoin d'avertir que la loi nouvelle ne » doit point avoir d'effet rétroactif; il aurait » suffi de se référer à l'article du code civil, » qui porte que la loi ne rétroagit jamais; *mais,* » *pour éviter toute interprétation indiscrète et pré-* » *venir toutes alarmes,* le projet contient un » article qui déclare qu'il n'est rien innové » aux stipulations d'intérêts par contrats ou » autres actes antérieurs » ;

Que la Cour de Cassation, appliquant les lois précitées par ses arrêts des 3 mai 1809, 20 février et 11 avril 1810, a décidé qu'on ne pouvait réclamer contre des stipulations ou conventions d'intérêts excessifs, avec anatocisme, faites avant la publication de la loi du 3 septembre 1807 ;

Que toutes les sommes réclamées par la veuve Charrier reposent sur des titres consentis par Lyonnard ;

Que les faits, par lui articulés, se rapportent précisément à l'usure et à l'anatocisme dont il se plaint ;

Que l'oreille du juge a été blessée par l'aveu d'une usure exorbitante pratiquée envers de simples cultivateurs ; mais que le devoir lui impose d'abandonner l'auteur de l'usure à ses propres remords, et de ne voir que la loi et la jurisprudence de la cour suprême fixée par les trois arrêts précités, et que, dans l'espèce, l'action en réduction pour cause d'usure et d'anatocisme doit être écartée.

Ce jugement, fortement motivé, consacrait les véritables principes ; cependant il fut réformé sur l'appel par un arrêt de la Cour de Lyon, du 6 avril 1811. Cette Cour s'est fondée sur ce que l'Assemblée constituante, en permettant (ce qui, jusqu'alors, avait été prohibé) de stipuler l'intérêt dans les engagemens pour simple prêt, avait restreint cet intérêt à la quotité fixée par les lois ;

Sur ce que le décret qui a déclaré l'argent marchandise, n'avait subsisté qu'environ quinze jours, et que ce n'était pas dans cet intervalle qu'avait été créée la dette ;

Sur ce que les décrets qui ont statué sur la manière de stipuler les différens engagemens dans les valeurs que voudraient indiquer les parties, n'ont aucun rapport au taux de l'intérêt ;

Sur ce que M. Malleville, dans la séance du conseil-d'état du 7 pluviôse an XII, sur la discussion de l'article 1907 du code civil, avait soutenu que, *dans le moment actuel même, la loi qui fixait l'intérêt à cinq pour cent était en pleine vigueur, et qu'on ne pouvait la révoquer qu'en en portant une autre qui donnât un nouveau taux à l'intérêt ;*

Sur ce qu'en permettant, par les articles 1905 et 1907, de stipuler des intérêts, le code civil avait voulu que les intérêts au-dessus du taux de la loi fussent fixés par une convention ;

Sur ce que cette disposition, loin de tolérer l'excès de l'intérêt, était au contraire une mesure sage pour le modérer ;

Sur ce que la loi du 3 septembre 1807 contenait des mesures répressives de l'usure ;

Sur ce que ce délit subversif de tous les principes de la morale, de la législation et du commerce, avait fixé l'attention du gouvernement, qui, en prenant les précautions les plus sévères contre les juifs usuriers, ne paraissait pas avoir eu en vue de frapper une nation ou une religion, mais de réprimer les usuriers, de quelque nation et de quelque religion qu'ils fussent ;

Sur ce que la veuve Charrier avouait avoir prêté à deux pour cent par mois ;

Enfin sur ce qu'il n'existait point de doute sur l'anatocisme.

Il est inutile de réfuter les motifs de cet arrêt, qui fut cassé par la Cour de Cassation, le 5 octobre 1813. Voici celui de la cour régulatrice, qui se trouve dans Denevers, volume 1814, partie 1re, page 573.

« La Cour, — sur les conclusions de M. » l'avocat-général Jourde ;—vu les articles » 1er et 3 de la loi du 5 thermidor an IV, l'article 5 de celle du 15 fructidor an V, l'article » 1907 du code civil ; — Attendu qu'il résulte » de toutes ces lois qu'aux époques où les obligations dont il s'agit ont été souscrites, les » parties avaient une liberté illimitée de faire » toutes les stipulations, en matière d'intérêts, » qu'elles jugeaient convenables ; — attendu, » quant aux obligations postérieures à la promulgation du code civil, que la Cour d'appel

» de Lyon n'a donné aucune explication et n'a
» point déclaré que lesdites obligations fussent
» contraires à la disposition de l'article 1154
» du code; d'où il suit que la Cour d'appel a
» fait une fausse application des lois ancien-
» nes, et violé les lois nouvelles, en réduisant
» l'intérêt au-dessous de celui dont les par-
» ties étaient convenues ; — casse, etc. »

La Cour de Cassation a depuis professé les mêmes principes dans une espèce où le prêt avait été constaté par un acte notarié.

La Cour de Caen avait reconnu, comme un fait constant, qu'il n'avait été réellement prêté qu'une somme de 60,000 fr., à l'intérêt de dix pour cent par an; mais elle n'en avait pas moins maintenu la décision des premiers juges,

« Attendu qu'à l'époque où l'obligation fut
» contractée, le taux de l'intérêt de l'argent
» n'était fixé par aucune loi, et qu'il était
» loisible aux parties d'en convenir entre
» elles. »

Il y eut pourvoi, et voici en quels termes la Cour de Cassation a prononcé, par un arrêt, rendu le 25 janvier 1815, et rapporté dans Denevers, tome 1815, partie 1re, page 166.

« La Cour, — sur les conclusions de M. » Jourde, avocat-général; — attendu qu'il » s'agit, dans l'espèce, de conventions régies » par l'article 1907 du code civil; que cet arti- » cle, en ne mettant aucune borne à l'intérêt » conventionnel, exige seulement que cet in- » térêt soit fixé par écrit; — attendu que l'arrêt » dénoncé a pu, sans violer cette loi et sur » l'appréciation des clauses consignées dans les » conventions écrites dont il s'agit, y voir la sti- » pulation de l'intérêt à dix pour cent, et sanc- » tionner cette stipulation, d'autant plus qu'elle » avait été pleinement exécutée de la part du » demandeur, d'après les faits que le même » arrêt a déclarés constans; — rejette, etc. »

Nous avons déjà, en nous occupant d'une autre question, rapporté cet arrêt, à la page 49.

Il faut donc tenir pour constant qu'on ne peut pas compter, pour établir l'habitude de l'usure, les prêts faits antérieurement au code civil et même ceux faits depuis, mais avant la promulgation de la loi du 3 septembre 1807.

Il en est de même des prêts faits pendant la suspension de la loi du 3 septembre 1807, et qui a duré du 18 janvier 1814 au 1er janvier

1815. Les contrats passés durant ce tems doivent être respectés, et aucun reproche ne peut être fait au prêteur quant au taux de l'intérêt.

C'est ce qu'a jugé, dernièrement, la Cour royale de Limoges, par arrêt du 26 mai 1838, et ce qui d'ailleurs ne peut faire difficulté.

Voici quels sont, sur cette question, les motifs de cet arrêt, rapporté dans Dalloz, volume 1838, 2e partie, page 205.

« En ce qui touche, etc.;

» Au fond; — attendu que le contrat dont » les intimés demandent la nullité, comme » entaché d'impignoration, a été passé sous » l'empire du décret impérial, du 18 janvier » 1814, qui avait suspendu, jusqu'au 1er jan- » vier suivant, la loi du 3 septembre 1807, » relative à l'intérêt de l'argent, et laissé aux » citoyens la liberté de régler dans leurs sti- » pulations, durant cet intervalle, la quotité » de l'intérêt; — que l'on conçoit difficilement, » sous l'empire d'un tel décret, l'existence » d'un contrat pignoratif, puisque ce contrat » a principalement pour objet de déguiser, » sous la forme d'une vente, un prêt usuraire; » et que, à la date du contrat attaqué, il était

» inutile de recourir à ce déguisement, puis-
» que la loi autorisait toute stipulation sur
» le taux de l'intérêt, quelle que fût son élé-
» vation ; — Par ces motifs, sans s'arrêter aux
» fins de non-recevoir proposées, émendant
» au fond, met l'appellation au néant, etc. »

Il importe peu que des intérêts usuraires aient été payés ou soient échus postérieurement à la promulgation de la loi du 3 septembre 1807. C'est le prêt à usure qui est un élément du délit, et non l'exécution d'une convention qui, permise au jour de sa date, doit être respectée. Nous reparlerons au surplus de ces intérêts dans nos observations sur l'article 5.

Si le ministère public ne peut, pour convaincre un inculpé, se prévaloir, contre lui, des prêts à usure dont la date est antérieure à la promulgation de la loi du 3 septembre 1807, ni de ceux faits pendant la suspension de cette loi, il peut invoquer tous les autres, sans qu'il puisse rencontrer le moindre obstacle dans les transactions des parties intéressées. Sans doute, il est permis à un débiteur qui a payé ou qui doit des intérêts usuraires, de transiger avec son créancier et de renoncer au droit de répétition ou de réduction que la loi lui accorde, à raison de l'usure exercée à son préjudice : une telle transaction ou une telle renonciation sont valables, elles sont licites et doivent être respectées. Elles ont pour effet d'anéantir l'action civile, mais elles n'engagent en rien celle du ministère public, qui n'en reste pas moins entier dans son droit de grouper tous les faits d'usure pour faire ressortir de cet ensemble la preuve de l'habitude de l'usure.

Deux arrêts de la Cour de Cassation, en date, le premier du 21 novembre 1832, et le second du 22 janvier 1833, ont décidé que la transaction entre le prêteur et l'emprunteur était valable, attendu, portent ces arrêts, que la loi autorise les transactions sur les intérêts civils résultant même des délits.

On conçoit, en effet, qu'un débiteur puisse transiger sur ses propres intérêts ; mais on ne pourrait jamais admettre qu'il fût en son pouvoir de compromettre l'action publique, à l'exercice de laquelle il est totalement étranger.

= CONDAMNÉ A UNE AMENDE QUI NE POURRA EXCÉDER LA MOITIÉ DES CAPITAUX QU'IL AURA PRÊTÉS A USURE.

Le délit une fois prouvé, il ne reste plus qu'à faire l'application de la peine.

Cette peine est une amende qui ne peut excéder la moitié des capitaux prêtés à usure.

La loi ne fixe pas de minimum. Les juges peuvent donc prononcer une amende aussi minime qu'ils le trouvent convenable. Il leur est même permis de la fixer à 15 francs ou au-dessous. La loi du 3 septembre 1807 ne le défend pas, et aucun autre texte de loi ne s'y oppose.

On ne peut, pour soutenir le contraire, puiser aucun argument dans les règles ordinaires de la compétence, parce que, aux termes de l'article 3 de la loi du 3 septembre 1807, tous les délits d'habitude d'usure sont, sans exception, de la compétence des tribunaux correctionnels. Cette compétence ne serait pas déterminée par une loi toute spéciale et l'article 179 du code d'instruction criminelle serait applicable que ce ne pourrait être un obstacle à ce que l'amende fût fixée à 15 fr. ou même au-dessous, parce que la compétence doit se régler par l'étendue de la peine, et qu'une fois le fait classé au nombre des délits par le maximum, le tribunal correctionnel ne cesse pas d'être compétent alors que le minimum ne serait qu'une peine de simple police.

L'amende peut donc être de 15 francs, de 10 francs et même d'un franc, mais jamais d'une somme inférieure, parce qu'il est de principe qu'on ne peut descendre plus bas, même pour la répression d'une simple contravention. C'est ce qui a été jugé par la Cour de Cassation, le 22 avril 1813.

Mais si l'article 4 de la loi du 3 septembre 1807 ne fixe pas un minimum, il détermine un maximum qui est la moitié des capitaux prêtés à usure. Les tribunaux ne peuvent donc condamner à une amende plus élevée que cette moitié.

Pour s'assurer que ce maximum n'est pas dépassé, il s'agit de bien déterminer quelle est la quotité des sommes prêtées à usure, et cette quotité doit être énoncée dans le jugement de condamnation. On en sent la nécessité, car sans cette énonciation comment serait-il possible, lorsqu'un jugement est attaqué soit par la voie de l'appel, soit par un pourvoi en cassation, de reconnaître si l'amende prononcée n'excède pas le maximum fixé par l'article 4 de la loi du 3 septembre 1807, et si, par suite, la loi n'a pas été violée.

Il y a plus; il est indispensable qu'en matière usuraire, tout jugement de condamnation contienne l'énumération et le détail de toutes les sommes dont le prêt est déclaré usuraire; car, à défaut de précision à cet égard, les tribunaux d'appel et la Cour de Cassation seraient dans l'impossibilité de vérifier si les premiers juges n'ont pas admis comme usuraires des prêts qui n'auraient pas dû l'être.

Ces énonciations dans les jugemens sont donc de rigueur. La jurisprudence consacre la nécessité de cette mesure.

Voici comment est motivé un arrêt de la Cour de Cassation, du 11 novembre 1819.

« Vu, etc.

» Attendu qu'aux termes de l'article cité
» de la loi du 3 septembre 1807, la peine de
» l'usure habituelle, quand il n'y a pas eu
» escroquerie de la part du prêteur, consiste
» dans une amende qui ne peut pas excéder
» la moitié des capitaux prêtés à usure; qu'il

» s'ensuit de cette disposition que, dans les
» jugemens de condamnation pour délit
» d'usure, doivent être énoncées toutes les
» sommes dont le prêt est déclaré usuraire,
» puisque, sans cette énonciation, lorsque
» ces jugemens sont l'objet d'un pourvoi en
» cassation, il est impossible de juger si
» l'amende prononcée n'excède pas le taux
» au-dessus duquel il n'est pas permis aux
» tribunaux de la porter, et s'il n'y a pas ainsi
» fausse application de la loi pénale; que
» cependant ni le jugement d'appel ni celui
» de première instance ne font connaître les
» sommes que la veuve Lafresnée est jugée
» avoir prêtées à usure; que leur déclaration
» sur le délit d'usure habituelle est donc in-
» complète et insuffisante, et ne saurait être la
» base légale d'une condamnation;—casse. »

Cet arrêt est rapporté dans Denevers, volume 1819, 1re partie, pag. 628 et suiv.

La Cour de Cassation, appelée de nouveau à statuer sur la question, l'a résolue de la même manière, par un arrêt du 7 mai 1824, qui est ainsi conçu :

« La Cour, — sur les conclusions de M.

» Marchangy, avocat-général ; — vu la loi du
» 3 septembre 1807, article 4 ; — attendu
» qu'aux termes de la loi du 3 septembre
» 1807, la peine de l'usure habituelle, quand
» il n'y a pas eu escroquerie de la part du
» prêteur, consiste dans une amende qui ne
» peut pas excéder la moitié des capitaux
» prêtés à usure ; — qu'il s'ensuit de cette dis-
» position que, dans les jugemens ou dans
» les arrêts de condamnation pour délit d'ha-
» bitude d'usure, toutes les sommes, dont le
» prêt est reconnu usuraire, doivent être
» énoncées, puisque, si elles ne le sont pas,
» il est impossible, lorsque ces arrêts ou juge-
» mens sont l'objet d'un pourvoi en cassation,
» de juger si l'amende prononcée n'excède
» pas le taux au-dessus duquel il n'est pas
» permis de la porter, et s'il n'y a pas ainsi
» fausse application de la loi pénale ;

» Attendu que, dans l'espèce, ni le juge-
» ment du tribunal correctionnel, ni l'arrêt
» de la Cour royale de Paris, chambre de
» police correctionnelle, qui l'a confirmé, ne
» font connaître les sommes qui sont jugées
» avoir été prêtées à usure ; que la déclaration

» de culpabilité des prévenus a donc été
» incomplète et insuffisante; qu'elle n'a pas
» été une base légale de leur condamnation à
» l'amende, et que cette condamnation n'a
» pu être prononcée sans qu'il y ait fausse
» application et violation de l'article 4 de la
» loi du 3 septembre 1807 ;—casse, etc. »

Toutefois, l'obligation imposée aux tribunaux d'énoncer, dans les jugemens de condamnation rendus en matière d'usure, toutes les sommes dont le prêt est déclaré usuraire, ne va pas jusqu'à la nécessité d'y préciser le taux de l'intérêt exigé. Quant au chiffre de l'intérêt, il n'y a nul besoin de le connaître d'une manière exacte; il suffit que le jugement déclare que l'intérêt exigé a excédé le taux légal.

C'est ce qu'a décidé formellement un arrêt de la Cour de Cassation, rendu le 14 juillet 1827, et ainsi motivé :

« Attendu, sur le troisième moyen, que le
» jugement attaqué a suffisamment satisfait au
» vœu de l'article 3 de la loi du 3 septembre
» 1807, en déclarant que la plupart des prêts
» faits par le demandeur avaient eu lieu à

» un taux *excédant le taux légal;* qu'il n'était » pas nécessaire que ce jugement précisât la » somme exigée à titre d'intérêts ; etc. »

En effet, s'il y a nécessité de bien connaître toutes les sommes prêtées à usure, pour pouvoir reconnaître s'il a été fait une juste application de la disposition pénale, il n'y a aucune utilité d'être fixé sur le taux de l'intérêt exigé. Peu importe son élévation, quand une fois il est constaté que le taux légal a été dépassé.

Tous les capitaux reconnus et déclarés avoir été prêtés à usure doivent concourir à former une somme totale, et c'est la moitié de cette somme qui est le maximum de l'amende qu'il est permis de prononcer.

Ici, se présentent quelques difficultés sérieuses qui ont long-tems divisé de bons esprits.

D'abord, que doit-on entendre par *capitaux ?*

Les prêts successivement faits par un usurier ne sont souvent que des déplacemens d'un même capital.

Les prêts faits à une même personne peuvent être renouvelés à l'échéance.

Comment déterminer la quotité des capitaux prêtés ?

Un individu n'est réellement possesseur que d'une somme de 10,000 francs : il la prête à usure à Pierre, pour un an. Au bout de l'année cette somme est remboursée par le débiteur ; elle est de nouveau prêtée à usure à Jacques pour six mois. A l'échéance, nouveau remboursement et nouveau prêt fait ensuite à Charles. Enfin, supposons ainsi quatre, cinq, six ou un plus grand nombre de prêts usuraires et successifs, faits de la même somme de 10,000 francs, et demandons-nous si, lorsque le prêteur sera, à raison de ces faits, déclaré convaincu du délit d'habitude d'usure, le tribunal devra reconnaître que le prévenu n'a réellement prêté qu'un capital de 10,000 francs, et adopter par suite la somme de 5,000 francs pour maximum de l'amende à prononcer, ou bien s'il devra voir autant de capitaux de 10,000 francs qu'il y a eu de fois cette somme prêtée, et en conséquence établir ainsi son calcul pour l'amende : le prévenu a prêté six fois une somme de 10,000 francs, les capitaux prêtés s'élèvent donc à 60,000 francs, et par suite le maximum de l'amende encourue est de 30,000 francs.

J'ai toujours pensé que c'était cette dernière manière de procéder qu'il fallait adopter. Il est impossible de constater que l'usurier n'avait que 10,000 francs à sa disposition, et que c'est, par suite, toujours la même somme qu'il a successivement prêtée à diverses personnes. La loi d'ailleurs n'admet ni cet examen ni cette distinction, elle dit les *capitaux prêtés*. Or, un capital de 10,000 francs a été prêté à Pierre, un capital de 10,000 francs a été prêté à Jacques, un capital de 10,000 francs a été prêté à Charles, etc., etc.; voilà les capitaux qui ont été prêtés, et c'est sur le total que donne leur addition que doit se régler le maximum de l'amende.

La loi me paraît trop formelle pour permettre une autre interprétation; quelque sévère qu'en soit l'application, dans certaines circonstances, on ne peut, en principe, la contester. C'est aux juges ensuite à prendre en considération les faits et la position du prévenu. Le législateur leur a laissé une très-grande latitude, puisque s'ils ont la faculté de pousser la sévérité jusqu'à prononcer une amende égale à la moitié des capitaux prêtés, ils peuvent, après avoir fixé le maximum à une somme fort élevée, ne condamner, cependant, le prévenu qu'à une amende fort minime. Si donc les juges reconnaissent que le prévenu n'a, en réalité, prêté successivement que le même capital, de 10,000 francs, par exemple, rien ne s'oppose à ce qu'ils ne prononcent qu'une amende de 5000 francs et même une bien moindre, tout en proclamant, en principe, que les capitaux prêtés s'élevaient à 60,000 francs et que par suite l'amende pouvait être élevée à 30,000 francs. C'est un devoir pour les tribunaux de tenir compte des circonstances atténuantes qui se présentent dans la cause ; et bien certainement ce serait quelque chose de favorable que la conviction que le prêteur ne possède qu'un capital de 10,000 francs. Les magistrats devraient, en outre, prendre en considération les bénéfices faits par le prêteur et le taux de l'intérêt exigé. Si toutes les circonstances étaient réunies pour rendre moins graves les torts du prévenu, il n'y aurait certes pas à redouter de la justice une condamnation à une amende de 30,000 francs contre un prêteur qui, en réalité, ne posséderait qu'un capital de 10,000 francs ; mais, si l'on veut pousser les choses jusqu'aux dernières limites du possible, je ne balance pas à dire que, si une semblable décision intervenait, elle serait inattaquable en droit ; les juges n'auraient fait que ce qu'ils pouvaient faire, sans violer la loi ; et si le jugement émanait d'un tribunal d'appel, il n'y aurait aucune chance d'en obtenir la cassation de la Cour suprême.

Doit-il en être de même lorsque le capital est resté dans les mêmes mains ?

Supposons 1,000 francs prêtés à Pierre pour un an, 1,000 à Jean, 1,000 à Jacques et 1,000 à Charles.

Au bout de l'année les quatre dettes sont devenues exigibles, mais le créancier convient avec ses débiteurs de leur laisser encore la somme prêtée, pour une année. Cette convention est ou verbale ou constatée par écrit ; les nouveaux intérêts usuraires sont ou payés comptant, ou stipulés dans la convention, ou bien ils sont réunis au capital premier pour en former un nouveau, peu importe : ces circonstances accessoires du fait principal sont sans influence pour la décision de la question, qui est celle de savoir si, le prêteur étant convaincu de se livrer habituellement à l'usure, on devra, pour déterminer le maximum de l'amende, décider qu'il n'y a eu que quatre fois un capital de 1,000 francs prêté à usure, ou bien si, à raison des renouvellemens, on pourra admettre qu'il y a eu huit prêts de 1,000 francs formant la somme de 8,000 francs ?

Pour soutenir ce dernier système, on dit que ce sont de nouveaux prêts qui ont été faits à l'échéance de la première année, puisqu'il y a eu nouvelles conventions, actes nouveaux, nouvelles stipulations ou perceptions d'intérêts usuraires ; qu'ainsi ce sont de nouveaux faits venus à la suite des premiers, qui étaient tout à fait consommés et dont la responsabilité était encourue par le prêteur. On peut ajouter que ces renouvellemens ne sont pas une conséquence nécessaire des premiers prêts, et, puisque les mêmes sommes de 1,000 fr., si elles avaient été prêtées à d'autres personnes, constitueraient, malgré leur identité bien démontrée, de nouveaux capitaux, que la circonstance qu'elles sont prêtées de nouveau aux mêmes individus ne peut point avoir pour effet d'amener une solution différente et de rendre permis des renouvellemens qui ne sont dans l'une et l'autre espèce que de nouveaux prêts faits à usure.

Je conçois toute la force de ce raisonnement ; mais il conduit à une sévérité que ne me paraît pas commander une saine interprétation de la loi du 3 septembre 1807. En effet, c'est sur les capitaux prêtés à usure que l'amende doit être calculée. Or, réellement, dans l'hypothèse, il n'y a eu que quatre espèces de capitaux prêtés. Si, le terme du paiement arrivé, on en a fixé un nouveau, cela ne peut pas faire que ce ne soit pas toujours le même capital. Un seul capital a été prêté, un seul capital reste prêté. Un seul capital est sorti des mains du prêteur, un seul capital est arrivé dans celles de l'emprunteur. Ce même capital n'est pas même rentré dans les mains du prêteur pour retourner dans celles du débiteur, ce premier capital prêté est resté prêté le jour de l'exigibilité comme il l'était la veille. Quant au capital, les choses sont restées entières et n'ont subi aucune modification par l'arrivée du terme. Si le prêteur, en exécution de la convention, s'était fait rembourser, un seul capital aurait été prêté ; comment le délai accordé au débiteur pourrait-il avoir pour effet de constituer un nouveau capital prêté ? Il faudrait donc aller jusqu'à dire que le délai même le plus bref accordé après l'échéance constitue un nouveau prêt. Cela n'est pas possible. On en conviendra, sans doute, mais on se bornera à soutenir qu'il n'y a nouveau prêt que lorsqu'il y a eu nouvelle convention. Il est difficile de bien comprendre que les conventions qui interviennent quant à l'époque du remboursement et quant aux intérêts, puissent constituer un nouveau prêt et par suite un nouveau capital pour la fixation de l'amende. Ces conventions ne font que régler les conditions du prêt, elles peuvent changer l'époque de l'exigibilité, élever ou diminuer le taux des intérêts, mais elles ne touchent en rien le capital. Elles continuent, elles perpétuent le premier prêt, mais elles ne sauraient constituer un prêt nouveau. Il en résulte seulement qu'au lieu d'être prêtés pour une année, les capitaux sont prêtés pour deux. La durée du prêt n'est pas un élément nécessaire d'aggravation, et si le prêteur à usure pouvait, sans craindre de voir élever la quotité des capitaux prêtés, stipuler dans le premier acte que les prêts étaient faits pour deux ans ou un terme plus éloigné, comment serait-il plus répréhensible pour être arrivé au même résultat par deux conventions successives? Dans l'un comme dans l'autre cas, les capitaux sont restés les mêmes. Dans l'un comme dans l'autre cas, il est constant que les capitaux prêtés forment la somme de 4,000 francs et non celle de 8,000; et lorsque la loi veut que les capitaux prêtés servent de base à l'amende, peut-il être permis de fermer les yeux à l'évidence et de se retrancher dans des fictions pour, à l'aide de certaines circonstances et de raisonnemens plus ou moins solides, être amené à décider que les prêts de 4,000 francs constituent des capitaux de 8,000 ou même de 12 ou de 16,000, selon le nombre de prolongations accordées au débiteur. On arrive ainsi à consacrer qu'un prêteur qui ne possède que 4,000 francs, en a cependant prêté 20,000.

Que l'on arrive à ce résultat dans le cas où il y a doute sur l'identité du capital, comme, par exemple, lorsque les capitaux ont successivement changé de mains, je le conçois ; la difficulté de préciser les capitaux dont le prêteur a disposé, comme le texte formel de la loi, font aux tribunaux l'obligation de voir autant de capitaux que de prêts. Je comprends même que si le créancier avait reçu son capital à l'échéance, et qu'après un intervalle plus ou moins long il eût fait un nouveau prêt de la même somme, ou de toute autre, à plus forte raison, on doive voir, dans ce cas, deux prêts et deux capitaux. Le premier prêt a été consommé, il a été remboursé, et c'est un second prêt qui a eu lieu ; les conventions nouvelles qui interviennent ne sont pas faites pour régler le sort d'un premier prêt, l'exécution d'une première convention dont il n'est plus question, mais elles règlent les conditions d'un second prêt. C'est donc réellement, sinon matériellement, un second capital qui est prêté, et je comprends que le second capital doive être compté pour la détermination du maximum de l'amende : la loi le veut. Mais lorsqu'il est constant qu'il n'y a eu que quatre capitaux réellement prêtés, quatre capitaux restés aux mains des débiteurs sans rentrer dans celles du prêteur, ces capitaux ne peuvent se multiplier par les renouvellemens ; la loi ne le veut pas, son esprit comme son texte y répugnent, et la raison résiste au prestige d'une dialectique qui ne conduit qu'à mentir à l'évidence.

Lorsque je déduisais ainsi les motifs d'une conviction profonde, je ne connaissais pas les arrêts de la Cour de Cassation, qui décident la question dans un sens contraire à mon opinion. Je les ai depuis consultés, et j'avoue que je ne me suis pas du tout senti disposé à changer d'avis.

Voici le premier arrêt, rendu le 3 juin 1826, rapporté dans Dalloz, tome 26, partie 1re, page 374.

« Sur le troisième moyen, pris d'un excès
» de pouvoirs et de la violation de l'article 4
» de la loi du 3 septembre 1807, en ce que
» l'arrêt aurait fait entrer, dans la supputa-
» tion des capitaux prêtés à usure, des sommes
» provenant de *simples renouvellemens tacites*
» *d'anciens* prêts dont les termes auraient été
» seulement *prorogés*, et aurait, par suite de
» cette supputation exagérée, prononcé une

» amende plus forte que la moitié des sommes
» réellement prêtées à usure ; — attendu que
» la Cour royale de Nismes, après avoir re-
» connu que, dans la supputation des sommes
» prêtées à usure, ne devaient point entrer
» les sommes retenues sur l'escompte de cer-
» tains effets de commerce, ni le montant des
» cessions à pacte de rachat, reconnut en même
» tems que, dans la supputation des sommes
» réellement prêtées à usure, devaient entrer
» les sommes provenant de renouvellemens
» de prêts faits à usure, lorsque, par suite de
» ces renouvellemens, il y aurait eu nouvelles
» conventions usuraires et nouvelle réception
» d'intérêts excédant le taux légal ; que,
» quoique l'obligation usuraire primitive re-
» montât à une époque antérieure à la loi du
» 3 septembre 1807, il y aurait *délit* toutes les
» fois que, postérieurement à cette loi et après
» l'échéance du terme stipulé, il y avait eu
» *perceptions d'intérêts* usuraires, parce que,
» dans ce cas, il y a eu *toutes les fois conven-*
» *tions et perceptions nouvelles d'intérêts usu-*
» *raires ;* — attendu que cette décision n'est
» nullement contraire aux principes de la

» matière ; qu'en effet, après l'échéance des
» termes d'un premier prêt usuraire, le prê-
» teur reprend la disponibilité de ses fonds,
» qu'il est le maître de les prêter de nouveau,
» soit aux mêmes emprunteurs, soit à d'au-
» tres : et que, quoique par une *nouvelle*
» *convention*, il laisse aux mêmes emprun-
» teurs les sommes antérieurement prêtées à
» usure, il n'existe pas moins un *prêt nouveau*,
» lequel, étant fait à *usure*, à quelques indivi-
» dus que ce soit, forme une convention
» usuraire ; — attendu, d'ailleurs, que, dans
» l'espèce particulière, la Cour de Nismes,
» après avoir apprécié elle-même les différens
» prêts usuraires imputés à Pierre Mas, a dé-
» claré en fait que les sommes réellement
» prêtées à usure par Pierre Mas se portaient
» à 141,955 francs, et que l'arrêt ayant expres-
» sément reconnu que les prêts usuraires faits
» par Pierre Mas à soixante et onze différens
» individus dénommés dans cet arrêt, lequel
» contient également le détail des sommes
» prêtées à chacun d'eux, et le taux des inté-
» rêts auxquels elles ont été prêtées, doit
» faire foi relativement à la supputation de

» ces sommes ; — attendu que les sommes
» prêtées à usure par Pierre Mas ayant été
» fixées à 141,955 fr., l'amende encourue par
» Pierre Mas aurait pu être portée à 70,900
» francs pour la moitié de cette somme, tandis
» qu'elle n'a été portée qu'à 31,500 francs, et
» que conséquemment cette amende est loin
» d'avoir été exagérée, eu égard à la masse des
» capitaux réellement prêtés à usure ; que,
» dès lors, il n'y a eu, dans l'arrêt attaqué, ni
» erreur ou exagération de principes, ni excès
» de pouvoirs, ni violation de l'article 4 de
» la loi du 3 septembre 1807, ni d'aucune
» autre loi de la matière ;—rejette. »

La question se représenta devant la Cour royale de Paris, qui, par arrêt du 2 février 1837, la résolut dans le même sens que la Cour de Cassation.

En fait, en condamnant le sieur Lesage-Dollu comme coupable du délit d'habitude d'usure, la Cour fixa à 32,915 francs 50 centimes les capitaux sur lesquels portaient les conventions usuraires, et, par suite, prononça une amende de 12,000 francs.

Cet arrêt constate en fait que Lesage-Dollu

avait fait à différentes personnes divers prêts usuraires, suivis pour la plupart, aux diverses échéances consécutives, de *un, deux et souvent trois renouvellemens usuraires*; en droit il décide que tous ces renouvellemens devaient compter pour la fixation de l'amende comme autant de capitaux prêtés. C'est ainsi que le chiffre de 32,915 francs a été atteint.

Voici les termes de cet arrêt :

« En ce qui touche le chef d'habitude d'usure;
» — considérant qu'il résulte de l'instruction
» et des débats que Lesage-Dollu a prêté aux
» diverses personnes ci-après désignées, à un
» taux qui, sans être inférieur à douze pour
» cent, s'est élevé à plus de quarante pour
» cent; que ces opérations successives ont
» commencé il y a plus de dix ans, et se sont
» continuées chaque année jusqu'en 1835; que
» ces prêts, successivement faits à un intérêt
» supérieur au taux légal, constituent le délit
» d'habitude d'usure, défini et puni par l'ar-
» ticle 4 de la loi du 3 septembre 1807; con-
» sidérant que l'instruction et le débat justi-
» fient l'existence de prêts à un taux supérieur
» au taux légal, à l'égard des dénommés ci-

» après ; que, pour déterminer la quotité des
» sommes à eux prêtées usurairement, on doit
» comprendre non-seulement celles originai-
» rement prêtées, mais encore celles qui ont
» fait l'objet des opérations continuées par re-
» nouvellement ; qu'en effet, des renouvelle-
» mens constituent les élémens légaux du
» délit d'usure, toutes les fois que, comme
» lors de ceux dont il s'agit, il y a eu, à
» l'échéance d'une première dette, une nou-
» velle convention de laisser à l'emprunteur
» le capital devenu disponible, moyennant la
» perception ou une nouvelle stipulation d'in-
» térêts usuraires ; qu'alors, en effet, il y a,
» en réalité, un nouveau prêt, non moins
» coupable que le premier; qu'ainsi, il est
» constant que Lesage-Dollu a prêté, avec
» stipulation d'intérêts exigés depuis douze
» jusqu'à quarante pour cent : 1° à Manans,
» 13,200 francs, savoir 6,600 francs en trois
» premiers prêts, et 6,600 francs en consen-
» tant des renouvellemens usuraires desdits
» premiers prêts ; 2° .... ; 3° .... ;

» Considérant qu'il suit de là, que la totalité
» des capitaux prêtés à usure par le prévenu

» s'élève à la somme de 32,915 francs 50 centimes ; — infirmant......... déclare Lesage-Dollu coupable du dit délit d'habitude d'usure ; fixe à la somme de 32,915 francs 50 centimes les capitaux sur lesquels ont porté ces conventions usuraires, et le condamne à 12,000 francs d'amende. »

Il y eut pourvoi en cassation.

Lesage-Dollu fit plaider qu'il y avait eu violation de la loi et fausse application de l'article 4 de la loi du 3 septembre 1807, en ce que l'amende n'aurait dû être calculée que sur le montant du capital prêté *réellement*.

Ce moyen fut plaidé, par Me Gatine, à l'audience du 25 mars 1837. M. l'avocat-général Parant conclut à la cassation.

Mais la Cour, après en avoir délibéré en la chambre du conseil, étant rentrée à l'audience, déclara qu'il y avait partage.

L'affaire fut de nouveau plaidée à l'audience du 31 mars 1837.

M. le procureur-général Dupin a conclu à la cassation.

« La question, a-t-il dit, est nettement » posée : il s'agit de savoir si l'amende doit

» être calculée sur le capital réellement prêté,
» ou sur le capital augmenté de chaque renou-
» vellement. Et d'abord il est constant, d'après
» la jurisprudence de la cour, que les renou-
» vellemens consentis successivement peuvent
» être considérés comme faits constitutifs du
» délit, et que l'habitude prévue et punie par la
» loi peut résulter des divers renouvellemens.

» Ainsi, sous ce premier rapport, l'arrêt
» attaqué a apprécié d'une manière parfaite-
» ment légale les faits qui lui étaient soumis.

» Mais ces renouvellemens peuvent-ils être
» pris pour base de l'amende? Telle est la
» question. »

M. le procureur-général Dupin soutient qu'il faut distinguer entre la convention nouvelle, le prêt nouveau et la somme réellement prêtée.

« Sans doute, le renouvellement peut avoir
» le caractère d'un prêt nouveau et d'une nou-
» velle convention, mais on n'y voit pas le
» déboursement d'un capital nouveau.

» Or, il faut remarquer que la loi n'a pris
» pour base de la fixation de l'amende que le
» capital *réellement* prêté, déboursé, sorti de la
» main du prêteur pour entrer dans celle de

» l'emprunteur, la certaine quantité qui a été
» prêtée et qui doit être rendue.

» Or, quel que soit le nombre des renouvel-
» lemens, si le capital *réellement* prêté est
» resté le même ; s'il a, comme l'arrêt attaqué
» le constate dans l'espèce, été *laissé* dans les
» mains de l'emprunteur, c'est donc ce capital
» seul qui devra servir de base. »

M. le procureur-général Dupin a terminé par faire remarquer à la Cour que, dans tous les cas, et alors même qu'il y aurait doute sur l'interprétation à donner à la loi de 1807, le doute devrait se résoudre dans le sens le plus favorable au condamné. « N'oubliez pas, Messieurs,
» a-t-il dit, que le système de l'arrêt attaqué
» ne repose que sur une fiction, celle qui tend
» à faire considérer les renouvellemens comme
» des prêts nouveaux. Or, en matière pénale
» surtout, il ne faut s'attacher aux fictions
» que lorsqu'elles sont écrites dans la loi. Mais
» la loi de 1807 est muette à cet égard ; elle ne
» dit pas que les renouvellemens doivent être
» considérés comme des prêts nouveaux, que
» ces renouvellemens serviront de base à la
» fixation de l'amende. Restons donc dans le

» texte et dans l'esprit de la loi. La Cour n'hé-
» sitera pas à prononcer la cassation de l'arrêt
» qui lui est soumis. »

La Cour de Cassation, après en avoir délibéré en la chambre du conseil, persistant dans sa jurisprudence, a rejeté le pourvoi.

Voici l'arrêt qui fut prononcé le 31 mars 1837 :

» En ce qui touche la seconde partie de la
» décision de la Cour contenant déclaration
» de partage ;

» Attendu qu'il est de principe général que
» toute peine doit être proportionnée à la gra-
» vité du fait auquel elle s'applique ;

» Attendu qu'en matière d'usure, la peine
» n'est autre qu'une amende ;

» Attendu que l'article 4 de la loi du 3 sep-
» tembre 1807, en limitant à un maximum qui
» ne peut excéder la moitié des capitaux prêtés
» à usure, la quotité de cette amende, n'a pas
» dérogé au principe ci-dessus rappelé, d'après
» lequel toute exploitation illégale des capi-
» taux, propre à établir l'habitude qui consti-
» tue le délit, entraîne par cela seul une peine
» proportionnée ;

» Attendu, en effet, que ce qui sert d'élément » au délit doit servir d'élément à la peine;

» Qu'il résulte de là que les renouvellemens » d'un même prêt entrent nécessairement » dans la supputation de l'amende, comme » ils concourent à caractériser le fait que cette » amende a pour objet de réprimer ;

» Qu'il en est de cette sorte d'actes comme » des prêts successivement faits de la même » somme à diverses personnes, puisqu'après » chaque renouvellement le prêteur reprend » la libre disposition de son capital; qu'il peut » à son gré, ou le laisser au même emprun- » teur, ou le prêter à d'autres, et que, dans » l'un comme dans l'autre cas, il forme un » contrat nouveau, qui, s'il est entaché » d'usure, présente le même caractère d'im- » moralité et de dommage ;

» Qu'ainsi, en décidant que dans le calcul » des capitaux prêtés à usure, il devait être » tenu compte du montant des renouvelle- » mens itératifs par suite desquels étaient » intervenues de nouvelles conventions usu- » raires et de nouvelles perceptions d'intérêt » excédant le taux légal, la Cour royale de

» Paris, loin de violer l'article 4 de la loi du » 3 septembre 1807, en a fait une juste appli- » cation; par ces motifs, et attendu au sur- » plus la régularité de la procédure, la Cour, » vidant le partage déclaré à l'audience du 25 » du présent mois, rejette le pourvoi et con- » damne le demandeur à l'amende. »

Un arrêt de la même Cour, rendu le 23 mars 1838, reproduit textuellement les termes de l'arrêt du 31 mars 1837.

Il me semble qu'on peut entreprendre de réfuter les motifs de ces arrêts.

Attendu qu'il est de principe général que toute peine doit être proportionnée à la gravité du fait auquel elle s'applique.

Je n'ai pas besoin de contrarier ce principe pour soutenir mon opinion. Si le fait s'aggrave de ce que le prêt a été renouvelé et de ce que de nouveaux intérêts usuraires ont été perçus ou stipulés, les juges profiteront de la grande latitude, qui est laissée par la loi, de proportionner la peine à la gravité du délit; mais il n'en pourra résulter l'existence de deux faits au lieu d'un, de deux capitaux prêtés au lieu d'un capital.

Attendu qu'en matière d'usure, la peine n'est autre qu'une amende.

Attendu que l'article 4 de la loi du 3 septembre **1807**, *en limitant à un maximum qui ne peut excéder la moitié des capitaux prêtés à usure, la quotité de cette amende, n'a pas dérogé au principe ci-dessus rappelé, d'après lequel toute exploitation illégale de ces capitaux, propre à établir l'habitude, qui constitue le délit, entraîne par cela seul une peine proportionnée.*

Je ne dis pas que l'article 4 de la loi du 3 septembre 1807 a dérogé au principe général ; je puis même admettre que toute exploitation illégale des capitaux doit entraîner une peine proportionnée ; mais je dis que c'est dans les limites prescrites ; et ce sont ces limites qu'il s'agit de déterminer. Jusqu'ici on n'a encore rien fait pour atteindre ce résultat.

Attendu, en effet, que ce qui sert d'élément au délit doit servir d'élément à la peine.

Je n'ai trouvé cette nécessité écrite nulle part, et je ne vois là qu'une considération d'aucune valeur pour la décision de la question. La loi, en exigeant l'habitude comme caractère essentiel du délit d'usure, n'a pas indiqué et déterminé les faits que les juges devraient réunir pour constituer l'habitude; elle s'en est rapportée à leur conscience, leur laissant la latitude la plus illimitée. Je conçois fort bien dès lors que des faits de renouvellement soient pour les magistrats des élémens de conviction ; ils n'ont pas ici à compter le nombre des capitaux prêtés, mais ils ont à examiner la conduite et les actes du prévenu pour décider s'il en ressort l'habitude de l'usure. Les tribunaux ne sont pas assujétis à énumérer exactement les prêts ; il leur suffit de déclarer qu'il en résulte l'habitude de l'usure, sans avoir même besoin de s'expliquer sur le taux des intérêts usuraires. Mais une fois le prévenu convaincu du délit d'habitude d'usure, un nouveau devoir incombe aux tribunaux, et pour le remplir ils doivent recourir à d'autres règles tracées par la loi. Ici, ils ne retrouvent plus la même latitude. La loi leur prescrit de ne pas excéder la moitié des capitaux prêtés à usure pour l'amende qu'ils doivent prononcer. C'est alors, mais seulement alors que commence l'obligation de déterminer quels sont les capitaux prêtés, afin d'avoir et de donner toute certitude que la limite n'a pas été franchie dans l'application de la peine. Jusque-là le nombre de ces capitaux était indifférent, l'habitude pouvait être déclarée sans examen à cet égard. De ce que tel renouvellement a pu être, a dû être pris en considération pour former la conviction du juge, en conclure que ce renouvellement doit être aussi un élément nécessaire pour la fixation de la peine, c'est poser un principe qui n'a pas de base ou plutôt qui me paraît en avoir une fausse; car, un renouvellement peut servir d'élément de conviction pour constituer l'habitude, quand même il ne serait pas un nouveau prêt, et bien certainement il ne peut être pris en considération pour la peine qu'autant qu'on lui reconnaîtrait ce caractère. Quand un renouvellement serait un nouveau prêt, ce que je veux bien admettre, quand il devrait servir à établir l'habitude, ce que je veux bien encore admettre, je n'en contesterais pas moins que ce nouveau prêt dût être compté pour la fixation du maximum de l'amende. En effet, il ne faut pas le perdre de vue, la loi ne dit pas : la moitié des *prêts* faits à usure, mais elle dit : la moitié des *capitaux prêtés* à usure. La question n'est donc pas de savoir combien de prêts ont été faits, mais combien de capitaux ont été prêtés. Un renouvellement de prêt pouvant avoir lieu sans qu'il y eût un second capital de prêté, il peut donc y avoir plus de renouvellemens, plus de prêts que de capitaux, et si tous les renouvellemens et les prêts doivent être pris en considération pour établir l'habitude, on ne doit plus tenir compte que des capitaux, lorsque, pour fixer l'amende, on récapitule les capitaux prêtés, afin de connaître le maximum que la loi défend d'excéder.

Il ne nous paraît donc pas exact de dire que ce qui sert d'élément au délit doit servir d'élément à la peine.

Qu'il résulte de là que les renouvellemens d'un même prêt entrent nécessairement dans la supputation de l'amende, comme ils concourent à caractériser le fait que cette amende a pour objet de réprimer.

C'est précisément la question qui ne se trouve pas plus résolue d'une manière satisfaisante par l'affirmation qu'elle ne le serait par une négation.

Qu'il en est de cette sorte d'actes comme des prêts successivement faits de la même somme à diverses personnes, puisqu'après chaque renouvellement, le prêteur reprend la libre disposition de son capital; qu'il peut à son gré ou le laisser au même emprunteur, ou le prêter à autrui, et que, dans l'un comme dans l'autre cas, il est formé un contrat nouveau, qui, s'il est entaché d'usure, présente le même caractère d'immoralité et de dommage.

= *Qu'il en est de cette sorte d'actes comme des prêts successivement faits de la même somme à diverses personnes ;....*

Il y a, à mon avis, une différence notable. Lorsque des prêts sont faits à diverses personnes, quoique la somme soit la même, rien ne prouve que c'est matériellement le même capital: ce sont autant de prêts, autant de capitaux prêtés ; au contraire, lorsqu'une seule somme a été prêtée à une seule personne et qu'à l'échéance le prêteur ne profite pas du droit qu'il a d'exiger son remboursement, il change bien le terme du paiement, mais le capital prêté reste ce qu'il était ; le renouvellement peut bien constituer un second prêt, mais il n'en résulte pas qu'un autre capital soit prêté : c'est toujours le même dont le remboursement est ajourné.

Puisqu'après chaque renouvellement le prêteur reprend la libre disposition de son capital, qu'il peut à son gré ou le laisser au même emprunteur, ou le prêter à autrui, et que, dans l'un comme dans l'autre cas, il est formé un contrat nouveau.

Cela est vrai ; mais, encore une fois, il ne s'ensuit pas qu'un capital prêté une fois se multiplie par les renouvellemens. Une telle théorie conduirait jusqu'à l'absurde dans la pratique. En effet, je suppose un individu possesseur d'une somme de 1000 francs ; il la prête à usure à dix pour cent par mois. Le mois expiré, l'emprunteur ne paie pas et le prêteur garde le silence ; une année se passe ainsi. Pourra-t-on venir dire au prêteur : A l'expiration du premier mois, vous avez repris la libre disposition de votre capital, vous avez consenti à le prêter de nouveau pour un autre mois ; vous avez agi de même à l'expiration du deuxième, du troisième, et ainsi de suite jusqu'à ce jour ; donc vous avez prêté douze fois à usure : c'est plus qu'il n'en faut pour constituer l'habitude. Vous avez prêté douze fois 1000 francs, donc la moitié des capitaux prêtés est de 6000 francs, et par suite une amende de 6000 francs peut être prononcée. C'est ainsi qu'on arriverait à pouvoir condamner à 6000 francs d'amende celui qui n'aurait réellement et matériellement prêté que 1000 francs, celui qui ne possèderait que cette somme de 1000 francs, et l'on arriverait à ce résultat par application d'une loi qui veut impérieusement que l'amende ne puisse jamais excéder la moitié des capitaux prêtés. Il est impossible de ne pas reculer devant une telle application. On démontrerait encore mieux combien cette théorie est inadmissible, si, au lieu de prendre pour exemple le prêt fait au mois, on le supposait fait à la semaine, et si, au lieu de s'arrêter à une année, on étendait jusqu'à deux ou trois la durée du tems pendant lequel le prêt a été continué par la volonté réciproque des parties.

Qui, s'il est entaché d'usure, présente le même caractère d'immoralité et de dommage.

Cela est encore vrai ; ce sera une considération dont les juges devront tenir compte pour l'application de la peine, mais cela ne peut pas faire qu'il y ait plus qu'un capital prêté à usure.

En résumé, la décision de la Cour suprême repose tout entière sur cette base unique: Les renouvellemens sont de nouveaux prêts, les nouveaux prêts sont autant de capitaux, donc il y a autant de capitaux que de renouvellemens.

Je ne puis me rendre à ce raisonnement. Que les renouvellemens soient assimilés à des prêts, je le comprends, quand il s'agit d'établir l'habitude; mais que l'on prenne des renouvellemens ou des prêts pour des capitaux nouveaux, lorsqu'il s'agit de fixer le nombre des capitaux prêtés, la raison comme l'équité s'y refusent. Lorsque la loi ordonne de compter matériellement les capitaux prêtés, on ne peut plus procéder par assimilation et venir, à l'aide du raisonnement, dire: Il y a eu plusieurs capitaux prêtés, quoiqu'il soit de la plus grande évidence qu'il n'y en a qu'un seul. La fiction doit faire place à la réalité, surtout lorsque c'est la réalité que l'esprit comme le texte de la loi appellent pour règle.

Il ne faut pas restreindre aux sommes d'argent l'application du mot *capitaux* qu'on trouve dans la disposition de l'article 4 de la loi du 3 septembre 1807. Quand le législateur se sert du mot *capitaux*, il entend comprendre non seulement les sommes d'argent, mais encore tout ce qui est dans le commerce. Si, par exemple, une rente avait été constituée en grains au-dessus du taux légal, il y aurait usure ; la rente devrait être réduite, et les arrérages excessifs qui auraient été payés devraient être restitués, ainsi que l'a jugé la Cour de Cassation par son arrêt du 31 mars 1813. Par suite, le capital de cette rente serait un capital prêté à usure, et l'on devrait le compter pour la fixation du maximum de l'amende.

Voici dans quelle espèce est intervenu cet arrêt qui est rapporté dans Denevers, volume 1813, partie 1re, page 227.

Le 26 octobre 1782, Crouzat constitue au profit de Rigaud une rente de six rases de froment, moyennant un capital de 180 francs ; le 19 avril 1785, il en constitue une autre de pareille quantité de grains, moyennant une somme de 300 francs.

Ces deux rentes ont été servies pendant plusieurs années ; mais les enfans du débiteur en ayant cessé le service pendant plus de deux ans, Rigaud les a traduits devant le tribunal de Gaillac, pour les faire condamner à lui en payer les arrérages et à lui en rembourser le capital.

Les enfans Crouzat ont soutenu qu'aux termes de l'édit du mois de novembre 1565, les contrats de rente dont il s'agit étaient nuls comme usuraires; qu'ainsi, bien loin de pouvoir exiger d'eux le paiement des arrérages, Rigaud devait, au contraire, leur restituer les annuités qu'il avait perçues, et qui s'élevaient à une somme de 352 francs; ou plutôt que cette somme devait se compenser avec les capitaux des rentes dont le paiement était demandé.

Le 3 avril 1811, jugement qui réduit à 23 francs la rente due à Rigaud, condamne les enfans Crouzat à lui payer cette somme pour la rente échue en 1806, et pareille somme pour chacune des années postérieures ; le même jugement déclare qu'il n'y a pas lieu d'ordonner la restitution des arrérages déjà payés ;

Attendu que la constitution de rente en denrées, faite à prix d'argent, n'est pas défendue ; que l'édit de 1565, invoqué par les deux parties, ainsi que la jurisprudence qui s'est formée sur son exécution, ne prononcent pas la nullité des actes de cette espèce, et donnent seulement au débiteur la faculté de faire réduire au taux légal de l'intérêt de l'argent, la rente à laquelle il s'était assujetti ;

Que les mineurs Crouzat n'ayant demandé cette réduction que lorsqu'ils ont été actionnés en justice pour le paiement des rentes échues, c'est le cas de ne faire porter cette réduction que sur les rentes à recouvrer, et que dès lors il n'y a pas lieu à ordonner la compensation avec le capital, de l'excédant de la valeur, année par année, des rentes déjà payées, moins encore la compensation des rentes entières depuis les actes de constitution, suivant cet adage adopté dans le ressort de l'ancien Parlement de Toulouse : *Usuræ solutæ non repetuntur.*

Pourvoi en cassation pour violation de l'édit du mois de novembre 1565, et de la loi 18, au code *de usuris*.

La première de ces lois porte : « Ordonnons

que toutes rentes constituées en blé, de quelque tems et à quelque prix que ce soit, seront réduites à prix d'argent, à raison du denier douze, tant pour les arrérages qui peuvent être dus que pour le paiement qui s'en fera à l'avenir, sans que les créanciers puissent demander autre chose, sous peine du quadruple, et d'être punis suivant la rigueur des ordonnances faites contre les usures et les usuriers.»

La loi 18, au code *de usuris*, décide que, si des intérêts usuraires sont payés non avant, mais après l'acquittement du capital, ils pourront être répétés.

Les intérêts et autres profits usuraires que l'emprunteur a promis n'étant pas dus, dit Pothier, non-seulement on ne peut lui en demander le paiement, mais lorsqu'il les a payés, le paiement qu'il en a fait s'impute sur le principal.

ARRÊT.

« LA COUR, — sur les conclusions de M. le » comte Merlin, procureur-général; — vu les » dispositions de l'édit du mois de novembre » 1565, et la loi 18, au code *de usuris*; — » attendu, 1° qu'il résulte de la première de

» ces deux lois, que toute rente constituée en
» grains doit être réduite au taux de l'intérêt
» légal, sur la demande du débiteur; qu'il n'im-
» porte à cet égard que cette demande ne soit
» formée qu'au moment même de l'action du
» créancier contre le débiteur, puisque, d'après
» la loi romaine, ci-dessus citée, qui régissait le
» territoire du ci-devant Parlement de Tou-
» louse, l'action en répétition d'intérêts usu-
» raires était accordée au débiteur, lors même
» qu'il ne les avait payés qu'après le rembour-
» sement du capital; — attendu, 2° que la
» maxime énoncée dans ce jugement, *usuræ*
» *solutæ non repetuntur*, laquelle est tirée de la
» loi 3, au code *de usuris*, n'est applicable qu'au
» cas d'intérêts qui ne dérivaient ni de la loi,
» ni de la stipulation, mais qui n'étaient point
» prohibés, et non point à celui où, comme
» dans l'espèce, la loi les déclare usuraires;
» d'où il résulte que ce jugement a non-seule-
» ment fait une fausse application de cette
» maxime, mais a, en outre, formellement
» contrevenu tant à l'édit de 1565 qu'à la loi
» romaine, ci-dessus citée, en refusant aux
» demandeurs l'imputation d'arrérages par

» eux réclamés sur les capitaux de rente dont
» il s'agissait ; — casse, etc. »

On remarquera que, dans l'espèce, il s'agissait d'une rente constituée antérieurement à la promulgation de la loi du 3 septembre 1807 ; mais la question n'en est pas moins formellement décidée par cet arrêt ; la loi du 3 septembre 1807 n'a introduit aucun privilége, aucune distinction en faveur des rentes constituées en grains.

Une autre question dont la gravité a longtems divisé les jurisconsultes, était celle de savoir si, pour déterminer l'amende, on pouvait, afin d'en fixer le maximum, admettre en ligne de compte les capitaux prêtés à usure à une époque antérieure de plus de trois ans à la poursuite en justice.

D'une part, on disait : Les faits qui ont plus de trois ans de date sont atteints par la prescription, et par conséquent devenus légalement irréprochables.

De l'autre, on répondait : Ce n'est pas le fait de prêter à usure qui constitue un délit, il n'en est qu'un élément. C'est de la réunion de plusieurs faits que résulte le délit d'habitude d'usure. Or, la prescription de ce délit ne peut point commencer à courir du jour de chaque fait particulier, mais bien du jour où le délit d'habitude a été caractérisé par la réunion de plusieurs faits. La prescription ne peut donc être acquise en matière d'usure qu'autant qu'il s'est écoulé trois années sans nouveau prêt usuraire qu'on puisse rattacher aux faits anciens pour établir le délit d'habitude.

La jurisprudence est fixée maintenant sur cette question d'une manière si formelle et si constante, qu'il n'est plus permis de différer d'opinion.

On peut citer d'abord un arrêt rendu par la Cour de Cassation le 15 juin 1811.

Puis un autre rendu par la même Cour, le 4 août 1820, rapporté dans Denevers, volume 1820, partie première, page 527. Ce dernier arrêt est ainsi motivé :

« Attendu, *sur le second moyen*, que les faits » particuliers d'usure ne constituent pas un » délit; qu'à ces faits particuliers ne pou- » vaient donc être appliqués les articles 637 » et 638 du code d'instruction criminelle sur

» la prescription des délits; que le délit » d'habitude d'usure, qui était l'objet des » poursuites, se composait de faits particu- » liers et élémentaires de prêts usuraires; » que ce délit n'aurait donc pu être prescrit » qu'autant qu'il n'eût pas été justifié de prêts » usuraires pendant les trois années anté- » rieures aux poursuites; que le jugement » attaqué rapporte un grand nombre de prêts » usuraires que le demandeur est déclaré » convaincu d'avoir fait dans les trois ans qui » ont précédé les poursuites; que ces faits » auraient pu être déclarés constituer par » eux-mêmes le délit d'habitude d'usure; » qu'ils ont pu être régulièrement rapprochés » des faits antérieurs à ces trois ans, mais » postérieurs à la loi du 3 septembre 1807; » que, par ce rapprochement et cette réunion, » le délit déjà prouvé par les prêts usuraires » faits dans les trois ans, a acquis seulement » un plus grand degré de gravité, et que, sous » tous les rapports, il a été reconnu sur des » bases légales. »

La Cour de Cassation a résolu la question dans le même sens par un autre arrêt rendu le 29 mai 1824.

Parmi un grand nombre de prêts faits à usure, plusieurs avaient plus de trois ans de date; le tribunal avait refusé de les admettre pour l'évaluation de l'amende, parce qu'ils étaient antérieurs de plus de trois ans aux poursuites. Il y eut pourvoi en cassation, et il intervint un arrêt ainsi motivé :

« Attendu que du texte de l'article 4 de la » loi du 3 septembre 1807, il résulte 1° que » le délit d'habitude d'usure se compose de » faits successifs; 2° que dans ce délit sont » nécessairement compris comme élémens » constitutifs de l'habitude d'usure, tous les » faits de prêts usuraires imputés au prévenu; » 3° que, par conséquent, tous les capitaux » prêtés à usure doivent être pris en considé- » ration pour l'évaluation de l'amende, dès » lors que la loi n'autorise pas à retrancher » ceux qui l'auraient été à une époque anté- » rieure de plus de trois ans à la poursuite en » justice. »

La Cour de Cassation a persisté dans sa jurisprudence; on peut s'en convaincre en consultant deux autres arrêts rendus les 23 juillet et 24 décembre 1825.

Il faut donc tenir pour constant que l'on doit compter pour l'évaluation de l'amende tous les capitaux prêtés, n'importe à quelle époque, lorsque les faits anciens se trouvent rattachés et réunis à des faits nouveaux pour constituer le délit d'habitude d'usure.

Il ne faudrait pas les compter, si, à raison du laps de tems écoulé, des faits anciens ne pouvaient point être invoqués pour constituer l'habitude, ou se trouvaient couverts comme élémens d'un premier délit d'habitude éteint par la prescription. Par exemple, si, après avoir fait un grand nombre de prêts à usure, un individu n'est cependant pas poursuivi et reste ensuite pendant vingt ans sans faire aucun prêt, certainement le laps de vingt ans écoulé sans qu'il ait ajouté un élément nouveau aux anciens prêts lui permettra d'invoquer la prescription, s'il venait à être poursuivi sans que par un nouveau fait il eût fait revivre les anciens. Dans cette hypothèse, pas de doute que le délit soit prescrit. Mais supposons qu'après vingt ans écoulés sans qu'il y ait de nouveaux prêts, le prévenu se soit de nouveau livré à l'usure, et que, convaincu de ce délit, il s'agisse de lui appliquer la peine voulue par la loi du 3 septembre 1807; pourra-t-on dans ce cas venir compter les capitaux prêtés anciennement et les réunir aux capitaux prêtés nouvellement, quoique vingt ans séparent les dates de ces deux catégories de prêts ? Je ne le crois pas. Lorsque des prêts ont lieu successivement, ce sont des élémens qui viennent constituer l'habitude, ce sont des faits qui viennent former le faisceau déjà plus ou moins complet. Ces faits, en ajoutant ainsi des élémens nouveaux plus ou moins nécessaires à la formation du délit, empêchent qu'il soit définitivement caractérisé, et s'opposent par conséquent à ce que la prescription qu'ils interrompent successivement, puisse prendre son point de départ. Mais lorsque, par un tems très-long écoulé sans fait nouveau, la prescription a non-seulement commencé à courir, mais encore a atteint le terme exigé pour qu'elle soit acquise, comment des faits nouveaux pourraient-ils faire revivre des faits éteints ? Comment un nouveau délit pourrait-il ressusciter un délit éteint par la prescription ? Vouloir qu'il en soit ainsi, c'est décider que la prescription est impossible en matière d'usure, puisque le prêteur, par un nouveau fait plus ou moins éloigné, ferait toujours revivre les anciens. Je conçois cette doctrine, quand les faits se succèdent; mais quand, par un intervalle d'au moins trois années sans nouveau prêt, le défaut de poursuite a procuré le bénéfice de la prescription, le délit est éteint, il est éteint irrévocablement, et des faits postérieurs ne peuvent le faire revivre.

Si, après la prescription acquise, le prêteur se livre de nouveau à l'usure, et qu'il soit convaincu de ce délit, mon avis est qu'on doit compter tous les capitaux prêtés depuis la prescription, mais qu'on ne peut pas, pour l'évaluation de l'amende, venir mettre en ligne ceux qui, vingt ans auparavant, ont été les élémens d'un délit qui n'existe plus, puisqu'il est prescrit.

On s'est demandé si des faits usuraires antérieurs à une première condamnation pour délit d'habitude d'usure, pouvaient être l'objet d'une nouvelle poursuite lorsqu'ils n'avaient pas été compris dans la première.

Cette question a été soumise au tribunal

de police correctionnelle de Chaumont, qui paraît l'avoir décidée affirmativement.

Le jugement fut confirmé par un arrêt de la Cour Royale de Dijon rendu le 24 mai 1826.

Il y eut pourvoi en Cassation, et l'arrêt qui intervint le 5 août 1826 est ainsi motivé :

« La Cour,

» Sur le premier moyen pris de la violation » de la maxime *non bis in idem*, en ce que les » faits d'usure pour lesquels Martin a été » condamné avaient déjà donné lieu contre » lui à une condamnation à l'amende en 1816;

» Attendu que le jugement du tribunal de » Chaumont du 21 mars et l'arrêt de la Cour » Royale de Dijon du 24 mai qui, en adoptant » les motifs des premiers juges, a confirmé » ledit jugement, ont déclaré formellement que » les faits usuraires qui avaient servi de base » à la condamnation de Martin étaient des » faits *nouveaux*, lesquels n'étaient point con- » nus lors du premier jugement et lui étaient » même étrangers, et que Martin n'a donné » aucune preuve contraire. »

Que les faits n'aient point été connus ou l'aient été lors du premier jugement, cette circonstance de fait est sans portée pour la décision de la question de droit.

La Cour de Dijon a formellement déclaré que les faits étaient *nouveaux*. Si par *nouveaux* on veut dire qu'ils sont *postérieurs* à la première condamnation, la question disparaît alors de l'espèce; mais si par *nouveaux* on entend qu'ils sont étrangers à la première condamnation, c'est motiver la décision sur la difficulté qui nous occupe. Laissons au surplus à la Cour de Cassation le soin de réfuter elle-même sa première décision.

La question fut représentée en 1836, et voici les motifs de l'arrêt qu'elle a rendu le 25 août 1836 :

« Attendu, en droit, qu'une condamnation
» pour délit d'habitude d'usure réprime
» nécessairement tous les faits antérieurs qui
» pouvaient constituer cette habitude, et dès
» lors ceux même qui n'auraient pas été
» compris distinctement dans le jugement qui
» l'a punie ;

» Que l'amende attachée par la loi à ce délit
» ne doit être réglée qu'à raison des faits qui
» sont déclarés le caractériser de nouveau ;

» D'où il suit qu'en le décidant ainsi, dans » l'espèce, et en écartant de la fixation de la » peine par lui prononcée les faits antérieurs » à la précédente condamnation, l'arrêt » dénoncé n'a commis aucune violation de » l'article 4 de la loi du 3 septembre 1807 ;

» La Cour rejette le pourvoi. »

Une chose remarquable, c'est que l'arrêt maintenu avait encore été rendu par la Cour Royale de Dijon, qui avait ainsi abandonné spontanément sa première opinion sur l'interprétation de l'article 4 de la loi du 3 septembre 1807.

Cet arrêt de la Cour de Dijon a pour date le 13 juillet 1836.

La Cour de Cassation, par son dernier arrêt, nous paraît avoir consacré les véritables principes.

Il en résulte clairement que les capitaux prêtés depuis une première condamnation peuvent seuls être comptés pour l'évaluation de l'amende, lorsqu'il s'agit de prononcer une condamnation pour un second délit. Tous les faits antérieurs à la première condamnation sont purgés et anéantis par la première peine.

N'est-il pas exact de dire que, par analogie, il en résulte également que les faits constitutifs d'un délit prescrit sont aussi purgés par la prescription, et qu'ils ne peuvent pas davantage être pris en considération lorsqu'il s'agit de déterminer les capitaux comme base du maximum de l'amende à appliquer pour un second délit constitué par des faits nouveaux? Il y a identité de raisons, et je crois que l'on peut tirer argument de la décision de la Cour de Cassation pour appuyer de plus en plus l'opinion émise au commencement de ces observations, et qui consiste à soutenir que par le laps de trois ans écoulés sans nouveau prêt le prévenu met une barrière insurmontable entre les prêts anciens et les nouveaux, et que si, à raison de ces derniers, il doit subir une condamnation, on doit écarter les capitaux des premiers prêts pour la fixation du maximum de l'amende.

Il reste une observation à faire, dans ce paragraphe, sur la partie de l'article 4 de la loi du 3 septembre 1807 que nous examinons.

Nous avons reconnu que, pour établir l'habitude, le ministère public pouvait appeler les témoins de divers arrondissemens, afin de rassembler les élémens du délit. Il n'est pas moins incontestable que tous les capitaux prêtés à des individus domiciliés hors de l'arrondissement du tribunal appelé à connaître de l'action du ministère public, doivent être comptés et admis à former le total sur lequel le maximum de l'amende doit être déterminé.

= S'IL RÉSULTE DE LA PROCÉDURE QU'IL Y A EU ESCROQUERIE DE LA PART DU PRÊTEUR, IL SERA CONDAMNÉ, OUTRE L'AMENDE CI-DESSUS, A UN EMPRISONNEMENT QUI NE POURRA EXCÉDER DEUX ANS.

Le législateur n'a pas défini ce qu'on devait entendre par escroquerie.

Quand y a-t-il eu escroquerie ?

L'article 405 du code pénal est ainsi conçu :

« Quiconque, soit en faisant usage de faux
» noms ou de fausses qualités, soit en em-
» ployant des manœuvres frauduleuses pour
» persuader l'existence de fausses entreprises,
» d'un pouvoir ou d'un crédit imaginaire, ou
» pour faire naître l'espérance ou la crainte

» d'un succès, d'un accident ou de tout autre
» événement chimérique, se sera fait remettre
» ou délivrer des fonds, des meubles ou des
» obligations, dispositions, billets, promesses,
» quittances ou décharges, et aura, par un de
» ces moyens, escroqué ou tenté d'escroquer
» la totalité ou partie de la fortune d'autrui,
» sera puni d'un emprisonnement d'un an au
» moins et de cinq ans au plus, et d'une amende
» de 50 francs au moins et de 3,000 au plus.

» Le coupable pourra être, en outre, à
» compter du jour où il aura subi sa peine,
» interdit, pendant cinq ans au moins, et dix
» ans au plus, des droits mentionnés en l'ar-
» ticle 42 du présent code; le tout, sauf
» les peines plus graves, s'il y a crime de
» faux. »

Mais le code pénal n'a été promulgué qu'en 1810, et l'on s'est demandé par suite s'il était possible d'aller chercher dans l'article 405 de ce code la définition du mot escroquerie contenu dans l'article 4 de la loi du 3 septembre 1807, antérieure de trois ans au code pénal. C'est là une question trop grave et trop importante pour ne pas nous y arrêter.

Elle s'est présentée à la Cour de Cassation, et voici en quels termes elle a été résolue par un arrêt du 5 août 1826 :

« Sur le troisième moyen de cassation, pris
» de la violation particulière de l'article 4 de
» la loi du 3 septembre 1807, combiné avec
» l'article 35 de la loi du 22 juillet 1791 et
» l'article 405 du code pénal de 1810, l'escro-
» querie imputée à Martin ne présentait point
» les caractères déterminés par ces articles :

» Attendu que la seule loi vivante sur l'es-
» croquerie, à l'époque de la promulgation de
» la loi du 3 septembre 1807, était celle du 22
» juillet 1791, qui, par son article 35, définit
» et punit l'escroquerie ; que le code pénal de
» 1810 n'ayant point encore paru à cette épo-
» que, ce n'est point dans l'article 405 de ce
» dernier code, mais bien dans l'artiele 35 de
» celui de 1791 qu'il faut chercher la défini-
» tion et les caractères de l'escroquerie dont
» s'agit ; d'où il suit que, relativement aux
» élémens constitutifs de l'escroquerie que la
» loi de 1807 punit de deux années d'empri-
» sonnement, on ne peut appliquer que la loi
» de 1791 ;

» Et attendu en fait, qu'il résulte de l'arrêt
» attaqué et du jugement confirmé par cet
» arrêt que, d'après les faits constatés, Martin
» a abusé, par dol et fraude, de la *crédulité* des
» personnes avec lesquelles il contractait ;
» qu'il les a trompées sur la nature et sur les
» effets de leurs conventions, et qu'il s'est
» approprié de la sorte la totalité ou partie de
» leur fortune, ce qui constitue les élémens du
» délit d'escroquerie déterminés par l'article
» 35 de la loi de 1791 ; qu'il a été également
» fait une juste application dudit article, ainsi
» que de l'article 4 de la loi du 3 septembre
» 1807, relativement à l'escroquerie; que, d'un
» autre côté, cette dernière loi de 1807 a été
» justement appliquée quant à l'amende en-
» courue.

» Par ces motifs, la Cour rejette, etc. »

Un autre arrêt rendu aussi par la Cour de Cassation, le 14 juillet 1827, décide encore que l'escroquerie prévue et punie par l'article 4 de la loi du 3 septembre 1807 est celle que définit l'article 35 du titre 2 de la loi du 22 juillet 1791, et non celle dont parle l'article 405 du code pénal. Cet arrêt est ainsi motivé :

« Attendu, sur le deuxième moyen, que
» l'article 4 de la loi du 3 septembre 1807
» punit d'une peine d'emprisonnement le
» délit d'escroquerie joint au délit d'habitude
» d'usure ; que l'escroquerie dont parle cet
» article est nécessairement celle dont les
» caractères sont définis par l'article 35 de la
» loi du 22 juillet 1791, alors en vigueur ; que
» le tribunal de Nogent-le-Rotrou, ayant faus-
» sement appliqué l'article 405 du code pénal,
» qui n'a été promulgué qu'en 1810, dans la
» condamnation par lui prononcée contre de
» Saint Nicolas, le tribunal de Chartres,
» encore bien qu'il n'y eût pas d'appel de la
» part du ministère public, a régulièrement
» rectifié cette erreur des premiers juges,
» puisque cette rectification ne porte que sur
» la citation du texte de la loi. »

C'est donc la loi du 22 juillet 1791, et non le code pénal, qu'il faut consulter pour reconnaître s'il y a eu escroquerie connexe au délit d'habitude d'usure, et par suite s'il y a lieu à faire l'application du dernier paragraphe de l'article 4 de la loi du 3 septembre 1807.

L'article 35 de la loi du 22 juillet 1791 est ainsi conçu :

« Ceux qui, par dol ou à l'aide de faux » noms ou de fausses entreprises, ou d'un » crédit imaginaire, ou d'espérances et de » craintes chimériques, auraient abusé de la » crédulité de quelques personnes, et escro- » qué la totalité ou partie de leur fortune, » seront poursuivis devant les tribunaux de » district ; et si l'escroquerie est prouvée, le » tribunal de district, après avoir prononcé » les restitutions et dommages-intérêts, est » autorisé à condamner par voie de police » correctionnelle à une amende qui ne pourra » excéder 5000 livres, et à un emprisonne- » ment qui ne pourra excéder deux ans. En » cas d'appel, le condamné gardera prison, » à moins que les juges ne trouvent conve- » nable de le mettre en liberté, sur une cau- » tion triple de l'amende et des dommages et » intérêts prononcés. En cas de récidive, la » peine sera double. — Tous les jugemens de » condamnation à la suite des délits mention- » nés au présent article seront imprimés et » affichés. »

Il est facile de remarquer les différences qui existent entre ces deux lois. Il n'entre pas dans notre plan de les faire ressortir ; il nous suffit d'avoir démontré que c'est l'article 35 de la loi du 22 juillet 1791, qui caractérise le délit d'escroquerie connexe à l'usure dont parle la loi du 3 septembre 1807.

C'est donc par cet article 35 de la loi du 22 juillet 1791 que doit être décidée la question de savoir si en droit il y a escroquerie.

Quant à l'appréciation des faits qui servent d'élémens au délit d'escroquerie, elle est entièrement abandonnée à la conscience des magistrats; c'est à eux de juger si la loi de 1791 est applicable aux faits tenus pour constans. Une fois qu'ils ont décidé que les faits caractérisent le délit, le défaut d'énonciation de ces faits dans le jugement ne peut point être invoqué comme un moyen de cassation.

Cette doctrine a été consacrée par un arrêt de la Cour de Cassation, rendu le 9 septembre 1826, et ainsi motivé:

Sur le premier moyen de cassation, pris de la violation de l'article 405 du code pénal :

« Attendu qu'il a été reconnu, en fait, par

» les juges de première instance et d'appel,
» que la veuve Gauthier ayant présenté à la
» femme Lahayes un billet de 525 francs pour
» en opérer l'escompte, ladite femme Lahayes
» se fit remettre ledit billet sans en compter
» les fonds ; que, pour obtenir cette remise,
» elle employa des manœuvres frauduleuses
» pour persuader l'existence d'un crédit ima-
» ginaire, et que, par ces moyens, elle escro-
» qua tout ou partie de la fortune d'autrui ;

» Attendu que cette déclaration, en fait,
» rentre évidemment dans les caractères de
» l'escroquerie, tracés par l'article 405 du
» code pénal, et que les manœuvres dont parle
» cet article n'ayant été ni définies, ni pré-
» cisées par le législateur, leur appréciation
» est subordonnée à la conscience des juges,
» qui seuls peuvent déduire des faits résultans
» de l'instruction les considérations morales
» et les conséquences qui doivent constituer
» le délit ;

» Attendu que le défaut d'énonciation ou
» d'articulation des faits, desquels les juges
» ont induit l'existence du délit, ne peut point
» être invoqué comme moyen de cassation,

» puisque la loi n'a point déterminé les
» élémens constitutifs des manœuvres frau-
» duleuses qui constituent le délit d'escro-
» querie. »

Il paraît que, dans l'espèce, il avait été fait application de l'article 405 du code pénal, et non de l'article 35 de la loi du 22 juillet 1791; il ne faut pas pour cela en conclure que la Cour de Cassation s'est mise en contradiction avec son arrêt du 5 août 1826; d'abord elle n'a pas décidé dans le second arrêt la question formellement tranchée par le premier, et puis ensuite il faut remarquer que les deux lois sont toutes deux susceptibles d'être appliquées selon les faits et les circonstances de la cause.

Ainsi si le délit d'escroquerie connexe au délit d'usure habituelle est caractérisé d'après l'article 405, rien ne s'oppose à ce qu'un délit prévu et puni par le code pénal ne soit réprimé par l'article 405. Mais si le délit d'escroquerie n'existe pas d'après les termes de l'article 405, il faut alors examiner si, comme fait connexe de l'usure, il ne peut pas être atteint par les dispositions combinées et réunies des articles 4 de la loi du 3 septembre

1807, et 35 de la loi du 22 juillet 1791. Si l'escroquerie existe, elle doit être réprimée conformément à ces lois, parce qu'indépendamment de l'article 405 du code pénal, le législateur a voulu punir le fait d'escroquerie joint au délit d'usure.

Dans l'un comme dans l'autre cas, c'est-à-dire lorsqu'il y a usure habituelle et escroquerie, soit d'après l'article 405 du code pénal, soit d'après l'article 35 de la loi du 22 juillet 1791, les tribunaux doivent toujours prononcer cumulativement la peine qui revient au délit d'habitude d'usure et au fait d'escroquerie.

Il est bien entendu du reste qu'il faut, pour que l'escroquerie soit punissable, qu'elle rentre dans l'application de l'article 35 de la loi du 22 juillet 1791, ou dans celle de l'article 405 du code pénal. C'est ce qu'a jugé la Cour de Cassation, par ses arrêts des 2 août 1811, 4 janvier, 7 février et 27 novembre 1812.

Tel était l'état de la jurisprudence. On voit que s'il était possible d'expliquer les arrêts de manière à ce que l'on ne pût pas dire qu'ils contenaient des décisions diamétralement opposées, il faut reconnaître cependant qu'il était difficile d'y trouver la précision et la conformité nécessaires pour dissiper tous les doutes.

Dans ces circonstances, je pense que ce n'est pas une erreur que d'élever à la force de principes les opinions suivantes :

Depuis la promulgation de la loi du 3 septembre 1807 jusqu'à celle du code pénal, pas de difficulté; il faut, pour savoir ce que l'on doit entendre par escroquerie, se référer à l'article 35 de la loi du 22 juillet 1791.

Depuis la promulgation du code pénal de 1810, lorsque dans les faits on rencontrera tous les élémens exigés par l'article 405 de ce code pour constituer le délit d'escroquerie, pas de difficulté non plus, parce que la loi de 1810 étant plus exigeante que celle de 1791, on trouve évidemment dans les élémens nécessaires, aux termes de l'article 405 du code pénal, pour constituer le délit, la réunion des circonstances que voulait l'article 35 de la loi du 22 juillet 1791.

Mais une difficulté sérieuse viendra seulement à naître lorsqu'on se demandera s'il y a encore escroquerie quand les conditions de l'article 405 du code pénal n'existeront pas, bien que l'on trouve celles de l'article 35 de la loi du 22 juillet 1791, qui qualifiait l'escroquerie d'une manière beaucoup plus large.

Pour la négative, on peut dire que cette loi du 22 juillet 1791 ayant été abrogée par la promulgation du code pénal de 1810, on ne peut plus aujourd'hui y recourir pour y chercher les élémens d'un délit.

En soutenant l'affirmative, je réponds ceci : L'on ne peut nier que la loi du 22 juillet 1791 ne soit abrogée et qu'on ne puisse plus y puiser les caractères d'un délit d'escroquerie prévu et puni par une loi postérieure; mais ce qui est vrai pour le délit en général, ne l'est plus quand il s'agit de rechercher les élémens d'une circonstance qui aggrave un autre délit. Si le législateur avait dit dans la loi du 3 septembre 1807 : *s'il résulte de la procédure qu'il y a eu le* DÉLIT *d'escroquerie, etc.*, sans doute il faudrait alors consulter la loi en vigueur pour lui demander s'il y a ou non délit; mais le législateur a dit : *s'il résulte de la procédure qu'il y a eu escroquerie...* Or, qu'entend-t-il par escroquerie? Bien certainement il entendait l'escroquerie définie alors par la loi en vigueur, et non le délit d'escroquerie défini postérieurement par le code pénal de 1810. En un mot, ce n'est pas le délit d'escroquerie caractérisé conformément à la loi qui serait en vigueur que le législateur a voulu admettre comme aggravant le délit d'habitude d'usure, mais bien l'escroquerie comme on l'entendait quand il a édicté la loi du 3 septembre 1807. L'escroquerie n'est pas, à mon avis, un autre délit, que le législateur a voulu punir; pouvait-il dans la loi sur l'usure prévoir et punir le délit d'escroquerie? Il n'a voulu qu'une chose: créer une circonstance qui viendrait aggraver le délit pour lequel il édictait la pénalité.

Je ne saurais davantage admettre que l'article 405 du code pénal soit venu modifier la loi du 3 septembre 1807, qui est une loi toute spéciale restée depuis entièrement en vigueur.

Je dois toutefois en convenir, la jurisprudence paraît vouloir s'élever contre mon système.

La Cour royale de Grenoble, par arrêt du 7 mars 1839, a formellement jugé que depuis la promulgation du nouveau code pénal de 1810, c'était à l'article 405 de ce code qu'il fallait recourir pour savoir ce que l'on devait entendre par escroquerie.

Sur le pourvoi du procureur-général la Cour de Cassation a approuvé cette décision, par arrêt du 4 mai 1839. Voici en quels termes :

« Attendu que les faits doivent être punis
» d'après la loi en vigueur au moment où ils
» sont commis ;—que l'article 4 de la loi du 3
» septembre 1807, d'après lequel celui qui se
» livre habituellement à l'usure et encourt
» ainsi l'amende qui forme la répression ordi-
» naire de ce délit, doit être puni, en outre, de
» la peine d'emprisonnement toutes les fois
» qu'il résulte de la procédure qu'il y a eu
» escroquerie de sa part, ne définit pas ce
» qu'il faut entendre par escroquerie ; qu'il
» faut donc se référer à la définition de ce dé-
» lit, telle qu'elle existe dans la législation ;—
» que l'article 35 de la loi du 22 juillet 1791,
» qui qualifiait l'escroquerie d'une manière
» plus large que ne le fait l'article 405 du code
» pénal, a été abrogé par la promulgation de
» ce code, et qu'on ne peut aujourd'hui y

» recourir pour y rechercher les élémens de
» ce délit; — que la Cour royale de Grenoble
» en déclarant, par suite de ces principes, qu'il
» n'y avait pas d'escroquerie de la part de
» Pailharey dans les prêts usuraires à lui im-
» putés, et en infirmant, sous ce rapport, la
» décision des premiers juges, n'a violé aucune
» loi. »

La même Cour a rendu un autre arrêt dans le même sens, le 11 mai 1839; il est ainsi motivé :

« Attendu que les faits doivent être punis
» d'après la loi en vigueur au moment où
» ils sont commis; — que l'article 4 de la loi
» de 1807, qui prévoit le cas où l'escroquerie
» est jointe à l'usure, ne définit pas ce qu'il
» faut entendre par escroquerie; que depuis
» la promulgation de cette loi jusqu'à celle
» du code pénal, on a dû, pour son applica-
» tion, se référer à la définition que donnait
» de ce délit l'article 35 de la loi du 22 juillet
» 1791, alors en vigueur; mais que, depuis la
» promulgation de ce code, il faut se référer à
» la définition contenue dans son article 405
» qui a abrogé l'article 35. »

Les faits doivent être punis par les lois en vigueur au moment où ils sont commis; c'est incontestable. Mais quel fait est à punir? Certes, si c'est le délit d'escroquerie, la difficulté disparaît. Mais c'est un fait d'usure, c'est un délit d'usure aggravé par l'escroquerie qu'il s'agit de réprimer. Or, quelle est la loi en vigueur qui commande cette répression? C'est la loi du 3 septembre 1807. Qu'a entendu, par escroquerie, le législateur de 1807? Pour le savoir, dit la Cour de Cassation, il faut se référer à la définition de ce délit, telle qu'elle existe dans la législation actuelle. Je réponds qu'il faut au contraire rechercher ce qu'on entendait en 1807, par escroquerie, dans la législation alors en vigueur. Comment admettre que pour savoir ce qu'a voulu le législateur en 1807, il faille recourir à une loi postérieure? Comment interpréter une loi sur l'usure promulguée en 1807, par une loi sur l'escroquerie intervenue trois ans après, et qui, par conséquent, ne pouvait être envisagée ni prévue? L'article 405 du code pénal n'est venu ni abroger ni modifier l'article 4 de la loi du 3 septembre 1807. Cet article 405 a été fait pour prévoir et punir le délit d'escroquerie, et non pour expliquer le texte de la loi de 1807. On ne peut, à mon avis, arriver à ce résultat qu'en confondant toujours une circonstance aggravante du délit d'usure avec un autre délit tout-à-fait distinct, prévu par une loi postérieure et étrangère à la matière.

L'article 35 de la loi du 22 juillet 1791, qui qualifiait l'escroquerie d'une manière beaucoup plus large que ne l'a fait l'article 405 du code pénal de 1810, a été abrogé par la promulgation de ce code, et on ne peut, dit-on, y recourir aujourd'hui pour y rechercher les élémens de ce délit.

S'il s'agissait d'aller y chercher les élémens du délit d'escroquerie, sans doute nous ne verrions pas un jurisconsulte appuyer cette prétention. Mais si l'on ne veut y trouver que la pensée du législateur de 1807, dictant les causes d'aggravation du délit d'usure, on ne peut plus présenter l'abrogation de la loi de 1791 comme un obstacle à ce que l'on y puise des motifs d'interprétation de la loi du 3 septembre 1807. Au lieu de prétendre que la volonté du législateur doit être recherchée dans l'article 405 du code pénal, qui alors n'existait pas, n'est-il pas plus raisonnable de croire qu'ayant alors sous les yeux l'article 35 de la loi du 22 juillet 1791, le législateur a pensé qu'il était inutile de répéter dans l'article 4 de la loi du 3 septembre 1807 ce qu'il fallait entendre par escroquerie?

Sans doute, la loi de 1791 est abrogée; mais il ne s'agit pas d'en appliquer la pénalité. Il est question de lui demander les lumières nécessaires pour lever tous les doutes sur la force d'un mot employé par le législateur de cette époque, et c'est de cela seul qu'il s'agit; à tel point que si une définition de l'escroquerie n'était pas indispensable, on pourrait appliquer les peines de la loi de 1807 sans recourir ni à la loi de 1791, ni au code pénal de 1810.

Que l'on daigne remarquer où conduit la doctrine sanctionnée par la Cour de Cassation. Elle entraîne l'abrogation absolue du dernier paragraphe de l'article 4 de la loi du 3 septembre 1807. En effet, il sera impossible de trouver un cas d'application; car de deux choses l'une, ou les élémens nécessaires pour constituer le délit d'escroquerie se rencontreront dans l'espèce, ou ils ne se rencontreront pas. S'ils existent, le délit d'escroquerie sera constaté, et pour sa répression ce ne sera plus la disposition du dernier paragraphe de l'article 4 de la loi du 3 septembre 1807 qui pourrait être appliquée, mais bien celle de l'article 405 du code pénal. S'ils n'existent pas, la prohibition de recourir à la loi de 1791 rendra impossible encore l'application du dernier paragraphe de l'article 4 de ladite loi de 1807. Ce sera donc une disposition inutile, ce sera donc une loi abrogée. Une telle abrogation est-elle possible ? Peut-on aller ainsi, je le demande, à un tel résultat ?

La question de savoir si en matière spéciale les peines devaient être cumulées, a été longtems controversée ; on peut même dire qu'à cet égard il règne encore une certaine incertitude. Nous pourrions citer une multitude d'arrêts, et notamment des décisions de la Cour de Cassation, qui donnent des solutions en sens contraires. Mais, en matière d'usure, les termes de la loi ne permettent pas de conserver un doute sérieux. En effet, l'article 4 de la loi du 3 septembre 1807 dispose que *s'il résulte de la procédure qu'il y a eu escroquerie de la part du prêteur, il sera condamné, outre l'amende ci-dessus, à un emprisonnement qui ne pourra excéder deux ans.*

Ces mots *condamné outre l'amende ci-dessus*, indiquent assez clairement que le législateur a voulu qu'*outre* l'amende pour le délit d'habitude d'usure, on prononçât la peine pour l'escroquerie.

Aussi, c'est dans ce sens que la Cour de Cassation a résolu la question lorsqu'elle lui a été soumise. Par l'arrêt du 9 septembre 1826 ci-dessus cité, elle a jugé que le prévenu déclaré coupable à la fois et d'usure habituelle et d'escroquerie, ou même d'escroquerie seulement, pouvait être puni de la double peine d'amende et d'emprisonnement, sans qu'il y ait violation du principe de la non-cumulation des peines. Voici comment ce chef de l'arrêt est motivé :

« Sur le deuxième moyen de cassation pris
» de la violation de l'article 365 du code d'ins-
» truction criminelle ;

» Attendu que la femme Lahayes était pré-

» venue à la fois du délit d'escroquerie prévu
» par l'article 405 du code pénal et du délit
» d'habitude d'usure prévu par la loi spéciale
» du 3 septembre 1807 ; et que d'après l'article
» 4 de cette dernière loi, lorsque le même
» individu s'est rendu coupable du délit d'ha-
» bitude d'usure et d'escroquerie, il y a lieu
» à la double condamnation à l'amende et à
» l'emprisonnement, et que les deux peines
» peuvent être cumulées ;

» Attendu que, dans l'espèce particulière, la
» femme Lahayes avait encouru, par son délit
» d'habitude d'usure, l'amende prononcée
» par la loi ; que, par son délit particulier
» d'escroquerie, elle avait encouru en outre la
» peine d'emprisonnement ; que l'article 405
» punit d'ailleurs l'escroquerie de la double
» peine de l'emprisonnement et de l'amende,
» et que, sous aucun rapport, on ne saurait
» prétendre que l'application de l'article 365,
» qui veut qu'en cas de conviction de plusieurs
» crimes ou délits la peine la plus forte soit
» seule prononcée, puisse être faite à l'espèce
» actuelle ;

» Attendu que la Cour royale d'Orléans, en

» déclarant la femme Lahayes coupable d'habi-
» tude d'usure et d'escroquerie, et en la con-
» damnant à l'amende et à l'emprisonnement
» pour le double délit, dont un seul, celui
» de l'escroquerie, donnait lieu aux deux
» peines de l'emprisonnement et de l'amende,
» a fait une juste application de la loi ; —
» attendu d'ailleurs que la procédure est
» régulière ; rejette, etc. »

On pourrait sans doute désirer un arrêt qui consacrât le principe d'une manière plus formelle, sans puiser des motifs de décision dans les faits particuliers de la cause ; mais la Cour de Cassation n'en admet pas moins, en thèse générale, que les peines doivent être cumulées.

Il n'en résulte pas que, lorsque l'escroquerie accompagne le délit d'habitude d'usure, on doive prononcer, outre l'amende encourue pour le délit d'usure, soit la peine contenue en l'article 35 de la loi du 22 juillet 1791, soit celle voulue par l'article 405 du code pénal ; il faut, selon nous, se renfermer dans les termes de l'article 4 de la loi du 3 septembre, qui ne permet et n'exige qu'une condamnation à un emprisonnement dont le maximum est de deux ans. L'escroquerie connexe au délit d'usure est une circonstance aggravante, à raison de laquelle la loi veut qu'il soit prononcé en outre un emprisonnement dont elle fixe le maximum. Cela est tellement vrai que la Cour de Cassation décide que, lorsque le délit d'escroquerie accompagne le délit d'habitude d'usure, il ne se prescrit que conjointement avec ce dernier, c'est-à-dire par le laps de trois années écoulées sans aucun acte usuraire. Voici comment est motivé un arrêt du 5 août 1826 :

« Sur le deuxième moyen de cassation, pris
» de la violation de l'article 35 de la loi du 22
» juillet 1791, de l'article 405 du code pénal
» de 1810 et surtout de l'article 638 du code
» d'instruction criminelle, en ce que les pour-
» suites ayant été dirigées contre Martin plus
» de trois années après la consommation du
» délit d'escroquerie à lui imputé, l'action, à
» raison de ce délit, aurait été éteinte par la
» prescription.

» Attendu que Martin était poursuivi et a
» été condamné pour délit d'habitude d'usure
» avec escroquerie, aux termes de l'article 4
» de la loi du 3 septembre 1807 ; que l'escro-

» querie n'était ici qu'une circonstance aggra-
» vante du délit d'habitude d'usure, laquelle
» se rattache au délit principal qui est l'usure,
» et n'a fait qu'un même corps avec lui ; qu'en
» matière d'usure qui se compose de faits suc-
» cessifs, les derniers faits se lient aux pre-
» miers pour former le délit, et que chacun
» de ces faits laisse l'usurier dans un état de
» contravention permanente, tant qu'il n'a pas
» cessé pendant trois années de prêter à usure ;
» que dans l'espèce la prescription contre le
» délit d'usure n'a pu être opérée, puisque plu-
» sieurs faits usuraires ont eu lieu pendant
» les années 1823, 1824 et 1825, et par consé-
» quent dans les trois années qui ont précédé
» les poursuites, ainsi que cela est reconnu
» par le jugement et l'arrêt attaqué ; que la
» prescription n'ayant pas pu atteindre ce
» délit d'habitude d'usure, n'a pas pu atteindre
» non plus l'escroquerie qui a accompagné ce
» délit, et s'est identifiée avec lui comme acces-
» soire, comme élément, comme moyen ou
» comme circonstance aggravante. »

Cet arrêt me paraissait avoir établi les principes de manière à ne plus permettre le doute

pour l'avenir ; cependant voici comment est motivé un autre arrêt rendu par la Cour de Cassation, le 6 janvier 1837 :

« Attendu, 2° qu'en matière d'habitude d'u-
» sure, l'escroquerie, n'est pas une circons-
» tance aggravante de ce délit, puisque la loi
» du 3 septembre 1807 la punit d'une peine
» absolument distincte et différente ; qu'elle
» peut résulter d'autres faits que de ceux qui
» caractérisent l'habitude d'usure proprement
» dite ; d'où il suit que rien ne s'oppose à ce
» que dans la poursuite de celle-ci, toute
» personne qui prétend avoir été victime de
» l'autre soit admise à se constituer partie
» civile pour obtenir la réparation du préju-
» dice qu'elle en éprouve. »

Ainsi la Cour de Cassation dit, le 5 août 1826, *que l'escroquerie n'est qu'une circonstance aggravante du délit d'habitude d'usure*, et le 6 janvier 1837, elle dit *qu'en matière d'habitude d'usure l'escroquerie n'est pas une circonstance aggravante de ce délit.*

Il faut choisir entre ces deux décisions entièrement opposées.

Pour mon compte, je m'en tiens à la

première, et je dis, avec l'arrêt du 5 août 1826, que l'escroquerie n'est qu'une circonstance aggravante du délit d'habitude d'usure, laquelle se rattache au délit principal, qui est l'usure, et ne fait qu'un même corps avec lui. Les termes de l'article 4 de la loi du 3 septembre 1807 sont la base de l'opinion que je conserve. Le législateur, après avoir énoncé la peine qu'il voulait infliger à l'usurier, ajoute que s'il résulte de la procédure qu'il y a eu escroquerie de la part du prêteur, il sera condamné, outre l'amende, à un emprisonnement. N'est-ce pas comme s'il avait dit: si le délit d'habitude d'usure est accompagné de l'escroquerie, s'il est aggravé par l'escroquerie, si l'escroquerie est jointe, est connexe à l'usure, en un mot s'il y a eu escroquerie? N'est-ce pas évidemment une aggravation de peine qu'il a voulue, à raison de l'aggravation du délit? Peut-on raisonnablement soutenir que, dans le même article où il parle du délit d'habitude d'usure, il détourne subitement sa pensée de ce délit pour en prévoir et en punir un autre tout particulier? Oui, dit l'arrêt du 6 janvier 1837; la loi du 3 septembre 1807 punit d'une peine absolument distincte et différente l'escroquerie; et voilà pourquoi celle-ci n'est pas une circonstance aggravante du délit d'usure. Je ne comprends pas bien la nécessité de la conséquence; sans doute l'escroquerie entraîne une peine d'emprisonnement; il faut bien la punir; c'est une aggravation de peine à raison de l'aggravation du délit; mais est-ce bien là une peine distincte? Et quand cela serait, comment en conclure que l'escroquerie n'est pas une circonstance aggravante? Pour qu'elle fût une circonstance aggravante, il ne fallait donc pas la punir? Cependant si elle aggrave le fait principal, il fallait bien aggraver la peine.

Mais, dit la Cour de Cassation, l'escroquerie peut résulter d'autres faits que de ceux qui caractérisent l'habitude d'usure proprement dite. Oui, sans doute; mais alors elle n'est plus connexe; elle n'accompagne plus le délit d'habitude d'usure; elle n'en est plus une circonstance aggravante. L'escroquerie n'est plus alors qu'un délit particulier et distinct qui doit être réprimé, non plus par la dernière disposition de l'article 4 de la loi du 3 septembre 1807, mais par l'article 405 du code pénal. Le prévenu convaincu du délit d'habitude d'usure et du délit d'escroquerie résultant de faits étrangers au délit d'habitude d'usure, se trouve alors dans la même position que celui qui serait convaincu du délit d'usure et d'un délit de vol, ou d'un délit d'usure et d'un délit de chasse. Ce sont alors deux délits absolument distincts qui trouvent leur pénalité, chacun dans la loi qui le concerne; et c'est avec raison que, dans une semblable espèce, la Cour de Cassation juge que rien ne s'oppose à ce que dans la poursuite de l'escroquerie, toute personne qui prétend en avoir été victime soit admise à se constituer partie civile pour obtenir la réparation du préjudice qu'elle a éprouvé. C'est alors, dans l'instance relative à l'escroquerie, qu'elle intervient, et non pas dans celle relative à l'usure.

Il résulte de cette discussion que lorsque l'escroquerie accompagne le délit d'usure, cette circonstance aggravante aggrave la pénalité et rend nécessaire l'application du dernier paragraphe de l'article 4 de la loi du

3 septembre 1807. Ce n'est pas ici le cumul de deux peines à raison de l'existence de deux délits, c'est une aggravation de la peine à raison d'une circonstance du fait qui aggrave le délit. Si l'escroquerie est étrangère au délit d'usure, c'est alors un délit particulier qui, comme le vol ou toute autre infraction, doit être puni par la loi qui le caractérise et le réprime.

Il faut ici se demander si, lorsque le prévenu se trouve convaincu tout à la fois du délit d'habitude d'usure et d'un autre délit, soit du délit d'escroquerie, soit du délit de vol, soit de tout autre délit, il y a lieu de prononcer non-seulement l'amende portée en l'article 4 de la loi du 3 septembre 1807, mais encore les peines à infliger soit pour le délit de vol, soit pour tout autre, en exécution de l'article du code pénal, qui le prévoit?

C'est ici une grande question qui depuis long-tems divise beaucoup de bons esprits. Il faut en convenir, cependant : la jurisprudence ne permettait plus guère de soulever la difficulté, lorsque la Cour de Cassation, par ses arrêts de 1838, est venue rétracter ses décisions antérieures.

Jusqu'alors elle avait constamment jugé, notamment par ses arrêts des 15 juin 1821 et 9 septembre 1826, que l'article 365 du code d'instruction criminelle qui veut qu'en cas de conviction de plusieurs crimes et délits, la peine la plus forte soit seule prononcée, ne pouvait recevoir d'application dans de telles circonstances; par ses arrêts de 1838, elle proclame, au contraire, que l'article 365 du code d'instruction criminelle contient un principe général applicable en toutes matières, toutes les fois que les amendes ne sont pas prononcées à titre de restitution. Y a-t-il nécessité de choisir d'une manière absolue entre ces deux systèmes? ne peut-on pas faire une distinction?

Lorsque les deux peines qu'il s'agit d'appliquer sont prononcées par d'autres lois que le code pénal, il me semble difficile d'admettre que l'article 365 du code d'instruction criminelle puisse être invoqué pour régler la pénalité dans des matières que le législateur n'avait certainement pas en vue, lorsqu'il dictait cette défense de cumuler les peines; au contraire, lorsque l'une des deux peines à appliquer est prise dans un article du code pénal, on conçoit mieux l'application de l'article 365 du code d'instruction criminelle.

Cette transaction entre les deux systèmes opposés ne pourrait trouver d'appui dans les derniers arrêts de la Cour de Cassation, et j'avoue qu'elle n'est pas de nature à satisfaire pleinement, même ceux qui ne sont pas convertis au nouveau principe adopté par la Cour suprême.

Par son arrêt du 17 mai 1838, la Cour de Cassation a jugé que la peine d'emprisonnement encourue par un prévenu pour fait de rébellion, ne devait pas être cumulée avec l'amende encourue par le même individu pour délit de chasse sans permis de port d'armes. Voici les motifs de cet arrêt :

« Attendu que Tronquet avait été déclaré
» coupable de deux délits, le délit de rébellion
» et le délit de chasse sans permis de port
» d'armes ; attendu qu'en cet état des faits, et
» d'après le principe général contenu en l'ar-
» ticle 365 du code d'instruction criminelle,
» il n'y avait lieu de prononcer contre Tron-
» quet qu'une seule peine, la plus forte de
» celles qu'il avait encourues ;

» Attendu, dès-lors, qu'en décidant que la
» peine d'emprisonnement encourue pour fait
» de rébellion serait seule prononcée, et qu'on
» ne la cumulerait pas avec l'amende encourue
» pour le délit de chasse sans port d'armes,
» l'arrêt attaqué n'a fait que se conformer aux
» dispositions de l'article 365 du code d'ins-
» truction criminelle ;

» Par ces motifs, la Cour rejette le pour-
» voi, etc. »

La Cour de Cassation a décidé la question dans le même sens par un autre arrêt du 2 juin 1838, dont voici les motifs :

« Attendu que l'article 365 du code d'ins-
» truction criminelle est une disposition géné-
» rale sur la pénalité, applicable en matière
» correctionnelle comme en matière crimi-
» nelle, soit que les faits soient qualifiés par
» le code pénal ordinaire, soit qu'ils soient
» prévus et punis par des lois spéciales ; que
» le principe de la non-cumulation des peines
» est applicable dans tous les cas où il n'est
» pas fait une exception formelle au droit com-
» mun ; que les amendes sont en général des
» peines ; qu'elles ne peuvent donc pas plus

» être cumulées que les peines corporelles, à
» moins qu'elles ne soient prononcées à titre
» de restitution ;

» Et attendu que, dans l'espèce, le jugement
» attaqué a condamné Pierre Chabrier à quinze
» jours d'emprisonnement, comme coupable
» de vol simple, et qu'en le déclarant en
» même tems convaincu du délit de chasse
» sans permis de port d'armes, le même juge-
» ment s'est borné à ordonner la confiscation
» du fusil, comme instrument du délit ; qu'en
» prononçant ainsi, et en se refusant à cumu-
» ler les peines de la loi du 30 avril 1790, et
» du décret du 4 mai 1812, loin de violer
» aucune loi, il n'avait fait que se conformer
» au texte comme à l'esprit de l'alinéa 2 dudit
» article 365 du code d'instruction criminelle ;

» Attendu, d'ailleurs, que le jugement atta-
» qué est régulier en la forme ;

» Par ces motifs, la Cour rejette le pourvoi
» du procureur du roi près le tribunal de
» Digne, etc.

Si la Cour de Cassation persiste dans cette jurisprudence, il faudra bien s'y conformer. Mais l'on est frappé tout d'abord des graves inconvéniens auxquels conduira , dans un grand nombre de circonstances, l'application du principe de non-cumulation des peines spéciales. Combien de fois un prévenu convaincu d'un délit spécial entraînant contre lui l'inévitable condamnation d'une forte amende, ne pourra-t-il pas échapper à cette peine en adjoignant à un délit grave le délit le plus minime prévu par le code pénal ou par toute autre loi spéciale, entraînant la peine de l'emprisonnement pour quelques jours ?

Sans énumérer toutes les hypothèses où l'application du principe consacré par la Cour de Cassation peut procurer au coupable d'un délit grave une espèce d'impunité, bornons-nous à prendre un exemple dans la matière qui nous occupe.

Un individu se trouve sous l'inculpation du délit d'habitude d'usure. Il doit redouter une condamnation sévère à raison du nombre et de l'importance de ses exactions ; il est à la veille de voir prononcer contre lui une amende de 30, 40 et même de 100,000 fr. Qu'il ajoute au délit d'habitude d'usure qui n'entraîne que la peine de l'amende, le plus léger délit prévu par le code pénal ou par une toute autre loi, n'importe, pourvu que ce délit doive être réprimé par l'emprisonnement; parce qu'il a commis un délit de plus, le voilà à l'abri de l'énorme amende qu'il redoutait et qu'il avait méritée par ses exactions usuraires. Invoquant le principe de la non-cumulation des peines, il pourra venir dire aux magistrats : l'emprisonnement étant la peine la plus forte, vous le prononcerez seul, et la loi vous défend de me condamner à l'amende. Il rachètera ainsi par quelques jours d'emprisonnement une peine bien plus sévère pour lui. N'est-ce pas l'encourager à commettre des délits, que de lui fournir ainsi les moyens d'en commettre impunément? Il y a plus; n'est-ce pas commander ces délits, les rendre inévitables, que de placer un individu entre la nécessité de payer une amende considérable et celle de commettre un nouveau délit pour y échapper? Quel est l'usurier qui ne préfèrera pas se rendre coupable d'un délit entraînant un emprisonnement de peu de durée, à la triste perspective de se voir enlever la moitié des capitaux qu'il a si laborieusement amassés?

J'en ai dit assez sans doute pour faire apercevoir de suite toutes les conséquences auxquelles on peut arriver; mais je puis aller bien plus loin.

Le délit d'habitude d'usure ne peut être puni que d'une amende. J'ai supposé le second délit entraînant une peine d'emprisonnement, et alors j'ai pu dire sans contestation: c'est la peine du second délit qu'il faut seulement appliquer, parce que c'est la peine la plus forte. Mais, en principe, je puis dire qu'il doit en être de même si le second délit entraîne la peine de l'emprisonnement et celle de l'amende, avec faculté pour les magistrats de prononcer ces deux peines, ou de ne prononcer que l'une d'elles, selon les circonstances. Dans ce cas encore, il suffit que le second délit puisse donner lieu à un emprisonnement pour que la pénalité soit considérée comme plus grave que celle du délit d'habitude d'usure, réprimée par une amende seulement. Alors il peut s'ensuivre qu'un usurier, qui était sur le point d'être condamné à une amende de 100,000 francs, pourra, par cela seul qu'il aura commis un autre délit, être légalement condamné à une amende de 16 francs.

La raison comme la justice se révoltent devant de tels résultats, et s'il est vrai qu'une saine application de l'article 365 du code d'instruction criminelle doit nécessairement y conduire les jurisconsultes, je comprends qu'ils remplissent ce devoir imposé aux hommes de la loi; mais je pense qu'alors il en naîtrait une autre pour eux, ce serait celui d'appeler l'attention du législateur sur un semblable état de choses.

CHAPITRE CINQUIÈME.

Article 5. « Il n'est rien innové aux stipu-
» lations d'intérêts par contrats ou autres
» actes faits jusqu'au jour de la publication
» de la présente loi. »

= Les contrats passés antérieurement à la promulgation de la loi du 3 septembre 1807, doivent, aux termes de l'article 5 de cette loi, recevoir leur entière exécution. C'est un hommage rendu au principe de la non-rétroactivité.

Les lois en vigueur avant celle du 3 septembre 1807 n'avaient point déterminé un taux d'intérêt qu'il ne serait pas permis de dépasser dans les conventions. Les parties contractantes pouvaient stipuler les intérêts qu'il leur plaisait de fixer.

Il suit de là que tous les actes ayant une date antérieure à la promulgation de la loi du 3 septembre, ne peuvent jamais servir d'élémens pour établir l'habitude de l'usure ; les capitaux qui ont été prêtés ne peuvent pas davantage être pris en considération pour déterminer la quotité de l'amende, en cas de conviction du délit d'usure. Le prêteur n'a contrevenu à aucune loi, aucun reproche ne doit lui être fait à raison d'actes qui ne peuvent être incriminés.

Une autre conséquence, c'est que les intérêts convenus doivent être payés par l'emprunteur, tels qu'ils ont été stipulés. Il n'a ni action en restitution pour ceux qu'il a payés, ni action en réduction pour ceux qu'il peut encore devoir. La convention qu'il a faite doit être pleinement exécutée.

Par ses arrêts des 3 mai 1809, 20 février et 11 avril 1810, 29 janvier 1812, 5 octobre 1813 et 25 janvier 1815, que nous avons déjà rapportés au paragraphe relatif *à la conviction*, la Cour de Cassation a nettement posé ces principes, qui sont maintenant constans et incontestés.

Mais s'il n'existe plus, dans l'état actuel de la jurisprudence, le plus léger doute quant aux intérêts échus avant la promulgation de la loi du 3 septembre 1807, qu'ils soient payés ou dus, on se demande encore s'il doit en être de même des intérêts échus depuis la promulgation de cette loi, et stipulés par actes portant une date qui lui serait antérieure. En un mot, la question est de savoir si la loi du 3 septembre 1807 est applicable aux intérêts échus depuis sa publication, lorsqu'ils résultent de contrats ou quasi-contrats antérieurs.

Un arrêt de la Cour de Cassation en date du 13 mai 1817, a décidé que la loi du 3 septembre 1807 était applicable, pour les intérêts échus postérieurement à sa publication, aux contrats et quasi-contrats formés antérieurement. Voici dans quelle espèce :

Les héritiers Delpon assignent le sieur Ser en paiement d'une somme de 192 francs, reçue par lui, pour le compte de la veuve Delpon, leur mère, ainsi que le fait est constaté par une quittance donnée par le sieur Ser, le 4 prairial an VII.

Ils répètent de lui, en outre, une somme de 1095 francs qu'il a également touchée, pour le compte de leur mère, suivant une quittance du 14 germinal an IX.

Le 31 janvier 1814, jugement du tribunal de commerce de Cahors qui condamne le sieur Ser au paiement des sommes demandées, avec les intérêts au taux du commerce, à compter du jour des quittances.

Ce jugement est confirmé par arrêt de la Cour royale d'Agen, du 14 juin 1814. Cette Cour, en outre, a déterminé, d'une manière précise, sur quel pied seraient payés les intérêts. Elle a décidé qu'ils seraient comptés au taux de cinq pour cent avec la retenue légale, depuis le jour de chaque quittance jusqu'à la publication de la loi du 3 septembre 1807, et qu'à partir de cette publication ils seraient portés au taux de six pour cent, sans retenue, conformément à l'article 2 de la même loi.

Le sieur Ser s'est pourvu en cassation contre cet arrêt, pour violation de l'article 2 du code civil.

Il soutenait que, suivant cet article, la loi du 3 septembre 1807 n'était applicable qu'aux contrats et quasi-contrats postérieurs à sa publication ; et que, par conséquent, elle ne pouvait s'appliquer aux quasi-contrats en vertu desquels il était poursuivi, puisqu'ils s'étaient formés en l'an VII et en l'an IX, époques des quittances ; et qu'ainsi tous les intérêts échus avant ou après le 3 septembre 1807 devaient être réglés d'après l'ancienne loi, qui les fixait à cinq pour cent par an, en matière commerciale comme en matière civile.

ARRÊT.

« La Cour, — sur les conclusions de M.
» Lebeau, avocat-général ; — attendu que
» dans l'allocation telle qu'elle est faite par
» l'arrêt attaqué, des intérêts des sommes
» capitales dont la condamnation est prononcée contre le demandeur, la Cour d'Agen n'a
» fait, de la loi du 3 septembre 1807, que la
» plus juste application, et n'a pu encourir le
» reproche d'avoir entaché cette disposition
» du vice de rétroactivité, parce que cette loi
» est de la nature de celles qui saisissent

» les individus et ont l'effet de régir leurs
» contrats ou quasi-contrats du jour de leur
» promulgation, ce qui écarte la violation de
» l'article 2 du code civil ;—rejette. »

Cet arrêt est rapporté dans Denevers, volume 1818, partie 1re, page 247.

Je n'y trouve qu'un seul motif, c'est celui-ci : la loi du 3 septembre 1807 saisit les individus et régit leurs contrats ou quasi-contrats du jour de sa promulgation.

Mais comment concilier cette assertion avec les termes de l'article 5 de la loi du 3 septembre 1807 ? La Cour de Cassation dit que cette loi régit les contrats du jour de sa promulgation, et l'article 5 dit, au contraire, qu'il n'est rien innové aux stipulations d'intérêts par contrats faits jusqu'au jour de la publication de la loi.

Je crois que la Cour de Cassation aurait trouvé une meilleure raison de décider dans la distinction qui est à faire entre les intérêts stipulés par contrats et les intérêts légaux. Lorsque les intérêts ont été stipulés par un contrat antérieur à la loi du 3 septembre 1807, ils doivent être payés au taux convenu, aussi bien s'ils sont échus depuis la publication de la loi que s'ils le sont antérieurement. C'est toujours l'exécution de la convention, et l'article 5 a voulu qu'il ne soit rien innové aux stipulations d'intérêts faites par contrats antérieurs.

Mais lorsque les intérêts ne sont pas dus en vertu d'un contrat, s'ils sont alloués par une disposition de loi, c'est-à-dire si les intérêts sont légaux au lieu d'être conventionnels, il ne s'agit plus de l'exécution d'une convention, mais de l'application d'une loi. Or, quelle est cette loi ? C'est ce qu'il faut rechercher.

Dans l'espèce de l'arrêt de la Cour de Cassation, en faisant application de cette doctrine, on reconnaît que c'est avec raison que la Cour royale d'Agen avait alloué les intérêts légaux d'après les différens taux que la loi avait déterminés.

L'article 5 de la loi du 3 septembre 1807, qui commande de respecter les stipulations d'intérêts par contrats antérieurs, est sans aucune espèce d'application lorsqu'il s'agit non d'intérêts conventionnels, mais d'intérêts légaux.

Je ne pense donc pas qu'on puisse trouver dans cet arrêt un argument bien solide pour prétendre que les contrats antérieurs qui contiennent une stipulation d'intérêt au-dessus du taux fixé par la loi de 1807, ne doivent plus recevoir d'exécution depuis la promulgation de cette loi.

Voici un arrêt rendu par la Cour royale de Limoges, le 17 juillet 1817, rapporté dans Denevers, volume 1817, 2e partie, page 125.

Il s'agissait de savoir si la loi du 3 septembre 1807 avait fait cesser la retenue à laquelle était sujet l'intérêt légal d'une somme due en vertu d'un acte antérieur.

Des intérêts étaient dus à raison du prix d'une vente et des fruits produits par l'immeuble vendu.

Les héritiers du sieur Pineau ont prétendu que, depuis la loi du 3 septembre 1807, l'intérêt de la somme de 2400 francs qui leur était due avait cessé d'être soumis à la retenue, à laquelle il était assujéti auparavant. Les actes, disaient les héritiers Pineau, ne contiennent aucune stipulation d'intérêts : les intérêts ne sont donc dus, dans l'espèce, que par l'effet des principes antérieurs au code civil et par la seule force de la loi qui régissait ces actes.

On ne peut, dès-lors, les considérer que comme des intérêts légaux ; or, le taux de l'intérêt légal varie au gré des législations ; c'est un principe irréfragable; l'article 5 de la loi du 3 septembre 1807, portant qu'il n'est rien innové pour les *stipulations d'intérêts* faites dans des actes antérieurs, n'est applicable qu'aux intérêts conventionnels.

Il est vrai, répondait le sieur Boussely, que le taux légal est susceptible de variation; mais il n'est pas exact d'en conclure que, lorsqu'une loi nouvelle vient le déterminer, cette loi puisse rétroagir sur le passé, qu'elle puisse venir modifier le taux de l'intérêt qu'une loi antérieure avait attaché à une somme due, en vertu d'un contrat passé antérieurement à la loi nouvelle. L'article 5, cité, de la loi du 3 septembre 1807 est d'ailleurs applicable à l'espèce ; car bien que les parties n'aient pas fait une stipulation expresse d'intérêt, elles ne sont pas moins réputées avoir fait une convention à cet égard, parce que la loi, alors en vigueur, stipulait pour elles ; et comme

24

cette loi autorisait la retenue au moment du contrat antichrétique dont il s'agit, cette retenue a dû être faite depuis comme elle l'avait été avant la loi du 3 septembre 1807.

ARRÊT.

« La Cour, — considérant qu'à l'époque de » l'acte dont il s'agit, qui a été réputé acte » d'antichrèse, par arrêt de la Cour du 2 juil- » let 1816, l'intérêt était sujet à retenue, à » défaut de stipulation contraire; que la loi » qui régissait le contrat à cette époque doit » être considérée comme suppléant à une » convention de retenue pour contribution, » et que cette retenue était du cinquième; — » considérant que l'article 5 de la loi du 3 » septembre 1807 porte qu'il n'est rien innové » aux stipulations d'intérêts par contrat ou » autres actes faits jusqu'au jour de la publica- » tion de la loi; que malgré qu'il n'y eût aucune » stipulation écrite sur les intérêts, la loi » existante sur ce point, lors du contrat, » tenait lieu de stipulation; d'où il suit que la » retenue a dû continuer d'avoir lieu sur les » intérêts, depuis la loi du 3 septembre 1807;

» — considérant que l'acte du 4 fructidor an
» X et la contre-lettre qui a eu lieu en l'an
» XII, dont il est parlé en l'arrêt, du 2 juillet
» 1816, formant un contrat d'antichrèse,
» ainsi qu'il a été jugé par ledit arrêt, les
» héritiers Pineau ont dû prévoir qu'à
» défaut de stipulation sur la retenue des
» intérêts, cette retenue aurait lieu lorsque le
» contrat serait anéanti, et qu'il y aurait lieu
» à la restitution du prix, et qu'à défaut de
» convention expresse et contraire, ils doi-
» vent être considérés comme ayant voulu
» se régir d'après les lois sur la nature des
» intérêts; — la Cour homologue le compte
» présenté par Boussely. »

La Cour de Limoges a refusé d'admettre une distinction entre le cas où les intérêts sont légaux et celui où ils sont conventionnels; et, en cela, je pense qu'elle a donné à l'article 5 de la loi du 3 septembre 1807 une portée qu'il ne saurait avoir. D'un autre côté, elle s'est mise en opposition formelle avec les principes que la Cour de Cassation a professés dans les motifs de son arrêt du 13 mai 1817, et, sous ce rapport, elle me paraît bien mieux interpréter l'article 5 de la loi du 3 septembre, en proclamant que les contrats anciens doivent être exécutés, que ne l'a fait la Cour de Cassation en professant que la loi du 3 septembre est de la nature de celles qui régissent les contrats du jour de leur promulgation.

Je résume mon opinion sur ces deux arrêts, et je dis que la Cour de Cassation a bien jugé, parce qu'il s'agissait d'intérêts légaux, mais que sa décision est motivée sur une erreur de droit ; la Cour royale de Limoges, au contraire, a proclamé les vrais principes généraux, mais les a mal à propos appliqués aux intérêts légaux, et par suite a mal jugé.

La question s'est représentée dans l'espèce suivante :

Le 20 décembre 1806, le sieur Dupaty vend au sieur Arnud un domaine, moyennant un prix payable dans deux ans, avec intérêts à dix pour cent, à partir de la vente.

Dans l'intervalle, entre la vente et l'échéance du prix, intervient la loi de 1807.

Le 29 mars 1810, les parties font un compte qui fixe le débet de l'acquéreur, en calculant les intérêts au taux de dix pour cent, conformément à la stipulation de l'acte de vente.

En 1819, le vendeur demande son paiement avec les intérêts à dix pour cent.

Refus de l'acquéreur. Il soutient, d'après la loi de 1807, que les intérêts échus depuis l'arrêté de compte doivent être calculés au taux de cinq pour cent. Ces intérêts, suivant lui, ont cessé d'être conventionnels; ils sont purement légaux.

Jugement du tribunal de Saintes, en date du 27 juin 1827, qui consacre les prétentions d'Arnud en ces termes :

« Attendu que la stipulation d'intérêts à » dix pour cent avait pu être établie anté- » rieurement à la loi du 3 septembre 1807, et » que dans la circonstance elle avait même » cette faveur particulière, qu'on pouvait » l'envisager comme faisant partie de la vente » d'un fonds; — que l'intention des parties » formait une loi entre elles, et que, s'étant » accordées par le compte du 29 mars 1810, il » ne pouvait y avoir aucun retour à cet égard; » — mais que la loi du 3 septembre 1807 avait » introduit un droit nouveau, en réduisant et

» fixant tout intérêt à cinq pour cent; qu'on
» pouvait bien objecter que cette loi mainte-
» nait toutes les stipulations antérieures, et
» que, comme on l'a dit plus haut, celle dont
» il s'agit devait être considérée comme con-
» dition, et faisant partie du prix de la vente;
» mais que cette obligation n'aurait de mérite
» réel que dans le cas où la fixation d'intérêts
» à dix pour cent aurait été stipulée et con-
» venue pour tout le tems qui s'écoulerait
» jusqu'au remboursement effectif, et que,
» dans l'hypothèse, il faut prendre la con-
» vention telle qu'elle était établie dans son
» ensemble ; qu'ainsi ayant un terme fixe,
» la stipulation d'intérêts inusités n'était cen-
» sée faite que jusqu'à ce terme, dès que rien
» ne la prolongeait au-delà; qu'on doit
» d'autant plus le décider ainsi, en considé-
» rant cette stipulation comme faisant partie
» du prix de la vente, puisqu'alors elle ne
» formerait qu'une sorte de capital fictif, qui
» ne pourrait pas se renouveler chaque année;
» qu'ainsi, et à partir au moins du 29 mars
» 1810, les intérêts des capitaux restant dus ne
» doivent se compter qu'à raison de cinq pour
» cent. »

Ce jugement me paraît proclamer les véritables principes. Il décide que les intérêts ayant cessé d'être conventionnels, et étant devenus légaux, la loi du 3 septembre 1807 en avait fixé le taux du jour où ils n'avaient plus pu être exigés en exécution de la convention antérieure, mais en vertu de la loi. En même tems ce jugement reconnaît qu'il devrait en être autrement si, lors de la convention première, le taux des intérêts avait été fixé à dix pour cent pour tout le tems qui s'écoulerait jusqu'au remboursement effectif.

Il y eut appel, et, par arrêt du 14 mai 1828, la Cour royale de Poitiers confirma.

Pourvoi de Dupaty, pour violation de l'article 5 de la loi du 3 septembre 1807.—Suivant lui, l'arrêt attaqué devait ou rejeter entièrement les intérêts réclamés, ou les allouer au taux de dix pour cent. En effet, ou ces intérêts dérivent de la convention primitive des parties, ou non. Dans le premier cas, ils sont aussi indépendans des lois postérieures que la convention même, et ils doivent être régis par cette convention, à moins de donner à ces lois postérieures un effet rétroactif. Dans le second cas, c'est à tort que des intérêts ont été alloués dans l'espèce depuis l'époque de l'échéance, puisque l'obligation de l'acquéreur n'était pas de nature à produire des intérêts par la seule force de la loi.

Ce qui me paraît enlever toute espèce de force à ce raisonnement, c'est l'erreur qu'on professe en prenant pour point de départ que l'obligation de l'acquéreur n'était pas de nature à produire des intérêts par la seule force de la loi.

ARRÊT.

« La Cour, — sur les conclusions de M.
» Laplagne-Barris, avocat-général ; — sur le
» moyen tiré de l'article 5 de la loi du 3 sep-
» tembre 1807 ; — attendu qu'il résulte de
» l'arrêt attaqué que la stipulation d'intérêts
» à dix pour cent, portée par l'acte du 20
» décembre 1806, n'a été faite que jusqu'à
» l'échéance des termes fixés par les parties
» pour le paiement du prix de la vente, et
» que dans l'intervalle de cette échéance est
» intervenue la loi du 3 septembre 1807, qui a
» fixé à cinq pour cent les intérêts des capi-

» taux ; que, dès lors, les intérêts postérieurs
» à l'arrêté de compte fait entre les parties, le
» 29 mars 1810, n'ont pu avoir cours que
» d'après le taux fixé par la loi de 1807 ; qu'en
» jugeant ainsi, la Cour royale s'est déter-
» minée par une appréciation d'actes qui était
» dans ses attributions ;—rejette. »

Cet arrêt, qui a pour date le 13 juillet 1829, est rapporté dans Dalloz, tome 29, partie 1re, page 298.

Voici un autre arrêt rendu le 30 janvier 1832 par la Cour royale de Montpellier.

Les motifs suivans du tribunal ont été adoptés :

« Considérant que, si les intérêts payés à
» Mouly jusqu'à la loi du 3 septembre 1807,
» ne pouvaient être répétés, il ne doit pas en
» être de même des intérêts payés après la
» publication de cette loi, parce qu'il résulte
» des faits convenus que le terme, stipulé
» pour le paiement des 3,000 fr. dus par Retou-
» ret, était échu, en sorte qu'il est vrai de
» dire qu'après cette échéance, c'est moins en
» vertu de la première convention qu'en vertu
» d'un renouvellement de délai annuellement

» convenu; que si les intérêts de quinze
» setiers de blé excèdent le taux d'intérêt
» légal, ledit Mouly, en vertu de la loi de
» 1807, est tenu de rembourser l'excédant ou
» de le précompter sur le capital; — que pour
» qu'il n'y eût point d'excédant, il faudrait
» que le prix du setier de blé ne se fût point
» élevé au-dessus de 10 fr., ce qui n'est pas
» probable; mais que, pour connaître s'il y a
» lieu à imputation d'intérêts sur le capital,
» une liquidation est nécessaire, et qu'il faut
» ordonner qu'elle sera faite par un membre
» du tribunal. »

Cet arrêt ne décide pas d'une manière générale que les intérêts excédant le taux légal et perçus depuis la loi du 3 septembre 1807, en exécution de conventions antérieures à cette loi, doivent être remboursés ou précomptés sur le capital, quoique les termes stipulés pour le paiement de ce capital fussent échus avant cette époque. En généralisant ainsi et en donnant en ces termes le sommaire de l'arrêt, M. Dalloz me semble attribuer à la décision de la Cour de Montpellier une portée qu'elle n'a pas. Bien loin de là, on pourrait tirer une conclusion contraire des motifs de l'arrêt. En effet, que juge-t-il ? La Cour déclare-t-elle que les intérêts excédant le taux légal, perçus depuis la loi du 3 septembre 1807, en exécution de conventions antérieures, doivent être remboursés ou précomptés sur le capital ? Décide-t-elle en conséquence que la loi de 1807 doit avoir pour effet de modifier les conventions antérieures ? Pas le moins du monde. On pourrait, au contraire, raisonner ainsi dans l'espèce : il résulte des faits convenus que le terme stipulé pour le paiement était échu, et alors il est vrai de dire qu'après cette échéance, c'est moins en vertu de la première convention qu'en vertu d'un renouvellement de délai, annuellement convenu, que les intérêts excèdent le taux légal. Ainsi, la Cour ne dit pas que la loi de 1807 doit modifier l'exécution des conventions antérieures ; mais, reconnaissant que les conventions relatives aux intérêts sont postérieures à la loi du 3 septembre 1807, elle décide que cette loi doit les régir.

Cette décision nous paraît tout-à-fait conforme aux principes. Lorsque le terme d'une obligation est arrivé, si le remboursement n'a pas lieu, c'est bien moins en vertu du premier acte qu'en exécution d'une nouvelle convention que le délai accordé pour le paiement est prorogé. Un nouveau contrat, un renouvellement intervient entre le créancier et le débiteur. Que la convention soit verbale ou écrite, tacite ou expresse, il n'en est pas moins vrai que ce sera toujours en vertu de cette nouvelle convention que les intérêts seront exigés et payés. Il s'ensuit donc nécessairement que cette stipulation d'intérêts ayant été faite sous l'empire de la loi du 3 septembre 1807, il n'est pas possible d'excéder le taux qu'elle fixe pour l'intérêt.

Il ne peut en être de même lorsque les intérêts sont dus, non en vertu d'un renouvellement ou d'une nouvelle convention intervenue sous l'empire de la loi du 3 septembre 1807, mais en exécution de l'acte antérieur à cette loi. Dans ce cas, pour se conformer aux dispositions de l'article 5, il faut décider que les intérêts doivent être perçus au taux fixé par la convention.

Ainsi, si le contrat de prêt porte que jusqu'au paiement les intérêts doivent être payés à dix pour cent, il faut respecter cette disposition, bien qu'à l'époque de l'exigibilité de la créance, le créancier consente à une prorogation de délai. Dans cette hypothèse, les intérêts continuent à courir, non en vertu d'une nouvelle convention, mais en vertu de la première. Lorsque les intérêts ne sont plus reçus en vertu de la stipulation antérieure, mais en vertu d'une convention postérieure, c'est alors et seulement alors que le taux des intérêts peut être régi par la loi du 3 septembre 1807.

Si une dette de nature à produire intérêt est devenue exigible par l'arrivée du terme convenu, et que, sans aucune convention intervenue entre les parties quant aux intérêts, elle ne soit cependant point acquittée, les intérêts continuent sans doute de courir, mais ce sont alors des intérêts légaux. Or, les intérêts que la loi accorde ne peuvent être fixés qu'au taux qu'elle détermine. A compter du jour de l'expiration du terme, c'est-à-dire à compter du jour où les intérêts cesseront d'être conventionnels pour devenir légaux, ces intérêts devront être calculés et fixés conformément à la loi du 3 septembre 1807.

Favard, V°. intérêt, paragraphe 6, dit que dans les espèces des arrêts de la Cour de Cassation des 3 mai 1809, 20 février et 11 avril 1810, et 29 janvier 1812, il s'agissait de conventions faites et d'intérêts échus *avant la publication* de la loi du 3 septembre 1807; puis il se demande si cette loi est applicable aux intérêts échus *depuis sa publication* lorsqu'ils résultent d'un contrat ou quasi-contrat *antérieur*.

Cet auteur n'hésite pas à se prononcer pour l'affirmative, et il déclare qu'elle n'est pas douteuse.

Sans doute, dit-il, tout ce qui touche à la substance d'un contrat, à sa forme, à l'interprétation de ses dispositions ne peut être régi que par la loi sous l'empire de laquelle il a été consenti, et ce serait donner un effet rétroactif à cette loi que de décider les contestations qui s'élèvent à cet égard par une loi postérieure.

Mais il n'en est pas ainsi des faits résultant de ce contrat, qui se perpétuent et se renouvellent tous les jours, comme les arrérages d'une rente, les intérêts d'une créance; ceux de ces faits qui se sont passés sous l'empire de la nouvelle loi seront régis par elle, et elle n'aura point en cela d'effet rétroactif, puisqu'ils lui sont postérieurs. Il y aurait effet rétroactif, si, par l'effet de la loi du 3 septembre 1807, on réduisait des intérêts échus avant sa publication, parce qu'il s'agirait de *droits acquis ;* mais quand elle a été publiée, les intérêts à échoir n'étaient qu'une *simple espérance*, et les lois ne s'arrêtent pas devant de semblables droits. C'est ainsi que par arrêt du 12 mai 1819, la Cour de Cassation a décidé que le débiteur d'une rente constituée consentie sous une loi qui n'autorisait pas le créancier à exiger le remboursement du capital, faute de paiement des arrérages pendant deux années, peut cependant être forcé au remboursement, si, depuis la publication du code civil, il laisse passer deux ans sans acquitter les arrérages.

M. Favard termine ce paragraphe par citer l'arrêt de la Cour de Cassation du 13 mai 1817.

Je ne puis adopter, pour mon compte, l'opinion de M. Favard. Je comprends difficilement qu'après avoir posé en principe que tout ce qui touche à la substance d'un contrat, à sa forme, à l'interprétation de ses dispositions, doit être régi par la loi sous l'empire de laquelle le contrat a été consenti, on arrive cependant à conclure que les conventions formelles des parties, faites conformément à la loi de l'époque, ne doivent pas être exécutées, et ce pour se conformer à une loi postérieure. C'est ce que fait M. Favard; voyons quels sont ses motifs.

Les arrérages d'une rente, les intérêts d'une créance sont, dit M. Favard, des faits résultant du contrat qui se perpétuent et se renouvellent tous les jours. Ceux de ces faits qui se sont passés sous l'empire de la nouvelle loi, seront régis par elle, et elle n'aura pas d'effet rétroactif, puisqu'ils lui sont postérieurs.—Les faits ?.... Quels faits ! Ce n'est pas le prêt, ce n'est pas la convention sur les intérêts, ce n'est pas l'acte qui donne droit aux intérêts ? Qu'appelle-t-on donc les faits ? Ce ne peut être que l'échéance du terme. Mais l'échéance du terme ne donne pas naissance au droit qui est réglé d'avance, elle n'en est que l'époque d'exécution. S'il s'agissait d'intérêts légaux,

M. Favard aurait raison ; mais lorsqu'il s'agit d'intérêts conventionnels, c'est la convention et la convention seule qui doit les régler. Or, ils ont été réglés par un acte antérieur à la loi du 3 septembre 1807, et ils ont été fixés à un taux que la loi de l'époque permettait. Comment prétendre que la dette sera modifiée, parce que différentes législations surviendront entre sa création et son extinction? M. Favard l'a reconnu lui-même ; ce qui touche à la substance d'un contrat, doit être régi par la loi sous l'empire de laquelle il a été consenti. La substance de notre contrat de prêt, c'est la convention de payer tel intérêt jusqu'au remboursement. Si la loi permettait alors une telle stipulation, il faut exécuter le contrat.

Les intérêts à échoir ne sont, dit M. Favard, qu'une *simple espérance*, et les lois ne s'arrêtent pas devant de semblables droits.—Comment ne sont-ils qu'une simple espérance? Je vous prête pour dix ans 100,000 francs à condition de me payer chaque année 8,000 francs pour intérêts, et ce n'est qu'une simple espérance? Et cependant rien que ma volonté ne peut vous dispenser d'exécuter cette convention. C'est un droit qui m'est acquis, aussi bien acquis pour le tems couru avant la publication de la loi du 3 septembre, que pour le tems couru après sa publication. Sans doute, il y aura des époques d'exigibilité; ce sont des termes, ce sont des époques fixées pour la libération et l'exécution des conventions; mais quant aux conventions, quant au taux de l'intérêt, tout cela est réglé par l'acte de prêt, tout cela est acquis aux parties du moment de l'acte; il ne s'agit plus que de son exécution. Il ne peut plus être question de régler l'intérêt, mais bien de payer et de recevoir l'intérêt convenu. Il ne faut pas confondre l'exécution de l'acte avec l'acte en lui-même. Il ne faut pas confondre la créance avec les termes fixés pour la libération. La créance existe du jour du contrat, et les époques convenues pour le paiement des intérêts ne sont que des termes pris pour l'exécution partielle de la convention.

Pour appuyer son opinion, M. Favard invoque un arrêt de la Cour de Cassation, du 12 mai 1819, qui décide que le débiteur d'une rente constituée consentie sous une loi qui n'autorisait pas le créancier à exiger le remboursement du capital, faute de paiement des arrérages pendant deux années, peut cependant être forcé au remboursement si, depuis la publication du code civil, il laisse passer deux ans sans acquitter les arrérages. Il existe, à mon avis, une grande différence entre les deux cas. En consacrant la faculté d'exiger le remboursement, pour défaut de paiement des arrérages pendant deux ans, on ne fait que permettre l'application d'une peine à un fait postérieur à la loi qui introduit cette peine contre celui qui n'exécute pas ses conventions, tandis qu'en permettant la réduction des intérêts convenus, parce qu'une loi postérieure les aurait fixés à un taux moins élevé, on altère, on détruit même des conventions faites et contractées librement, sous une loi qui ne les défendait pas.

Il n'y a point similitude entre les deux cas, et c'est méconnaître les principes fondamentaux que de chercher dans un tel rapprochement un argument en faveur d'une opinion qui ne permet point d'en réunir de solides, parce qu'elle n'est en réalité qu'une erreur.

Aussi est-elle repoussée par la doctrine tout aussi bien que par la jurisprudence.

M. Dalloz, recueil alphabétique, émet un avis contraire à celui de M. Favard.

M. Duranton, volume 17, n° 602, combat victorieusement les motifs de l'arrêt de la Cour royale d'Agen, et ceux de la décision de la Cour de Cassation en date du 13 mai 1817, en même tems que ceux développés par M. Favard.

« Il est impossible, dit M. Duranton, de donner à une décision judiciaire un motif plus arbitraire que celui-ci : *La loi du* 3 *septembre* 1807 *est de la nature de celles qui saisissent les individus et ont l'effet de régir leurs contrats ou quasi-contrats du jour de leur promulgation.* Les lois qui saisissent les individus sont celles qui règlent leur capacité, telle que celle sur la majorité, etc. ; mais les lois qui régissent l'effet des conventions n'exercent leur empire que sur celles qui ont été arrêtées depuis leur promulgation : tout autre système est captieux, arbitraire et plein de dangers. »

M. Duranton repousse la comparaison que M. Favard veut faire entre le cas de paiement d'intérêts depuis la promulgation de la loi du 3 septembre 1807, et l'application des dispositions de l'article 1912 du code civil. On dit, ajoute M. Duranton, que les intérêts sont des *faits* passés sous l'empire de la nouvelle loi; mais qu'est-ce que cela fait à la question? Ces faits ne sont pas moins le résultat d'un contrat passé sous la loi ancienne ; ils ont été prévus et réglés, et le tems, nécessaire sans doute à leur accomplissement, n'est pas ce qui les a produits : leur cause créatrice, c'est le contrat.

Les intérêts échus sous l'empire de la loi nouvelle n'étaient pour le créancier qu'une simple espérance avant la promulgation de cette loi.

« Qu'est-ce que cela veut dire? Une loi nouvelle a-t-elle pu, sans rétroactivité, détruire, altérer ou modifier cette espérance? Non, certes. On n'oserait pas soutenir qu'une loi nouvelle pourrait, sans rétroactivité, changer la nature ou les effets d'une convention sous condition suspensive, sous prétexte que la condition n'était pas encore accomplie lors de sa promulgation, et que le fait de son accomplissement est un fait nouveau ; et cependant, c'est bien relativement à une créance conditionnelle qu'il est vrai de dire qu'il n'y a qu'une simple espérance.

Mais, au contraire, les intérêts d'une créance, les arrérages d'une rente, ne forment point une simple espérance; ils forment des dettes à terme, et le terme ne suspend point l'engagement; il en retarde seulement l'exécution.

Il faut tenir pour constant, dit M. Duranton, que la disposition de l'article 5 de la loi du 3 septembre 1807 a voulu que les contrats existant lors de sa promulgation fussent exécutés selon leur forme et teneur. »

En voilà assez, je pense, pour bien fixer la véritable interprétation de l'article 5 de la loi du 3 septembre 1807, dont les dispositions ne sont, au surplus, qu'une juste application du principe général, qui veut que la loi n'ait pas d'effet rétroactif.

Ne faut-il pas cependant dire quelques mots sur la question de savoir si la loi du 3 septembre 1807 s'applique aux rentes constituées?

M. Favard, v°. Intérêt, paragraphe 7, se prononce pour la négative. Cette loi, dit-il, ne parle que du prêt à intérêt proprement dit, et non du contrat de constitution, où, le capital étant aliéné, le preneur a définitivement renoncé au droit d'en exiger le remboursement.

Je ne comprends pas bien cette distinction; elle ne repose sur rien. Je n'aperçois aucune différence entre un contrat qui fixe l'époque du remboursement à dix ou vingt ans et celui qui la laisse à la volonté de l'emprunteur. A mes yeux, c'est toujours un prêt à intérêt. Une différence peut exister quant à la durée de la convention, mais jamais porter sur son essence. Si j'ouvre le code civil, je n'y trouve rien qui puisse motiver la distinction de M. Favard. Au contraire, dans le chapitre ayant pour titre : *Du prêt à intérêt,* je trouve à l'article 1909 : Le PRÊT prend le nom de *constitution de rente*, quand le prêteur s'est interdit d'exiger le capital. Dans cet article comme à l'article 1912, je remarque le mot *prêteur.* C'est donc un prêt. C'est un prêt à intérêt, et à un intérêt convenu. Si c'est un prêt, il rentre sous l'application de la loi du 3 septembre 1807, qui dispose d'une manière générale pour l'intérêt conventionnel.

Je conçois d'autant moins la distinction de M. Favard que, si elle était admise, il en résulterait que, la loi du 3 septembre 1807 n'étant pas applicable aux constitutions de rente, ces sortes de prêts pourraient être faits au taux qu'il plairait aux parties de stipuler. Il serait par trop commode pour les usuriers de trouver ainsi, sous la main, un moyen bien facile de déguiser leurs exactions ou plutôt de les placer audacieusement sous la protection de la loi.

Je suis heureux de pouvoir m'appuyer encore ici de l'avis de M. Duranton. La preuve, dit ce jurisconsulte, que le législateur a voulu embrasser dans les dispositions de la loi les constitutions de rente, c'est qu'il n'a pas rappelé dans la loi du 3 septembre 1807 la réserve faite dans l'édit de 1770, et dont M. Favard tire argument. La circonstance que le prêteur, dans le cas de constitution de rente, s'interdit d'exiger le remboursement, est indifférente, en ce qui concerne l'usure, qu'on a dû vouloir aussi proscrire en cette matière comme lorsqu'il s'agit d'un prêt simple et ordinaire; autrement il faudrait aller jusqu'à dire qu'il est licite de stipuler le taux de la rente à cinquante pour cent, et encore au-delà.

Objecterait-on, dit M. Duranton, que l'emprunteur aura la faculté de rembourser, pour se libérer d'un intérêt ruineux, tandis que celui qui emprunte à terme et à intérêt est obligé de payer les intérêts pour le temps convenu? Mais que l'on songe donc que, dans le contrat de constitution, le créancier peut aujourd'hui stipuler que son remboursement ne lui sera pas fait avant dix ans (article 1911 du code civil); et c'est précisément ce que ferait un prêteur avide: on donnerait le nom de constitution de rente à un acte qui ne serait au fond qu'un simple prêt avec usure énorme. Non, les rédacteurs de la loi du 3 septembre 1807 n'ont pu vouloir distinguer à cet égard; il n'y a rien dans la loi ni dans le discours de l'orateur qui a présenté le projet de loi à l'adoption du corps législatif, qui indique qu'on ait entendu faire cette distinction. Ils se sont attachés *aux stipulations d'intérêts*, *à l'intérêt conventionnel*, et uniquement à cela; or, c'est un intérêt conventionnel, celui qui est fixé moyennant un capital que le prêteur s'interdit d'exiger (article 1909).

La distinction, admise par M. Favard, une fois repoussée, il en résulte que tout ce qui a été dit s'applique aux constitutions de rente comme aux simples prêts à intérêt.

En résumé :

Lorsque les intérêts sont dus en vertu d'une stipulation antérieure à la loi du 3 septembre 1807, il faut exécuter la convention, quelle qu'en soit la durée. C'est, à mon avis, la saine interprétation de l'article 5 de la loi du 3 septembre 1807.

Lorsque les intérêts sont dus en vertu d'une nouvelle convention intervenue sous l'empire de la loi du 3 septembre 1807, le taux de ces intérêts ne peut excéder cinq pour cent en matière civile et six pour cent en matière commerciale.

Lorsque les intérêts sont dus en vertu de la loi, c'est encore la loi du 3 septembre 1807 qui doit en fixer le taux.

Lorsqu'ils sont dus en vertu d'un contrat ayant date du 18 janvier 1814 au 1er janvier 1815, c'est-à-dire pendant le tems où la suspension de la loi du 3 septembre 1807 permettait de stipuler l'intérêt au taux qui convenait aux parties contractantes, les intérêts convenus doivent être payés ; ces contrats doivent être exécutés comme ceux qui sont antérieurs à la loi du 3 septembre 1807, et l'on ne peut y trouver ni des élémens pour constituer l'habitude d'usure, ni une base légale pour élever la quotité de l'amende.

LIVRE III.

De la tentative.

La loi du 3 septembre 1807 ne contient aucune disposition sur la tentative.

L'article 3 du code pénal est ainsi conçu :

« Les tentatives de *délits* ne sont considérées » comme *délits* que dans les cas déterminés par » une disposition spéciale de la loi. »

=La conséquence nécessaire de cet état de la législation, c'est qu'il ne peut y avoir, quant au délit d'usure, de tentative qui soit punissable.

Pour que les peines de la loi du 3 septembre

puissent être infligées, il faut donc que le délit d'habitude d'usure soit bien caractérisé. Lorsqu'il n'y a qu'une tentative, point de délit, point de peine.

Mais quand y a-t-il délit ? Quand y a-t-il tentative ?

Il y a délit, lorsqu'il y a eu prêt conventionnel. Il n'y a que tentative, lorsqu'il n'existe encore que des pourparlers, des propositions, des projets.

La Cour de Cassation, par arrêt du 8 mai 1829, a décidé que l'usure était consommée par la signature des emprunteurs au bas des billets par eux remis au créancier, qui, dans ces billets, a perçu un intérêt illégal, celui-ci se trouvant dès-lors possesseur de titres à l'exécution desquels les débiteurs ne peuvent se soustraire. Il y a usure, bien que les intérêts n'aient pas encore été perçus, ou qu'ils aient été réduits.

C'est donc la convention seule qui constitue le fait d'usure, indépendamment de ce qui peut suivre, comme aussi sans aucun égard à tout ce qui a pu précéder.

Le délit prend naissance avec la convention, mais ne meurt pas avec elle.

Si le prêt n'a pas été effectué, toutes les tentatives, quelles qu'elles soient, ne peuvent constituer un fait répréhensible aux yeux de la loi. Ce sont des tentatives de délit, mais il n'y a que les délits qui doivent être punis.

Voici l'arrêt de la Cour de Cassation, que nous venons de citer; il est rapporté dans Dalloz, volume 1829, 1re partie, page 244.

Delvincourt s'est pourvu en cassation contre un arrêt de la Cour royale de Paris, du 27 décembre 1828, qui l'a condamné pour délit d'habitude d'usure. Il proposait, entre autres, les moyens suivans :

1°. Il prétendait que la Cour royale avait erré, en décidant que la signature des emprunteurs au bas des billets et leur remise constituaient le délit imputé au prévenu : l'usure disait-il, n'est que le profit illégal que le prêteur retire de son argent; il faut donc qu'il soit établi qu'il y a eu une stipulation d'intérêts excessifs, et aussi perception de ces intérêts : la stipulation seule ne constitue pas le délit.

2°. Il soutenait qu'on ne devait pas voir non plus le délit d'usure dans le fait d'avoir fait souscrire une obligation plus élevée que le prêt, pour garantie, lorsque le prêteur n'avait pas profité de cet excédant.

3°. Enfin, il disait, par l'organe de Me. Odilon-Barrot, son avocat, que l'on devait décider de même lorsque le débiteur était tombé en faillite, avant d'avoir payé le montant de son obligation, parce qu'en effet, il n'y a délit d'usure que par le profit illégal ou par la perception des bénéfices usuraires.

Ces moyens n'ont pas été accueillis.

ARRÊT.

« La Cour, etc.

» Attendu.....

» Attendu qu'en décidant que l'usure était
» consommée par la signature des emprun-
» teurs au bas des billets par eux remis au
» demandeur, qui avait ainsi des titres à
» l'exécution desquels ses débiteurs ne pou-
» vaient se soustraire, l'arrêt attaqué n'a
» point fait une fausse application de la loi du
» 3 septembre 1807;

» Attendu que la réduction de la dette de
» l'un des emprunteurs, consentie par le
» demandeur, après le commencement des

» poursuites, n'a pu empêcher qu'à cette
» époque l'usure ne fût consommée pour la
» totalité du prêt; que, par conséquent, en
» confirmant cette décision du jugement de
» première instance, l'arrêt attaqué n'a point
» faussement appliqué la loi du 3 septembre
» 1807;

» Attendu que les réductions consenties
» par le demandeur sur la dette de Sallandre,
» par l'effet de la banqueroute de ce débiteur,
» n'empêchaient pas que le fait d'usure
» n'existât originairement pour la somme de
» 15,000 fr., à laquelle l'arrêt attaqué a fixé le
» montant du prêt. — Rejette. »

LIVRE IV.

De la complicité.

La loi du 3 septembre 1807 ne contient aucune disposition relative à la complicité.

L'article 59 du code pénal est ainsi conçu :

« Les complices d'un crime ou d'un délit
» seront punis de la même peine que les
» auteurs mêmes de ce crime ou de ce délit,
» sauf les cas où la loi en aurait disposé
» autrement. »

= La première question qui se présente est celle de savoir si l'article 59 du code pénal peut être applicable en matière d'habitude d'usure.

Les principes généraux veulent que les complices d'un crime ou d'un délit soient punis. La loi du 3 septembre 1807 ne contient aucune dérogation aux dispositions du code pénal; dès lors cette maxime du droit naturel et public doit être appliquée tout aussi bien en matière spéciale que pour les faits punis par un texte du code pénal,

Le principe de l'article 59 du code pénal, dit M. Dalloz dans son recueil alphabétique, a toujours été suivi en France.

La Cour de Cassation, par son arrêt du 22 octobre 1825, a jugé que les articles du code pénal étaient applicables en matière de douanes. On trouve cet arrêt dans Dalloz, tome 26, partie 1re, page 79.

Il y a plus; la même Cour, par arrêt du 14 octobre 1826, a décidé la question en matière d'usure.

Un jugement du tribunal de Chaumont avait refusé de condamner une femme comme complice de son mari, tout en reconnaissant, en fait, l'existence de cette complicité.

Sur le pourvoi du ministère public, il intervint l'arrêt de cassation dont la teneur suit :

« La Cour, etc. ;

» Attendu que si la loi du 3 septembre 1807
» ne contient, sur le délit d'habitude d'usure,
» aucune dérogation aux dispositions du code
» pénal relatives à la complicité, il est de
» droit naturel et public que le complice d'un
» crime ou d'un délit, s'il est coupable, doit
» être puni ;

» Que cette maxime exerce son empire tant
» qu'il n'y a pas été dérogé par une loi for-
» melle ;

» Que dès lors les articles du code pénal
» relatifs à la complicité, sont applicables en
» matière d'usure ;

» Attendu que les dispositions des articles
» 217, 1421, 1388, 1350 et 1352 du code civil,
» ne sont point applicables aux matières cri-
» minelles ; qu'ils règlent la constitution civile
» de la société conjugale, et non la respon-
» sabilité légale que peuvent encourir, pour
» crimes et délits, les époux, non comme
» époux, mais comme individus ;

» Que s'il résultait de la position de la

» femme Thevenin à l'égard de son mari, qu'il
» fallait apprécier les faits avant de la déclarer
» complice, il ne s'ensuivait pas que son état
» de femme en puissance de mari la rendît
» incapable d'avoir une volonté propre et de
» concourir de son chef à une action illicite;

» Que dans l'état de la cause, le tribunal
» de Chaumont, en déclarant en thèse générale
» qu'une femme ne pouvait être considérée
» comme complice de son mari pour délit
» d'habitude d'usure, a violé les articles 59
» et 60 du code pénal, et faussement appliqué
» les articles du code civil qui ne concernent
» que les contrats civils et les obligations qui
» en dérivent, et nullement les délits et les
» crimes que peuvent commettre personnelle-
» ment ou de complicité les femmes en puis-
» sance de mari.

» Par ces motifs,—casse, etc. »

Cet arrêt, comme on le voit, décide, d'une manière on ne peut plus formelle, que les articles du code pénal relatifs à la complicité sont applicables en matière d'usure.

Un autre arrêt rendu par la Cour de Cassation le 30 août 1838 décide que les époux communs en biens, qui sont convaincus de s'être rendus coupables, soit comme auteurs, soit comme complices l'un de l'autre, du délit d'habitude d'usure, doivent, chacun aussi, être condamnés à une amende distincte, et non pas seulement à une amende solidairement, sous le prétexte qu'à raison de la qualité d'époux des délinquans, les divers prêts usuraires souscrits par eux devraient être censés faits par une seule personne. Il consacre que les règles du droit civil relatives à l'autorité maritale et à l'administration de la communauté ne sont pas applicables aux matières criminelles, dans lesquelles il est de principe qu'un délit commis conjointement par plusieurs personnes doit, à moins d'exception formelle prononcée par la loi, entraîner une peine distincte contre chacun des délinquans.

Voici cet arrêt, qui est rapporté dans Dalloz, volume 1838, partie première, page 392.

« La Cour; — vu l'article 4 de la loi du 3
» septembre 1807; — attendu que, d'après les
» principes généraux du droit criminel, toute
» personne qui se rend coupable d'un délit,
» doit être punie d'une peine; qu'il suit de là

» que, si un délit est imputable à plusieurs
» personnes, soit comme auteurs, soit comme
» complices, il doit être prononcé une peine
» distincte contre chacune d'elles; — qu'il ne
» peut y avoir d'exception à cette règle que
» dans les cas où des lois spéciales font porter
» la peine sur le délit plutôt que sur son
» auteur; — que la loi particulière sur l'usure,
» loin de déroger au droit commun, le con-
» firme expressément, puisqu'elle ordonne
» que tout individu convaincu de se livrer
» habituellement à l'usure soit condamné à
» l'amende; — que les règles du droit civil
» relatives à l'autorité maritale et à l'adminis-
» tration de la communauté ne sont point
» applicables aux matières criminelles; qu'on
» ne peut, dès-lors, s'en autoriser, ni en
» général pour affranchir la femme mariée,
» qui commet un délit, de la peine qu'elle a
» encourue, ni en particulier pour ne punir
» que d'une seule amende solidaire le mari
» et la femme communs en biens qui se ren-
» dent conjointement coupables d'un délit
» d'usure;

» Attendu, en fait, que la Cour royale de

» Rennes a déclaré Drouard et sa femme
» coupables de s'être livrés habituellement à
» l'usure ; qu'elle a fondé cette déclaration,
» d'une part, sur ce que la femme Drouard,
» administrant la communauté en l'absence
» de son mari, avait fait la plupart des prêts ;
» d'autre part, sur ce que Drouard en avait
» fait lui-même quelques-uns et devait être
» considéré, d'après les circonstances rele-
» vées dans l'arrêt, comme ayant coopéré à
» tous ; — qu'il y avait donc culpabilité per-
» sonnelle de chacun des prévenus : d'où la
» conséquence qu'une peine devait être infli-
» gée à chacun d'eux ; — que cependant la
» Cour royale, par le motif que, dans tous
» les prêts, les deux époux s'identifiaient, et
» qu'on ne devait les condamner que comme
» s'il n'y avait qu'un délinquant, n'a pro-
» noncé contre eux qu'une seule amende soli-
» daire ; casse l'arrêt de la Cour de Rennes,
» du 11 juillet 1838. »

Ces deux arrêts, tout en proclamant que les articles du code pénal relatifs à la complicité sont applicables en matière d'usure, décident en outre que leur application peut être faite à une femme qui est en puissance de mari.

Par un autre arrêt, du 14 décembre 1838, rapporté dans Dalloz, volume 1839, partie 1re., page 46, la Cour de Cassation a jugé que des associés convaincus de s'être rendus coupables du délit d'habitude d'usure devaient être condamnés à des amendes distinctes; qu'il ne suffisait pas qu'ils le fussent collectivement à une seule amende solidaire, la communauté d'intérêts qui existe entre les délinquans ne pouvant faire déroger à ce principe, qu'il doit être prononcé une peine distincte contre chacun des individus qui ont commis le même crime ou délit, sauf à proportionner cette peine au degré de culpabilité de chacun d'eux, dans les limites du maximum fixé par la loi. Voici les termes de cet arrêt :

« La Cour; — vu l'article 4 de la loi du 3 » septembre 1807; — attendu que, d'après les » principes généraux du droit criminel, toute » personne qui se rend coupable d'un délit » doit être punie d'une peine; — qu'il suit de » là que, si un délit est imputable à plusieurs » personnes, soit comme auteurs, soit comme

» complices, il doit être prononcé contre » chacune d'elles une peine distincte et pro- » portionnée, dans les limites du *maximum* et » du *minimum* fixés par la loi, au degré de » culpabilité de chacune; — qu'il ne peut y » avoir d'exception à cette règle qu'en vertu » d'une disposition spéciale de la loi; — que » la loi particulière sur l'usure, loin de déro- » ger au droit commun, le confirme expres- » sément, puisqu'elle ordonne que tout indi- » vidu convaincu de se livrer habituellement » à l'usure soit condamné à l'amende; — que » la communauté d'intérêts entre ceux qui se » rendent coupables de ce délit, comme par » exemple s'ils sont associés pour faire le » commerce, ne peut pas davantage autoriser » les tribunaux à ne prononcer qu'une amende » et à se dispenser d'apprécier la culpabilité » personnelle de chacun des prévenus et à se » borner à prononcer une seule amende soli- » daire contre tous; — et attendu, en fait, » que Maissiat et Guinet ont été reconnus » coupables, par le tribunal de Bourg, de » s'être livrés habituellement à l'usure; — » que ce tribunal devait donc prononcer con-

» tre chacun d'eux l'amende qu'il avait encou-
» rue; — que cependant il ne les a condamnés
» qu'à une seule amende collectivement; —
» en quoi il a commis un excès de pouvoir et
» formellement violé l'article 4 de la loi du 3
» septembre 1807; — casse. »

Maintenant qu'il est établi que les complices du délit d'usure doivent être punis comme les auteurs, disons quelques mots sur les difficultés qui peuvent se présenter dans l'application de cette règle.

Lorsque, comme dans les espèces de deux des arrêts que nous venons de transcrire, ce sera la femme qui aura concouru à tous les prêts faits par son mari, aucun doute ne sera possible; les mêmes faits qui auront servi à constituer l'habitude de l'usure, constitueront en même tems la complicité. Il en sera de même, lorsqu'une autre personne que la femme aura pris part à tous les actes constitutifs du délit. Mais quand le complice, la femme ou toute autre personne, n'aura pris part qu'à un nombre de faits bien moindre que ceux reprochés à l'auteur du délit, qu'arrivera-t-il? Si, par exemple, un individu ne s'est rendu complice que d'un seul prêt fait à usure, peut-on soutenir qu'il doive être puni ? Nous ne le croyons pas. En se rendant complice d'un seul fait d'usure, on ne peut se rendre complice du délit d'habitude d'usure. De même qu'un seul fait ne peut constituer un délit d'usure, de même un seul fait ne peut en constituer la complicité. La circonstance qu'à ce fait l'usurier a réuni d'autres prêts en nombre suffisant pour constituer à son égard l'habitude, ne peut avoir d'effet quant au complice, à qui ces autres prêts sont restés étrangers.

Ce qui est vrai pour un seul fait l'est également pour le cas où il y en aurait deux. Le complice n'ayant à répondre que des faits auxquels il a concouru ne peut être puni que dans le cas où un auteur l'aurait été lui-même.

Mais si les faits de complicité sont assez nombreux pour constituer l'habitude, il y aura complicité comme il y aurait délit principal. En un mot, il faut qu'il y ait, pour constituer le délit de complicité, le même caractère d'habitude qui est exigé pour que l'usurier puisse être puni.

Ce n'est pas à dire pour cela qu'il faille que

le complice ait concouru à tous les prêts qui servent à constituer le délit d'habitude. Non, il suffit qu'on établisse la complicité relativement à un nombre de prêts suffisant pour établir l'habitude. Ainsi, par exemple, un usurier peut être condamné pour vingt prêts faits à usure, et son complice peut l'être à raison de son concours à dix seulement. On ne pourrait pas plus le condamner pour les vingt qu'on ne pourrait le dispenser de toute pénalité à raison des dix faits, qui sont bien suffisans pour constituer l'habitude de la complicité.

Ici se présente une difficulté grave pour l'application de la peine.

L'article 59 du code pénal veut que les complices d'un crime ou d'un délit soient punis de la même peine que les auteurs mêmes de ce crime ou de ce délit.

Si l'on fait l'application rigoureuse de cet article, il s'ensuivra que le complice sera puni pour des faits qui lui sont restés totalement étrangers. En effet, pour déterminer l'amende applicable à l'auteur du délit, il faut réunir les capitaux des vingt prêts qu'il a faits pour en prendre la moitié, qui sera le maximum de l'amende que les juges peuvent prononcer. Si la peine qu'on doit infliger au complice doit être celle infligée à l'auteur, la conséquence c'est que des faits étrangers à ce complice ont cependant contribué à aggraver sa peine ; il se trouve puni pour vingt prêts, lorsque cependant il n'a été le complice que de dix.

Je sais bien que quand la loi dit la même peine, cela ne comporte pas pour les magistrats l'obligation de n'admettre aucune différence pour la quotité. C'est ainsi que, par ses arrêts des 9 juillet 1813 et 2 février 1815, la Cour de Cassation a jugé que la peine du complice peut être plus grave que celle de l'auteur. Si elle peut être plus grave, elle peut être moins sévère. Les tribunaux doivent profiter de la latitude qui leur est laissée entre le maximum et le minimum, et, usant de ce droit, prononcer contre le complice une amende plus forte ou moins forte.

Cette interprétation de la loi, trop généralement admise dans la jurisprudence pour qu'il soit besoin d'insister davantage, n'aplanit pas les difficultés que nous avons soulevées ; en vain dirait-on que les juges prendront en considération que le complice n'a pris part qu'à dix prêts usuraires, et que, par suite, ils ne le condamneront qu'à une amende bien moindre que celle qu'ils infligeront à l'auteur.

On ne peut ainsi remettre à l'arbitraire des tribunaux la quotité de l'amende ; c'est la loi qui doit la fixer au moins par un maximum. Or, ce maximum ne peut être celui qui serait fixé d'après la réunion des vingt prêts usuraires ; cela serait par trop injuste, et cependant il en faut un ; car, sans cela, comment pourrait-on savoir qu'il n'a pas été dépassé ? comment s'assurerait-on que la loi n'a pas été violée ? Il faut donc, quant au complice comme relativement à l'auteur, que le maximum de l'amende soit déterminé. S'il faut un maximum fixé, si ce maximum ne peut pas être la moitié des capitaux qui ont constitué les vingt prêts usuraires, il faut donc chercher ailleurs la base du calcul que la loi ordonne de faire. On ne peut la trouver que dans la réunion des capitaux des dix prêts auxquels le complice a concouru. Si l'auteur du délit n'avait commis que ces dix exactions, de concert avec le complice, la base leur aurait été commune. En ajoutant d'autres faits à ces dix prêts, l'auteur a pu aggraver sa position, mais il n'a pu apporter la moindre modification à la position du complice. Elle doit rester la même. Auteur et complice de dix prêts usuraires, ils sont punissables de la même peine, sauf aux tribunaux à mettre une différence entre eux si des raisons paraissent l'exiger, mais toujours sous l'obligation de ne pouvoir excéder ni pour l'un ni pour l'autre le maximum qui doit être fixé par la réunion des capitaux prêtés. En ajoutant d'autres faits, l'auteur du délit a pu élever ce maximum ; mais il n'a pu l'augmenter quant à son complice, étranger aux autres prêts, et qui ne peut être puni pour des actes émanés d'autrui, pour des actes qu'il n'a pu empêcher, et que même il a peut-être ignorés. Telles sont, je crois, les règles que l'on doit suivre pour la complicité en matière d'usure. Je prévois des objections ; ainsi on dira : Le délit d'habitude d'usure se compose de tous les prêts usuraires ; celui qui a fourni un des élémens du délit est coupable comme celui qui, par un acte quelconque, a aidé à commettre un délit d'une autre espèce. Ainsi, en matière de vol, il ne faut pas pour être complice une assistance continue ; un seul des actes qui ont amené la consommation du fait, vous rend aussi coupable que l'auteur du délit lui-même, bien qu'il ait pris dans l'action une part vingt fois plus grande. Cette comparaison et toute autre de cette nature ne me paraissent pas présenter d'analogie réelle avec le délit d'habitude d'usure. Les actes qui préparent tous les autres délits ou les consomment sont tous commis en vue du délit, et doivent en assurer plus ou moins la consommation ; ils sont coupables pris isolément, à différens degrés peut-être, mais ils le sont tous. En matière d'usure, au contraire, pris isolément, les actes sont innocens ; et puis, si les faits réunis constituent le délit, chacun d'eux alors concourt à la fixation de la pénalité. L'habitude d'usure est un délit tout spécial, tout particulier.

Une dernière réponse à l'objection. S'il était vrai qu'un seul acte de complicité entraînât la culpabilité du délit d'usure, il en résulterait qu'un seul fait innocent en lui-même mettrait un complice à la discrétion de son associé; ainsi, un individu se rend complice d'un fait d'usure. Jusque-là pas de délit. Si le prêteur se borne à ce prêt, point de délit ni pour l'un ni pour l'autre; mais bien que le complice demeure par la suite à l'abri de tout reproche et s'abstienne de tout fait de complicité, le voilà cependant livré à la merci du prêteur, qui peut en faire un innocent en ne prêtant plus à usure, ou un grand coupable en multipliant seul ou avec d'autres complices les prêts usuraires. Il pourra ainsi conduire à sa ruine son premier complice, parce que ce dernier, tout entier à la discrétion de l'usurier, sera le complice nécessaire et forcé de tous les actes qui surviendront, bien qu'il n'y prenne aucune part et ne puisse par aucun moyen les empêcher. Voilà où conduirait ce système; c'est avoir démontré qu'il n'est pas soutenable.

LIVRE V.

De la récidive.

On entend par *récidive* l'état de l'individu qui, après avoir été condamné pour un délit, en commet un autre.

La récidive ne résulte pas de l'existence de plusieurs délits, mais bien d'une condamnation antérieure au délit actuellement dénoncé.

Ces principes généraux sont consacrés par les arrêts de la Cour de Cassation des 16 août 1811, 27 février 1818 et 5 novembre 1831.

La loi du 3 septembre 1807 ne contient aucune disposition relativement à la récidive en matière d'usure.

Les articles 56, 57 et 58 du code pénal sont ainsi conçus :

Article 56. « Quiconque, ayant été con-
» damné à une peine afflictive ou infâmante,
» aura commis un second crime emportant,
» comme peine principale, la dégradation civi-
» que, sera condamné à la peine du bannis-
» sement.

» Si le second crime emporte la peine du
» bannissement, il sera condamné à la peine
» de la détention.

» Si le second crime emporte la peine de la
» réclusion, il sera condamné à la peine des
» travaux forcés à tems.

» Si le second crime emporte la peine de la
» détention, il sera condamné au *maximum* de
» la même peine, laquelle pourra être élevée
» jusqu'au double.

» Si le second crime emporte la peine des
» travaux forcés à tems, il sera condamné au
» *maximum* de la même peine, laquelle pourra
» être élevée jusqu'au double.

» Si le second crime emporte la peine de la

» déportation, il sera condamné aux travaux
» forcés à perpétuité.

» Quiconque, ayant été condamné aux travaux forcés à perpétuité, aura commis un second crime emportant la même peine, sera condamné à la peine de mort.

» Toutefois, l'individu condamné par un tribunal militaire ou maritime, ne sera, en cas de crime ou délit postérieur, passible des peines de la récidive qu'autant que la première condamnation aurait été prononcée pour des crimes ou délits punissables d'après les lois pénales ordinaires. »

ARTICLE 57. « Quiconque, ayant été condamné pour un crime, aura commis un délit de nature à être puni correctionnellement, sera condamné au *maximum* de la peine portée par la loi, et cette peine pourra être élevée jusqu'au double. »

ARTICLE 58. « Les coupables condamnés correctionnellement à un emprisonnement de plus d'une année, seront aussi, en cas de nouveau délit, condamnés au *maximum* de la peine portée par la loi, et cette peine pourra être élevée jusqu'au double : ils se-

» ront de plus mis sous la surveillance spé-
» ciale du gouvernement pendant au moins
» cinq années , et dix ans au plus. »

Ces articles sont-ils applicables en matière d'usure ?

L'article 56 ne contient aucune aggravation qui puisse être applicable au délit d'habitude d'usure.

Mais l'article 57 veut que celui qui, ayant été condamné pour un crime , commet un délit , soit condamné au maximum de la peine portée par la loi, et que cette peine puisse même être élevée jusqu'au double. Si cet article doit être appliqué en matière d'usure, il en résulte que celui qui, ayant été condamné pour un crime, commettra le délit d'habitude d'usure , devra nécessairement être condamné au maximum de l'amende prononcée par la loi du 3 septembre 1807 , et que cette amende pourra même être élevée jusqu'au double, c'est-à-dire à une somme égale aux capitaux prêtés à usure.

D'un autre côté, l'application de l'article 58 conduirait à l'obligation pour les tribunaux de prononcer aussi le même maximum , avec faculté de le doubler, lorsque la condamnation pour délit d'habitude interviendrait contre des individus ayant été antérieurement condamnés correctionnellement à un emprisonnement de plus d'une année.

La question de savoir si la législation du code pénal relative à la récidive est applicable en matière d'usure, est donc de la plus grande importance.

Dans quel sens doit-elle être résolue ?

Si la récidive est punie plus sévèrement que la première faute, c'est qu'elle est considérée comme la présomption légale d'une habitude criminelle. Pour qu'elle existe, il faut qu'il y ait identité entre les délits qui la constituent. Comment, en effet, pourrait-on présumer l'incorrigibilité de l'usurier, par cela seul qu'antérieurement il a été condamné pour diffâmation ? La loi romaine admettait cette restriction : la récidive aggravait la peine du délinquant, mais seulement *si in iisdem sceleribus perseveret.* Le code du Brésil ne punit également la récidive que d'un *délit de même nature.* Le code d'Autriche la punit dans le cas *d'un semblable délit.* La loi prussienne veut aussi que les juges aient égard *à la propension du coupable aux délits de la nature de celui qu'ils punissent.*

Après ces réflexions générales, entrons plus spécialement dans l'examen de la question.

Lorsqu'un individu condamné pour délit d'habitude d'usure aura commis un des délits prévus et punis par le code pénal, devra-t-on lui faire application de l'article 58 du code pénal ?

C'est là une question que nous pourrions nous dispenser d'examiner, parce qu'elle ne rentre pas nécessairement dans notre plan. En effet, il ne s'agit pas ici de l'application des principes de la récidive en matière d'usure, mais bien de l'application de l'article 58 en matière ordinaire. Cependant, quelques observations ne seront pas inutiles.

Lorsque le jugement qui aura condamné l'usurier n'aura prononcé contre lui qu'une amende, quelle qu'en soit l'élévation, la question ne pourra point naître. L'article 58 n'est applicable que pour le cas où il a été prononcé un emprisonnement de plus d'une année, par une condamnation antérieure.

Mais lorsqu'il y a eu escroquerie, outre

l'amende, un emprisonnement de deux années peut être prononcé, aux termes de l'article 4 de la loi du 3 septembre 1807. Si, par application de cet article, un emprisonnement de plus d'une année a été prononcé, y aura-t-il lieu à appliquer l'article 58 du code pénal?

Il faut distinguer :

Si l'emprisonnement a été prononcé par application de l'article 405 du code pénal pour le délit d'escroquerie, prévu, caractérisé et puni par cet article, il ne peut encore y avoir lieu à aucune difficulté. Les deux délits étant punis par le code pénal, l'application de l'article 58 de ce code est inévitable.

Mais si l'emprisonnement n'a été prononcé que par application de l'article 4 de la loi du 3 septembre 1807, pour escroquerie connexe au délit d'usure, pour l'escroquerie prévue par cet article, pour l'escroquerie non caractérisée par l'article 405, inapplicable dans l'espèce, mais bien par la loi du 22 juillet 1791, alors il peut y avoir question, et seulement alors on peut se demander si dans ce cas l'article 58 du code pénal devra être appliqué.

Le législateur, dans le dernier paragraphe

de l'article 56 du code pénal, a pris soin de déclarer que l'individu condamné par un tribunal militaire ou maritime, ne serait, en cas de crime ou de délit postérieur, passible des peines de la récidive qu'autant que la première condamnation aurait été prononcée pour des crimes ou délits punissables d'après les lois pénales ordinaires.

N'est-ce pas clairement manifester la volonté de restreindre aux délits ordinaires les faits antérieurs qui peuvent servir de base à l'application des peines de la récidive en cas de nouveau délit ordinaire ?

Les délits militaires, a dit M. le rapporteur à la chambre des pairs, dans la discussion sur la loi du 28 avril 1832, n'entraîneront pas la peine de la récidive lorsque le crime pour lequel le militaire aura été condamné ne se trouve pas placé au nombre des crimes énoncés dans le code pénal.

Si un délit militaire ne peut servir de base à l'application des peines de la récidive portées par le code pénal, qu'autant que ce délit est un de ceux énoncés dans ce code, pourquoi un délit d'usure pourrait-il entraîner l'application de ces peines? Le délit d'usure est un délit spécial tout comme le délit militaire; tous deux sont prévus par des lois spéciales. Le délit d'usure ne se trouve pas plus que le délit militaire placé au nombre des délits *énoncés dans le code pénal.*

Il est bien vrai que les délits militaires sont jugés par des tribunaux d'exception, tandis que les délits d'usure le sont par les tribunaux ordinaires; mais cette différence, quant à la compétence, est sans la moindre importance pour la pénalité. Le législateur n'en tient lui-même aucun compte, et c'est à tel point qu'il veut que les peines de la récidive soient appliquées, si la condamnation, bien que prononcée par un tribunal militaire ou maritime, a réprimé un fait punissable d'après les lois pénales ordinaires.

Ce n'est donc pas la juridiction qui détermine sa distinction, mais le fait en lui-même. Le premier fait est-il un délit ordinaire, application des peines de la récidive? Le premier fait ne se trouve-t-il pas placé au nombre des délits énoncés dans le code pénal, point d'application des peines de la récidive?

Tel est le principe posé par le législateur lui-même.

Faisons-en l'application à la question qui nous occupe.

Le délit d'usure n'est pas un délit prévu par le code pénal ; c'est un délit spécial, tout comme le délit militaire. Or, lorsque celui qui, à raison de ce délit, aura subi une condamnation, commettra un autre délit ordinaire, prévu et puni par le code pénal, il ne pourra pas, à raison de ce second fait, être puni des peines de la récidive, en exécution des dispositions de l'article 58 de ce code.

Voilà, à mon avis, ce qu'a voulu et ce qu'a dû vouloir le législateur.

Je sais bien que l'on a long-tems soutenu et jugé que l'article 56 du code pénal s'appliquait même lorsque la première condamnation avait été prononcée pour un crime militaire. *Voyez les arrêts de la Cour de Cassation des* 19 *mars*, 2 *juillet*, 6 *août*, 20 *août* 1829 *et* 4 *février* 1830.

Une distinction a été admise par la jurisprudence et ensuite par la loi elle-même, dans le nouvel article 56 du code pénal. Ce n'est qu'autant que la première condamnation a été prononcée pour des faits communs, punissables d'après les lois pénales ordinaires, que l'aggravation à raison de la récidive doit être appliquée.

C'est ainsi qu'il a été jugé par un arrêt de la Cour de Cassation, en date du 2 février 1832.

« Attendu, porte cet arrêt, qu'il résulte de » la combinaison des articles 5 et 56 du code » pénal, qu'il n'y a lieu à appliquer la peine » de la récidive portée par le dernier article » que lorsque la première infraction commise » est qualifiée crime par les lois pénales ordi- » naires. »

Était-il raisonnable, je le demande, de prendre, pour cause de l'élévation de la peine d'un crime ordinaire, une condamnation antérieure, intervenue pour un fait de désertion ou d'insubordination?

A mon avis, les mêmes motifs s'opposent à ce que celui qui a été déjà condamné pour le délit spécial d'habitude d'usure soit condamné aux peines de la récidive, si postérieurement il vient à commettre un délit commun.

Prenons une autre hypothèse. Si, au lieu

d'un délit d'habitude d'usure, suivi d'un délit commun, c'est, au contraire, relativement au délit d'habitude d'usure qu'il s'agit d'appliquer la peine de la récidive, à cause de l'existence d'une première condamnation encourue pour un délit ordinaire, devra-t-on, dans ce cas, faire l'application du même principe ? Je le crois. Je ne puis penser que l'on puisse faire dépendre l'aggravation de l'ordre chronologique des condamnations. Si un premier délit d'usure, par cela qu'il est un délit spécial, n'a pu réagir sur la condamnation à prononcer pour un second délit rangé dans la catégorie des délits ordinaires, comment un premier délit ordinaire pourrait-il commander l'application des peines de la récidive, lorsqu'il s'agit de réprimer un délit spécial ?

La Cour de Cassation, par arrêt du 21 décembre 1837, a jugé qu'il y avait lieu à l'application des peines de la récidive lorsqu'après une condamnation pour un crime ordinaire, on commettait le crime du sacrilége prévu par la loi de 1825.

Voici comment cet arrêt est motivé :

« Attendu que les dispositions de l'article

» 56 sur la récidive sont générales et absolues,
» qu'elles embrassent la totalité des crimes et
» délits prévus par les lois du royaume ;

» Qu'elles s'appliquent aux crimes et délits
» prévus par des lois postérieures à la pro-
» mulgation du code pénal, à moins que ces
» lois ne contiennent des dispositions déro-
» gatoires au droit commun ; que la loi du 20
» avril 1825 n'en contient aucune. »

La même Cour a porté des décisions semblables par arrêts des 14 mars 1828, 9 juillet 1828, 29 novembre 1828, 8 janvier 1829 et 13 janvier 1830.

Je comprends les argumens que l'on peut puiser dans ces nombreuses décisions ; mais peut-être est-il permis de remarquer que les termes de l'article 56 du code pénal et de la loi du 20 avril 1825 n'ont pas été sans influence ! Je n'attache du reste pas une grande importance à cette observation, qui ne pourrait plus s'appliquer aux arrêts rendus par la même Cour les 13 septembre 1832, 26 février 1835 et 7 septembre 1837. Voici comment est motivé le premier de ces arrêts.

« Attendu que les dispositions des articles

» 56, 57 et 58 du code pénal ne sont restrein-
» tes par aucune de leurs expressions aux
» crimes et délits spécifiés dans ce code ;
» qu'elles sont générales et absolues ; et
» qu'ainsi elles s'étendent sur les crimes et
» délits déterminés par des lois particulières,
» lorsque ces lois n'ont pas établi des règles
» spéciales pour la récidive de ces délits et de
» ces crimes. »

Par arrêts des 22 janvier 1824 et 12 septembre 1829, la Cour de Cassation avait déjà jugé que le condamné pour délit ordinaire, qui commettait une contravention à la loi de 1822, devait être puni des peines de la récidive, conformément à l'article 58 du code pénal.

Quand on réfléchit mûrement à quelles conséquences conduit l'application du principe que consacre la Cour de Cassation par tant d'arrêts répétés, on a peine, malgré son respect pour les décisions de la Cour souveraine, à adopter cette jurisprudence en matière d'usure ; par exemple, s'il est vrai que l'article 58 du code pénal doive être appliqué, il en résultera que, bien que la loi du 3 septembre 1807, tout en permettant d'élever l'amende jusqu'à la moitié des capitaux prêtés, laisse la faculté de la proportionner à la gravité du délit, les tribunaux devront prononcer nécessairement le maximum, lorsque le prévenu aura été déjà condamné pour un délit commun à un emprisonnement de plus d'une année, ou lorsqu'il aura subi une condamnation antérieure pour crime. Ainsi, le législateur, qui ne veut qu'une punition qu'il prend soin de limiter, se trouvera avoir ordonné la ruine du délinquant. Les tribunaux, à qui la loi du 3 septembre 1807 a laissé une grande latitude, seront forcés de condamner à une amende égale au moins à la moitié des sommes prêtées. Ils auront même la faculté d'élever cette amende jusqu'au double, c'est-à-dire de la porter à une somme égale aux capitaux prêtés. Mais si les circonstances de la cause commandent la plus grande indulgence, ils ne pourront pas prendre en considération les motifs les plus puissans, et, liés par les termes de la loi, il ne pourront jamais, au risque de ne pas faire bonne justice, sortir du cercle tracé par une excessive sévérité. Il ne peut pas en être ainsi; la raison fait reculer devant de telles conséquences. Il est impossible d'admettre dans une matière spéciale, pour laquelle le législateur a coordonné les peines, l'intervention des articles 57 et 58 du code pénal, qui viendraient tout bouleverser dans une législation particulière. Ils n'ont réellement été placés dans le code pénal que pour régir les matières qui y sont comprises, et à l'égard desquelles les peines ont pu, peut-être, être graduées en considération de l'aggravation que ces articles apporteraient en cas de récidive. Au surplus, depuis long-tems on trouvait d'une excessive sévérité la nécessité d'appliquer les peines de la récidive. C'était là un abus qui avait excité de nombreuses réclamations. Cet état de choses avait fixé, en 1832, l'attention des rédacteurs du nouvel article 58, lors de la révision du code pénal de 1810, et ils n'auraient pas laissé subsister l'abus, si les termes de l'article 463 du nouveau code pénal n'avaient pas fourni les moyens de l'éviter. En effet, cet article permet, nonobstant la récidive, de réduire les peines autant que les magistrats peuvent le trouver convenable, pourvu que ce ne soit pas au-dessous des peines de simple police.

On pourrait élever des objections sur l'efficacité du remède, et se demander s'il n'aurait pas été plus simple et plus certain de faire disparaître l'abus. Je ne veux pas me livrer à cet examen, et je me bornerai à faire remarquer que le droit d'appliquer l'article 463 du code pénal n'est qu'une faculté dont peuvent fort bien ne pas user les magistrats. S'ils y renoncent, les articles 57 et 58 du code pénal restent dans toute leur force et laissent la possibilité de doubler le maximum de la peine. Ainsi reparaît l'abus à côté du remède, qui, au moins dans cette circonstance, n'a pas l'effet qu'aurait produit la modification jugée nécessaire. J'ajouterai que, pour pouvoir faire application de l'article 463, il est nécessaire qu'il existe des circonstances atténuantes. Or, s'il n'en existe pas, l'application des articles 57 et 58 redevient inévitable.

Cette nécessité n'est-elle pas encore une preuve de l'inefficacité du remède? Les magistrats sont placés dans l'alternative de déclarer qu'il existe des circonstances atténuantes, ou de prononcer le maximum de la peine. Cependant il peut arriver qu'il n'y ait pas de circonstances atténuantes, et qu'en même tems le maximum paraisse une peine trop sévère.

Mais je veux bien admettre que l'on ait atteint le but que l'on se proposait, et que la faculté d'appliquer l'article 463 du code pénal offre les moyens de prévenir tous les abus naissant de la nécessité d'appliquer les articles 57 et 58 du même code.

L'article 463 contient donc, depuis la révision du code, une modification aux articles 57 et 58. Les dispositions de cet article 463 sont donc une suite, un complément de chacun de ces deux articles.

Tel est l'état actuel de la législation, en matière ordinaire.

Si, en matière spéciale, les articles 57 et 58 sont applicables, on ne peut contester que l'article 463, qui les modifie, le soit aussi.

Celui qui, ayant été condamné pour crime, commettra un délit d'habitude d'usure et se trouvera ainsi sous l'application de l'article 57, aura nécessairement droit au bénéfice de l'article 463.

Celui qui, ayant été condamné pour un délit ordinaire à plus d'une année d'emprisonnement, commettra ensuite le délit d'usure, ne pourra se soustraire à l'application de l'article 58, mais de l'article 58 ainsi qu'il existe, c'est-à-dire modifié par l'article 463.

Il en sera de même de celui qui sera poursuivi pour un délit commun, après avoir déjà subi une première condamnation à une amende et à un emprisonnement de plus d'une année, pour usure et escroquerie connexe.

Enfin il en sera ainsi, quand, après une première condamnation à une amende et à un emprisonnement de plus d'une année pour le délit d'habitude d'usure et escroquerie connexe, il s'agira de fixer la peine pour un nouveau délit d'habitude d'usure.

Dans tous ces cas, les articles 57 et 58 seront appliqués, mais avec la modification apportée par l'article 463.

La faculté d'appliquer l'article 463 ne rendrait pas sans intérêt la question de savoir si les articles 57 et 58 sont applicables en matière spéciale. Mais il y a plus; on soutient, et, je crois, avec raison, que l'article 463 du code pénal ne peut être appliqué que dans les matières sur lesquelles dispose ce code, à moins de disposition expresse placée dans une autre loi, et qui déclare cet article applicable.

La loi du 3 septembre 1807 ne contient aucune disposition expresse à cet égard. De ce silence, il faudrait donc conclure que l'article 463 ne peut pas être applicable en matière d'usure.

Il s'ensuivrait que les articles 57 et 58 devraient nécessairement être appliqués, et que l'article 463 ne pourrait pas l'être. C'est là d'abord une différence difficile à expliquer.

Ainsi, les articles 57 et 58 du code pénal seraient modifiés par l'article 463 lorsqu'il s'agirait d'un délit prévu par le code pénal, et ils resteraient forcément applicables dans toute leur rigueur lorsqu'il s'agirait d'une contravention à une loi spéciale. Le législateur a senti la nécessité de modifier ces deux articles, il a voulu les modifier, il les a modifiés d'une manière absolue par l'article 463, et néanmoins il arriverait qu'ils seraient modifiés ou non modifiés, selon le délit auquel ils seraient appliqués. Cela n'est pas possible; et cependant cela serait, si la Cour de Cassation avait raison de proclamer, en matière spéciale, d'un côté la nécessité de faire application des articles 57 et 58, et de l'autre l'inapplicabilité de l'article 463.

Ce que nous avançons, quant à la jurisprudence de la Cour de Cassation, est de la plus grande exactitude ; on a pu voir, par les arrêts que nous avons cités, que cette Cour veut que l'on ne restreigne pas aux délits prévus par le code pénal l'aggravation exigée par les articles 57 et 58. D'un autre côté, de nombreux arrêts refusent l'application de l'article 463 dans les matières spéciales.

Pourrait-on en effet soutenir avec espoir de succès que l'article 463 du code pénal peut être invoqué comme complément d'une loi spéciale, lorsque cette loi ne contient pas une disposition expresse qui permette cette adjonction ? Quelques mots seulement sur cette question :

L'article 463 porte :

« Dans tous les cas où la peine de l'empri-
» sonnement et celle de l'amende sont pro-
» noncées par le code pénal, si les circonstan-
» ces paraissent atténuantes, les tribunaux
» correctionnels sont autorisés, même en cas

» de récidive, à réduire l'emprisonnement
» même au-dessous de 16 francs; ils pourront
» aussi prononcer séparément l'une ou l'autre
» de ces peines, et même substituer l'amende
» à l'emprisonnement, sans qu'en aucun cas
» elle puisse être au-dessous des peines de
» simple police. »

Prononcées par le code pénal......

La lettre de l'article repousse donc formellement l'applicabilité de ses dispositions, lorsque la peine de l'emprisonnement et celle de l'amende sont prononcées par une autre loi que le code pénal.

En présence d'un texte aussi formel, il n'est pas besoin de rechercher l'intention du législateur. Elle est clairement exprimée et ne saurait d'ailleurs être douteuse. Lors de la révision du code pénal de 1810, on était tellement convaincu que l'article 463 ne s'appliquait qu'aux délits prévus par ce code, qu'on avait proposé d'en étendre la disposition à tous les cas où les peines d'emprisonnement et d'amende sont prononcées par des lois autres que le code pénal, sauf quelques exceptions. Cette proposition a été rejetée. On est donc resté dans l'ancien état de la législation; et cet état, c'est la nécessité de restreindre aux délits punis par le code pénal les dispositions de l'article 463.

Il faut donc tenir pour constant que l'article 463 du code pénal n'est pas applicable aux matières spéciales.

Peut-on alors adopter la jurisprudence de la Cour de Cassation, qui veut que les articles 57 et 58 du code pénal soient appliqués sans distinction aux délits ordinaires et aux délits spéciaux ? Peut-on accepter cette différence entre les articles 57 et 58, et l'article 463 ? Peut-on se soumettre à cette bizarrerie dans l'application des articles 57 et 58, qui seront considérés comme non-modifiés lorsqu'il s'agira d'un délit spécial, et qui seront admis avec la modification de l'article 463 quand ce sera un délit commun qui devra être puni ? Ne serait-ce pas proclamer que le législateur de 1832, bien loin d'atteindre son but, n'a fait que créer des différences révoltantes ? Ne serait-ce pas démontrer que le remède est cent fois pire que l'abus qu'on a voulu détruire ?

Il est impossible de se laisser conduire à de telles conséquences, et il faut dire, contrairement à la jurisprudence de la Cour de Cassation, et avec la Cour royale de Douai : Non, l'article 58 n'est pas applicable en matière spéciale.

Cet arrêt, qui consacre ce principe, a été rendu, le 11 décembre 1829, dans une espèce où il s'agissait d'appliquer la peine de la récidive à un condamné pour vol qui avait commis postérieurement le délit prévu par l'article 25 de la loi du 17 mai 1819.

Ce principe doit, à plus forte raison, recevoir son application au cas où un condamné pour usure et escroquerie à plus d'une année d'emprisonnement commet un autre délit d'habitude d'usure. Bien moins que jamais alors l'application de l'article 58 du code pénal est possible, puisque, lors de la première comme lors de la seconde condamnation, il s'agit de contraventions non punies en vertu du code pénal.

Si la loi du 3 septembre 1807 contenait une disposition relative à la récidive, il faudrait en faire l'application ; mais il n'en existe aucune, et du silence du législateur il faut nécessairement conclure qu'il n'a pas voulu atteindre la récidive. Il a certainement pensé que la latitude laissée aux tribunaux était suffisante pour qu'ils puissent proportionner la peine à la gravité du délit.

Si, d'un côté, il est évident que le législateur de 1807 n'a pas voulu commander une aggravation de peine pour le cas de récidive, de l'autre il n'est pas moins certain que le législateur de 1810, en dictant les articles 57 et 58 du code pénal, n'avait en vue que les délits prévus par ce code, et n'entendait pas rompre l'économie de toutes les lois spéciales, sur lesquelles il n'arrêtait pas alors sa pensée.

atteindre la récidive. Il a certainement pensé que la latitude laissée aux tribunaux était suffisante pour qu'ils puissent proportionner la peine à la gravité du délit.

Si, d'un côté, il est évident que le législateur de 1807 n'a pas voulu commander une aggravation de peine pour le cas de récidive, de l'autre il n'est pas moins certain que le législateur de 1810, en dictant les articles 57 et 58 du code pénal, n'avait en vue que les délits prévus par ce code, et n'entendait pas rompre l'économie de toutes les lois spéciales, sur lesquelles il n'arrêtait pas alors sa pensée.

LIVRE VI.

Des Juifs.

Un décret du 17 mars 1808 contient, pour dix années, des dispositions particulières aux Juifs. En voici la teneur :

Napoléon, etc.

Notre conseil d'état entendu, nous avons décrété et décrétons ce qui suit :

TITRE PREMIER.

ARTICLE 1er. A compter de la publication du présent décret, le sursis prononcé par notre décret du 30 mai 1806, pour le paiement des créances des Juifs, est levé.

Art. 2. Lesdites créances seront néanmoins soumises aux dispositions ci-après :

Art. 3. Tout engagement pour prêt fait par des Juifs à des mineurs, sans l'autorisation de leur tuteur ; à des femmes, sans l'autorisation de leurs maris ; à des militaires, sans l'autorisation de leur capitaine, si c'est un soldat ou sous-officier, et du chef des corps, si c'est un officier, sera nul de plein droit, sans que les porteurs ou cessionnaires puissent s'en prévaloir, et nos tribunaux autoriser aucune action ou poursuite.

Art. 4. Aucune lettre de change, aucun billet à ordre, aucune obligation ou promesse souscrite par un de nos sujets non commerçant au profit d'un Juif, ne pourra être exigé, sans que le porteur prouve que la valeur en a été fournie entière et sans fraude.

Art. 5. Toute créance dont le capital sera aggravé d'une manière patente ou cachée, par la cumulation d'intérêts à plus de cinq pour cent, sera réduite par nos tribunaux.

Si l'intérêt, réuni au capital, excède dix

pour cent, la créance sera déclarée usuraire, et, comme telle, annulée.

Art. 6. Pour les créances légitimes et non usuraires, nos tribunaux sont autorisés à accorder aux débiteurs des délais conformes à l'équité.

TITRE DEUX.

Art. 7. Désormais, et à dater du 1er juillet prochain, nul Juif ne pourra se livrer à un commerce, négoce ou trafic quelconque, sans avoir reçu, à cet effet, une patente du préfet du département, laquelle ne sera accordée que sur des informations précises, et que sur un certificat 1° du conseil municipal, constatant que ledit Juif ne s'est livré ni à l'usure ni à un trafic illicite; 2° du consistoire de la synagogue dans la circonscription de laquelle il habite, attestant sa bonne conduite et sa probité.

Art. 8. Cette patente sera renouvelée tous les ans.

Art. 9. Nos procureurs-généraux près nos cours sont spécialement chargés de faire révoquer lesdites patentes, par une décision spéciale de la Cour, toute les fois qu'il sera à leur connaissance qu'un Juif patenté fait l'usure ou se livre à un trafic frauduleux.

Art. 10. Tout acte de commerce fait par un Juif non-patenté, sera nul et de nulle valeur.

Art. 11. Il en sera de même de toute hypothèque prise sur des biens par un Juif non-patenté, lorsqu'il sera prouvé que ladite hypothèque a été prise pour une créance résultant d'une lettre de change, ou pour un fait quelconque de commerce, négoce ou trafic.

Art. 12. Tous contrats ou obligations souscrits au profit d'un Juif non-patenté, pour des causes étrangères au commerce, négoce ou trafic, pourront être révisés par suite d'une enquête de nos tribunaux. Le débiteur sera admis à prouver qu'il y a usure ou résultat d'un trafic frauduleux ; et si la preuve est acquise, les créances seront susceptibles, soit d'une réduction arbitrée par le tribunal, soit d'annulation, si l'usure excède dix pour cent.

Art. 13. Les dispositions de l'article 4, titre 1er du présent décret, sur les lettres de change, billets à ordre, etc., sont applicables à l'avenir comme au passé.

Art. 14. Nul Juif ne pourra prêter sur nantissement à des domestiques ou gens à gages ; et il ne pourra prêter sur nantissement à d'autres personnes, qu'autant qu'il en sera dressé acte par un notaire, lequel certifiera dans l'acte que les espèces ont été comptées en sa présence et celle des témoins, à peine de perdre tout droit sur les gages, dont nos tribunaux et Cours pourront, en ce cas, ordonner la restitution gratuite.

Art. 15. Les Juifs ne pourront, sous les mêmes peines, recevoir en gage les instrumens, ustensiles, outils et vêtemens des ouvriers, journaliers et domestiques.

TITRE TROIS.

Art. 16. Aucun Juif, non actuellement domicilié dans nos départemens du Haut et du Bas-Rhin, ne sera désormais admis à y prendre domicile.

Aucun Juif, non actuellement domicilié, ne sera admis à prendre domicile dans les autres départemens de notre empire, que dans le cas où il y aura fait l'acquisition d'une propriété rurale, et se livrera à l'agriculture, sans se mêler d'aucun commerce, négoce ou trafic.

Il pourra être fait des exceptions aux dispositions du présent article, en vertu d'une autorisation spéciale émanée de nous.

ART. 17. La population juive, dans nos départemens, ne sera point admise à fournir des remplaçans pour la conscription ; en conséquence, tout Juif conscrit sera assujéti au service personnel.

DISPOSITIONS GÉNÉRALES.

ART. 18. Les dispositions contenues au présent décret auront leur exécution pendant dix ans, espérant qu'à l'expiration de ce délai, et par l'effet des diverses mesures prises à l'égard des Juifs, il n'y aura plus aucune différence entre eux et les autres citoyens de notre empire ; sauf néanmoins, si notre espérance était trompée, à en proroger l'exécution pour tel tems qu'il sera jugé convenable.

ART. 19. Les Juifs établis à Bordeaux et dans les départemens de la Gironde et des Landes, n'ayant donné lieu à aucune plainte et ne se livrant pas à un trafic illicite, ne sont pas compris dans les dispositions du présent décret.

Une lettre écrite, le 17 mars 1808, par son excellence le ministre de l'intérieur à M. le préfet de police, annonça que Sa Majesté avait exempté les Juifs établis à Paris des dispositions du décret impérial, du 17 mars 1808, *concernant la police des Juifs.*

Quelques mois après, un débat judiciaire se produisit devant le tribunal de première instance de Paris. Lors même, disait-on, que cette lettre contiendrait la déclaration expresse que l'Empereur avait entendu exempter les Juifs demeurant à Paris de toutes les dispositions du décret impérial du 17 mars 1808, elle ne suffirait point pour autoriser les juges à ne point appliquer ce décret. Ce n'est point par une simple lettre émanée des bureaux d'un ministre ; lettre non-circulaire, non-approuvée au conseil-d'état, ni par Sa Majesté l'Empereur ; non insérée au Bulletin des Lois, adressée seulement à un fonctionnaire en forme d'instruction, qu'il peut être dérogé à un décret impérial, à un acte solennel, émané du souverain lui-même, à une loi promulguée, devenue publique par l'insertion au Bulletin des Lois.

Ces raisons nous paraissent puissantes, et il ne peut être douteux que le tribunal les aurait accueillies si d'autres motifs ne l'avaient dispensé de s'en occuper. Le jugement fut confirmé purement et simplement par arrêt de la Cour de Paris en date du 10 avril 1809. C'était la première occasion solennelle où la Cour de Paris avait à s'occuper du décret du 17 mars 1808.

L'exception introduite en faveur des Juifs établis à Bordeaux et dans les départemens de la Gironde et des Landes, dans le décret du 17 mars 1808, fut étendue aux Juifs de Livourne, par un autre décret rendu à Bayonne le 16 juin 1808, décret inséré au Bulletin des Lois sous le n°. 3437.

Par un autre décret du 22 juillet 1808, inséré au Bulletin des Lois sous le n° 3779, il fut déclaré que les Juifs du département des Basses-Pyrénées devaient être compris dans l'exception portée par l'article 19 du décret du 17 mars 1808.

L'exception fut ensuite, et par décret du

11 avril 1810, étendu aux Juifs des départemens ci-après dénommés, savoir :

Alpes maritimes.	Stura.
Aude.	Doire.
Doubs.	Sesia.
Haute-Garonne.	Vosges.
Hérault.	Gard.
Marengo.	Gênes.
Pô.	Bouches-du-Rhône.
Seine-et-Oise.	

Enfin, un autre décret rendu le 26 décembre 1813 est ainsi conçu :

Sur, etc.

Vu notre décision datée de Bayonne le 26 avril 1808 ;

Considérant que cette décision n'ayant pas été insérée au Bulletin des Lois, n'a point été publiée dans la forme accoutumée ; que néanmoins, au moyen de diverses notifications qui en ont été faites, et de la publicité qui en a été la suite, les Juifs de notre capitale ont été généralement considérés comme étant placés dans l'exception dont il s'agit ; qu'il en est résulté pour eux une possession ou plutôt une continuation de possession d'autant plus respectable qu'elle est conforme au droit commun ; qu'en refusant d'y avoir égard, on porterait atteinte aux transactions civiles et commerciales qui ont eu lieu sur la foi de son existence et de son maintien ;

Notre conseil d'état entendu ;

Nous avons décrété et décrétons ce qui suit :

Article 1er. Les Juifs de la capitale sont compris dans l'exception portée par l'article 19, titre 3, du décret du 17 mars 1808.

Art. 2. N'entendons préjudicier en rien à la possession dont ils ont joui par suite de notre décision du 26 avril 1808.

Art. 3. Notre grand-juge, etc.

Par arrêt du 25 février 1809, la Cour de Colmar a jugé que, lorsque de deux débiteurs d'un Juif l'un seulement était commerçant, celui-ci profitait du bénéfice du décret comme le non-commerçant, et que le Juif était obligé de faire la preuve à l'égard des deux individus.

La Cour de Trèves, par arrêts des 19 avril 1809 et 26 juin 1821, a jugé qu'un aubergiste était commerçant.

Par arrêt du 20 mars 1810, la Cour de Colmar a jugé qu'un receveur des contributions, étant réputé commerçant, n'était pas recevable à invoquer les dispositions de l'article 4 du décret du 17 mars 1808.

Par un autre, du 24 janvier 1815, la même Cour a rendu une décision semblable relativement à un tanneur.

C'est au Juif à prouver que son débiteur est commerçant. Cour de Trèves, 28 avril 1809.

L'article 4 peut être invoqué contre le cessionnaire du Juif. Cour de Colmar, 8 juin 1810.

La Cour de Cassation, par arrêt, du 28 février 1811, a décidé que les fabricans, les artisans et notamment les boulangers, ne sont pas réputés commerçans, et qu'ils sont du nombre de ceux qui peuvent refuser d'exécuter les obligations qu'ils ont souscrites au profit d'un Juif, tant que celui-ci n'a point prouvé que la valeur en a été fournie entière et sans fraude.

Par arrêt du 7 juin 1810, la Cour de Cassation a jugé que les engagemens pour prêts faits par des Juifs à des mineurs, des femmes ou des militaires, sans l'autorisation de leurs tuteurs, maris ou supérieurs, avant le décret impérial du 17 mars 1808, ne sont pas compris dans ceux annulés par ce décret.

Par arrêt du 29 juin 1810, la Cour d'appel de Colmar a décidé que le débiteur n'était pas obligé d'attendre que le Juif exigeât le paiement pour invoquer les dispositions du décret du 17 mars 1808, que ce n'était pas là une simple exception opposable au Juif qui exerce son action.

Le même arrêt juge que le serment prêté par le Juif *more judaïco*, avant le décret du 17 mars 1808, ne le dispensait pas de faire la preuve ordonnée par l'article 4 de ce décret.

La Cour de Colmar, par arrêt du 18 juin 1811, a jugé que le décret impérial du 17 mars 1808 était applicable aux Juifs étrangers comme aux Juifs français; qu'en conséquence, un Juif étranger au profit de qui a été souscrite une lettre de change par un Français non-commerçant, était tenu de prouver qu'il en avait fourni la valeur entière et sans fraude, lors même que cette lettre de change avait été confectionnée en pays étranger.

Par arrêts des 28 février 1811 et 6 décembre 1815, la Cour de Cassation a décidé que les obligations authentiques sont du nombre de celles dont un Juif ne peut obtenir l'exécution, sans prouver que la valeur en a été fournie entière et sans fraude.

Il faut, pour que l'article 4 du décret du 17 mars 1808 s'applique, que la vérité du prêt en espèces ne soit pas suspecte. Cour de Colmar, 4 mai 1813.

Par arrêt du 18 juin 1811, la Cour de Cassation a décidé que le décret impérial du 17 mars 1808 ne comprenait pas dans ses dispositions rétroactives les obligations ou créances qui, avant la publication de ce décret, étaient devenues l'objet de condamnations prononcées par des jugemens passés en force de chose jugée; et que celles de ces obligations ou créances sur une partie desquelles ont porté seulement les condamnations judiciaires, sont pour la totalité affranchies de la preuve prescrite par le décret impérial du 17 mars 1808.

Jugé de même par un autre arrêt de la même Cour, rendu le 19 juin 1811.

La même question a reçu une solution semblable par arrêts, de la même Cour, des 4 septembre 1811, 18 décembre 1811, et 5 février 1812, ainsi que par un arrêt de la Cour de

Colmar du 21 décembre 1813, et par un arrêt de la Cour royale de Metz du 29 mai 1818.

Par un arrêt de la Cour de Cassation, du 9 juillet 1811, il a été jugé que l'article 4 du décret impérial du 17 mars 1808 n'était pas applicable aux créances établies par des actes publics qui constatent la numération effective des espèces prêtées.

Jugé de même par un autre arrêt de cette Cour, en date du 3 novembre 1812, et par un arrêt de la Cour de Colmar, du 21 décembre 1809.

La Cour de Trèves, par arrêt, du 24 avril 1809, avait décidé déjà que l'article 4 ne s'appliquait pas quand les actes énonçaient que les espèces avaient été comptées et délivrées.

Il doit en être de même lorsqu'il y a eu chose jugée. Cour de Colmar, 10 janvier 1809.

L'arrêt du 5 février 1812, que nous avons indiqué ci-dessus, a jugé que le débiteur ne pouvait être admis à prouver par témoins, sans un commencement de preuve par écrit, des paiemens partiels qu'il allègue avoir faits depuis le jugement de condamnation antérieur au décret du 17 mars 1808.

La Cour de Cassation, par arrêt du 21 février 1814, a jugé que l'endossement d'une lettre de change étant un acte de commerce, toutes les lettres de change qui portaient l'endossement d'un Juif non-patenté étaient nulles.

Les Juifs étrangers sont soumis comme les Juifs français à l'article 4, encore qu'il s'agisse d'une lettre de change souscrite hors du royaume. Cour de Cassation, 10 août 1813.

Par arrêt, du 23 janvier 1817, la Cour de Cassation a décidé que le décret du 17 mars 1808 devait recevoir son application, bien que dans l'acte le débiteur eût renoncé à exciper du bénéfice de ce décret et que l'exécution de l'obligation n'ait été demandée que depuis la Charte.

Si le mari a renoncé au bénéfice du décret du 17 mars 1808, la femme ne peut plus en exciper. Cour de Trèves, 1er août 1810.

Le décret du 17 mars 1808 n'ayant été, comme nous l'avons remarqué, rendu que pour dix années, il a, à l'expiration de ce délai, cessé d'avoir force de loi; et les conventions faites par les Juifs sont rentrées, alors, dans le droit commun. Depuis lors, aucune des dispositions de ce décret n'ayant été renouvelée, le code civil et les autres lois ont repris leur empire. Les Juifs sont devenus avec tous les autres citoyens égaux devant la loi.

C'est avec satisfaction qu'on a vu disparaître cette exception introduite par le décret du 17 mars 1808; elle était devenue extrêmement choquante, surtout depuis la promulgation de la Charte de 1814. De bons esprits avaient même pensé qu'en présence de l'article premier de la Charte, qui proclame la liberté de tous les cultes et l'égalité des citoyens devant la loi, il était impossible de soutenir encore l'applicabilité du décret du 17 mars 1808. Cette question était grave, et elle fut soumise à la Cour de Cassation, qui, par deux arrêts en date des 23 janvier 1817 et 25 juin 1817, a jugé que le décret du 17 mars 1808 n'avait point été abrogé par l'article premier de la Charte de 1814.

Je me borne à rappeler ces deux arrêts, comme je l'ai fait pour tous les autres. Le décret du 17 mars 1808 n'étant plus en vigueur depuis long-tems, cette législation spéciale et temporaire a perdu la plus grande partie de son intérêt et rentre plus dans le domaine de l'histoire que dans les études du jurisconsulte. C'est dans le but de satisfaire toutes les exigences que j'ai voulu consacrer quelques pages à rappeler et la législation et la jurisprudence, avant de regarder comme remplie la tâche que je me suis imposée.

LIVRE VII.

Des maisons de prêt sur gages.—Des Monts-de-Piété.—
Des prêts sur gages.—Des antichrèses.

CHAPITRE Ier.

DES MAISONS DE PRÊT SUR GAGES.

On appelle ainsi une maison ouverte au public, dans laquelle on prête sur gages.

Ces établissemens étaient sévèrement prohibés sous l'ancien régime. On ne pouvait alors prêter à intérêt qu'en s'interdisant le droit d'exiger le remboursement du capital, c'est-à-dire à constitution de rente. Mais la loi du 30 octobre 1789 ayant introduit dans la législation la permission de prêter à terme fixe, les maisons de prêt sur gages se multiplièrent à un tel point que le gouvernement sentit la nécessité d'en arrêter les abus. La loi du 18 pluviôse an XII intervint et disposa en ces termes :

ARTICLE 1er. Aucune maison de prêt sur nantissement ne pourra être établie qu'au profit des pauvres, et avec l'autorisation du gouvernement.

ART. 2. Tous les établissemens de ce genre actuellement existans, qui, dans six mois, à compter de la promulgation de la présente loi, n'auront pas été autorisés comme il est dit en l'article 1er, seront tenus de cesser de faire des prêts sur nantissement, et d'opérer leur liquidation dans l'année qui suivra.

ART. 3. Les contrevenans seront poursuivis devant les tribunaux de police correctionnelle, et condamnés, au profit des pauvres, à une amende payable par corps, qui ne pourra être au-dessous de cinq cents francs, ni au-dessus de trois mille francs.—La peine pourra être double en cas de récidive.

ART. 4. Le tribunal prononcera en outre,

dans tous les cas, la confiscation des effets donnés en nantissement.

En exécution de cette loi, le gouvernement autorisa des maisons de prêt à Paris et à Marseille; mais elles furent bientôt supprimées par les décrets des 8 thermidor an XIII, et 10 mars 1807, relatifs aux Monts-de-Piété de ces villes.

Les motifs qui ont fait prohiber les maisons de prêt sur nantissement, sont parfaitement exposés dans le discours de l'orateur du gouvernement qui a présenté au Corps législatif le projet de la loi du 16 pluviôse an XII.

« Notre législation, a-t-il dit, diffère essentiellement de ce qu'elle fut autrefois. On peut stipuler légalement dans tous les contrats l'intérêt d'une somme prêtée.... — Si du contrat de simple prêt on passe au contrat de prêt sur nantissement, on trouve qu'il n'est pas moins licite; et l'ordonnance du commerce, titre 6, articles 8 et 9, l'autorise formellement. —Mais en recherchant toutes les conséquences des principes, il est facile de reconnaître quelle différence il y a entre autoriser deux particuliers à passer un contrat solennel et public de prêt sur gages, et permettre *l'ouverture publique* d'une maison de dépôt, où, sur la foi d'un simple individu, sans garantie, sans autre surveillance que celle qui résulte de l'action ordinaire de la police, une foule de citoyens poussés par le besoin, appelés par une *indication expresse*, vont déposer sur un *récépissé non authentique*, une portion souvent considérable de leur propriété.—Il est facile de sentir que si, en général, toutes transactions sociales doivent être libres, il en est auxquelles l'intérêt commun prescrit de donner des règles spéciales plus sévères, dans lesquelles l'autorité protectrice doit, en quelque sorte, intervenir pour garantir la faiblesse de l'oppression, l'ignorance de l'erreur; pour soustraire le besoin à la cupidité, et la misère à la spoliation. — De quelle nature, en effet, peut être le contrat qui intervient entre un prêteur sur gages et cette mère de famille sans argent, qui va emprunter sur un des linceuls de sa couche délabrée, de quoi donner encore un jour du pain à ses enfans ? — Quel contrat peut se former entre un prêteur sur gages et un joueur désespéré, qui veut encore, au prix de son dernier meuble, essayer si la fortune lui rendra une partie de la subsistance de sa famille, qu'il a imprudemment sacrifiée à un fol espoir? — Quel contrat existe entre un prêteur sur gages et cette courtisane, qui a traversé la honte pour arriver à la pauvreté, et qui a été conduite à la misère par le vice; qui sacrifiera les restes de son honneur à sa parure, et sacrifie maintenant les restes de sa parure à la faim qui la presse? »

Toutes les maisons de prêt sur nantissement sont donc prohibées d'une manière générale et absolue. Il ne peut en exister qu'au profit des pauvres et avec l'autorisation du gouvernement.

Celles qui sont autorisées prennent le nom de Mont-de-Piété. Nous en parlerons. Disons encore quelques mots de la loi du 18 pluviôse an XII.

On s'est fait la question suivante: Pour qu'un particulier soit réputé tenir une maison de prêt sur nantissement, en contravention à la loi, et pour qu'il puisse être puni, est-il nécessaire qu'il en ait fait publiquement l'annonce, et que les emprunteurs y soient appelés par des indications publiques ?

On a soutenu l'affirmative, mais sans succès, dans l'espèce que voici :

Le 28 juin 1808, un commissaire de police, accompagné du sieur Vérat, officier de paix, chargé de l'attribution du Mont-de-Piété de la ville de Paris, par suite d'opérations et en exécution des ordres de M. le conseiller-d'état préfet de police, se transporte au domicile du sieur Rousset, et y trouve le sieur Varin, son commis, lequel, sur les interpellations qui lui sont faites, déclare qu'il est à sa connaissance que, depuis deux ans, le sieur Rousset prête sur gages à raison d'un et demi pour cent par mois, et qu'il a eu en dépôt, de cette manière, une pendule de Romain, horloger à Paris, sur laquelle il a prêté, à *réméré*, de trois à quatre mille fr., et que le terme est prêt à échoir ; que cette pendule a été engagée par M. de Valois, demeurant rue de la Loi, où lui déclarant s'est rendu pour traiter cette affaire...... qu'il pense qu'il a (le sieur Rousset), de cette manière, beaucoup d'autres objets provenant de reconnaissances engagées par lui à *réméré*, et qu'il a retirés à l'échéance du Mont-de-Piété, faute de dégagement de la part de l'emprunteur.

A la suite de ces déclarations, le commissaire de police saisit un grand nombre d'effets, de tableaux et de bijoux placés dans le cabinet et le salon du sieur Rousset, et celui-ci est traduit au tribunal correctionnel comme réfractaire à la loi du 16 pluviôse an XII.

Le 26 août, jugement qui, « Attendu qu'il ne
» résulte pas du procès-verbal la preuve que le
» nommé Rousset ait contrevenu à la loi sur
» les maisons de prêt ; qu'il résulte, au con-
» traire, des papiers trouvés dans ses malles,
» qu'il est propriétaire des objets saisis chez
» lui, comme les ayant acquis par contrats ;
» qu'au surplus aucun des individus de qui il
» a acquis ces objets ne se présente pour les
» réclamer ;—renvoie Pierre-Antoine Rousset
» des frais du procès-verbal, et ordonne que
» les effets et papiers saisis sur lui lui seront
» rendus. »

Le ministère public appela de ce jugement ; et la Cour de justice criminelle du département de la Seine a rendu, le 14 octobre, l'arrêt suivant :

« Attendu qu'il résulte de l'instruction , et
» notamment du procès-verbal dressé le 28
» juin dernier, que Pierre-Antoine Rousset ,
» en contravention à la loi du 16 pluviôse an
» XII, a tenu une maison de prêt clandestine;
» qu'il a été saisi dans son domicile une grande
» quantité d'objets , tels que bijoux , argen-
» terie, cuillers en vermeil , montres, perles
» fines , coupons de mousseline , cuillers à
» café, coupons de blonde, une assez grande
» quantité de reconnaissances du Mont-de-
» Piété, trente-six pièces de coupes de mou-
» choirs , tableaux , fusils , schals et autres
» objets décrits dans le procès-verbal ; qu'à la
» vérité, Rousset a excipé d'actes sous signa-
» tures privées desquels il résulterait que ces
» objets lui auraient été vendus par divers
» particuliers , moyennant les sommes déter-
» minées , avec faculté , de la part des ven-
» deurs, dans les délais déterminés, de les
» retirer en remboursant le prix de vente ; et
» que , le délai passé , tous les objets appar-
» tiendraient audit Rousset ; mais que la mul-
» tiplicité de ces actes , qui presque tous con-
» tiennent les mêmes conditions, la nature et

» la qualité des objets saisis, prouvent que
» ces actes même n'ont été imaginés que pour
» masquer une maison de prêt clandestine ; —
» que ce qui vient à l'appui de ce fait, c'est la
» multiplicité des reconnaissances de Mont-de-
» Piété, trouvées dans le domicile dudit sieur
» Rousset, et supposées également acquises
» par lui de divers particuliers, avec la
» même faculté de réméré ; qu'il aurait pareil-
» lement acquis aux mêmes conditions des
» vins et liqueurs ; attendu enfin que, si les
» contrats doivent être respectés, il en est au-
» trement lorsque, comme dans l'espèce, il
» est démontré que ces actes n'ont été imagi-
» nés que pour éluder l'exécution de la loi qui
» défend les maisons de prêt clandestines ;
» que, si des actes de cette nature pouvaient lier
» la justice, il n'y aurait plus de moyen d'as-
» surer l'exécution de la loi du 16 pluviôse
» an XII, et d'arrêter les abus dont l'intérêt
» public exige la répression ; par ces motifs,
» met l'appellation et ce dont est appel au
» néant, émendant, faisant droit au principal,
» déclare Pierre-Antoine Rousset coupable de
» contravention à la loi du 16 pluviôse an XII,

» en tenant une maison de prêt sur nantisse-
» ment, sans l'autorisation du gouvernement;
» en conséquence, et conformément à ladite
» loi, condamne Pierre-Antoine Rousset, par
» corps, au paiement d'une amende de 500
» francs, au profit des pauvres ; déclare con-
» fisqués, au profit de qui de droit, les objets
» mentionnés dans les actes, contenant la
» double condition de retirer les objets dans
» un délai fixé, passé lequel ils demeureraient
» audit Rousset; le condamne, en outre, en
» tous les frais. »

Pourvoi en cassation.

Arrêt.

« Attendu qu'il a été dans les attributions
» de la Cour de justice criminelle du dépar-
» tement de la Seine, de conclure de l'instruc-
» tion et du procès-verbal du commissaire de
» police, que les actes à titre de réméré passés
» par Rousset à différens particuliers, ont eu
» pour objet d'éluder les dispositions de la loi
» du 16 pluviôse an XII, et établissaient la
» preuve de l'ouverture d'une maison de prêt
» en fraude de cette loi ; que l'appréciation de
» la dissimulation et de la fraude qui tendent

» à tromper la prévoyance du législateur, est » livrée à la conscience et à la sagacité des » tribunaux; que la condamnation déclarée » contre Rousset, d'après l'appréciation des » faits et des circonstances de la cause, n'a » été que l'exécution de ladite loi du 16 plu- » viôse an XII;—Rejette.

Cet arrêt est du 9 décembre 1808.

Tel était l'état de la législation et de la jurisprudence lors de la promulgation du code pénal de 1810.

Si l'article 411 de ce code apporte un changement dans les peines, il n'en maintient pas moins la prohibition des maisons de prêt sur gages; il est ainsi conçu :

Ceux qui auront établi ou tenu des maisons de prêt sur gages ou nantissement, sans autorisation légale, ou qui, ayant une autorisation, n'auront pas tenu un registre conforme aux réglemens, contenant de suite sans aucun blanc ni interligne les sommes ou les objets prêtés, les noms, domicile et profession des emprunteurs, la nature, la qualité, la valeur des objets mis en nantissement, seront punis d'un emprisonnement de quinze jours au moins, de trois mois au plus, et d'une amende de cent francs à deux mille francs.

Par arrêt du 15 juin 1821, la Cour de Cassation a décidé de nouveau que lorsqu'un tribunal correctionnel a jugé que des ventes à réméré servent à déguiser des prêts sur gages non autorisés, c'était là une appréciation de fait qui échappe à la censure de la Cour suprême.

C'est donc une pure question de fait qui, en semblable matière, est soumise au tribunal correctionnel. C'est aux magistrats à examiner s'il est prouvé ou non que le prévenu a tenu une maison de prêt sur gages. Si l'affirmative leur paraît démontrée, ils doivent faire application de l'article 411 du code pénal; peu importe, du reste, le taux de l'intérêt exigé par celui qui est convaincu d'avoir tenu une maison de prêt sur gages. L'habitude d'usure est un autre délit que l'on trouve souvent en connexité avec le délit prévu par l'article 411, mais dont le concours n'est pas nécessaire. S'il vient à être constaté, il doit alors être fait application de la loi du 3 septembre 1807. Mais quand même celui qui a tenu une maison de prêt sur gages sans autorisation, n'aurait jamais prêté qu'au taux légal, il n'en aurait pas moins commis le délit prévu par l'article 411 du code pénal, et par suite encouru les peines portées par cet article.

CHAPITRE II.

DES MONTS-DE-PIÉTÉ.

Pour compléter notre travail, il nous a paru convenable de consacrer quelques pages à l'examen de la législation sur les Monts-de-Piété, parce que ces établissemens sont régis par des réglemens particuliers qui constituent une exception aux règles générales dont nous venons de nous occuper.

On appelle Mont-de-Piété le lieu où l'on prête de l'argent sur des nantissemens, moyennant intérêt.

Ce nom provient de ce que des personnes pieuses fournirent les fonds nécessaires pour la fondation de ces établissemens.

Les Monts-de-Piété ont été créés et subsistent encore dans l'intérêt des pauvres. On a voulu tout à la fois venir à leur secours en leur procurant les moyens d'obtenir dans les cas pressans de légères sommes sur dépôts de quelques effets, et créer ensuite des ressources qu'on fait tourner encore au profit du pauvre, en attribuant les bénéfices à des établissemens de bienfaisance.

Je ne veux pas examiner si l'on atteint bien efficacement le double but que l'on s'est proposé; une telle discussion ne rentre pas dans le plan que je me suis tracé.

Le plus ancien Mont-de-Piété a été créé dans le cours du 15e siècle, et cette sorte d'établissemens fut ensuite autorisée par le pape Léon X, en 1551.

Des lettres-patentes du 18 janvier 1618, autorisèrent la formation de semblables établissemens dans plusieurs villes de Flandre, Hainaut, Cambrésis et Artois.

Les bons effets qu'on en obtint firent penser qu'il serait avantageux d'en former aussi à Paris et dans les principales villes du royaume.

D'après les divers mémoires présentés sur cette matière, Louis XVI a donné, le 9 décembre 1777, des lettres-patentes que le Parlement a enregistrées, et qui ont établi un Mont-de-Piété à Paris.

Le Parlement de Paris et l'administration s'occupèrent constamment des moyens de développer cette institution et de parer à ses inconvéniens ; c'est pour atteindre ce double but que parurent successivement :

Un réglement de l'administration, du 5 janvier 1778, homologué au Parlement le 26 février 1778.

Un réglement sur les commissionnaires, du 6 septembre 1779.

Un autre réglement du 7 mars 1780.

La Convention nationale, par un décret du 4 pluviôse an II, a ordonné qu'il lui serait fait un rapport sur la question de savoir s'il était utile de conserver les Monts-de-Piété. Ce rapport n'a pas été fait, et les Monts-de-Piété, qui étaient légalement établis, ont continué de subsister.

Ils ne résistèrent pas long-tems, cependant, à l'encombrement des assignats et à la dépossession des hôpitaux. Dans la crise du papier-monnaie, aucun établissement ne put se maintenir ; le Mont-de-Piété de Paris, tout aussi bien que ceux de plusieurs villes de la Flandre-française, du Hainaut, du Cambrésis et de l'Artois, s'éteignirent, et leurs comptes furent réglés et arrêtés par des commissaires chargés de cette mission.

Mais dès que le numéraire eut reparu et que les hospices eurent été réintégrés dans leurs biens, on s'occupa de la restauration des Monts-de-Piété.

L'administration du Mont-de-Piété de Paris fut remise à la commission des hospices civils, sous la surveillance du bureau central de police.

Cette commission rejeta tous les plans de ferme ou de régie intéressée qui lui furent présentés. Elle résolut d'administrer par elle-même le Mont-de-Piété, d'ouvrir des emprunts à cet effet et de faire ces emprunts par la voie d'actions nominales.

Cette organisation fut approuvée par le gouvernement en l'année 1797.

Un décret du 13 juillet 1804, qui est venu tracer les règles de l'administration du Mont-de-Piété de Paris, porte, article 8 :

« Le taux de l'intérêt à exiger des emprun-
» teurs et à accorder aux prêteurs, sera fixé
» par le conseil d'administration. »

Un autre décret du 8 thermidor an XIII a ordonné que le Mont-de-Piété de Paris serait désormais régi et gouverné, sous l'autorité du ministre de l'intérieur et celle du préfet, par le conseil d'administration créé en vertu du décret du 13 juillet 1804 et d'après le réglement annexé audit décret du 8 thermidor an XIII.

Ce réglement, qui contient 108 articles, renferme toutes les dispositions d'organisation et de régie générale du Mont-de-Piété de Paris.

Nous croyons devoir le transcrire, parce qu'il a servi de modèle à tous ceux qui ont été adoptés postérieurement.

TITRE Ier. — ORGANISATION.

CHAPITRE Ier.

Régie générale.

Article 1er. L'établissement du Mont-de-Piété de Paris se composera du chef-lieu de cet établissement et de ses succursales.

Art. 2. Le chef-lieu établi dans le bâtiment des hospices civils, rue des Blancs-Manteaux, sera le point central de toutes les opérations du Mont-de-Piété.

Art. 3. Les succursales seront des bureaux et magasins

particuliers situés hors de l'enceinte de l'établissement central, dont ils dépendront, et distribués sur les divers points de Paris où ils seront jugés nécessaires.

Art. 4. Le conseil d'administration établi par le décret impérial du 25 messidor an XII, statuera, sauf la confirmation du ministre de l'intérieur, et sur l'avis des préfets de département et de police, sur le nombre et le placement de ces succursales; il ne pourra néanmoins en porter le nombre au-delà de six, sans une autorisation spéciale du gouvernement.

Art. 5. La régie générale du Mont-de-Piété sera exercée, sous la surveillance du conseil d'administration et de l'autorité du ministre de l'intérieur et du préfet de la Seine, par un directeur-général ayant sous ses ordres les divers agens en chef, agens secondaires et employés nécessaires au service de l'administration, tant dans le chef-lieu que dans les succursales : 1°. En qualité d'agens en chef : au chef-lieu, les garde-magasins, le caissier-général, le contrôleur de la caisse, le garde du dépôt des ventes; 2°. dans chaque succursale, le sous-directeur, le garde-magasin, le garde du dépôt des ventes; 3°. les inspecteurs du Mont-de-Piété et des succursales, et, pour l'ensemble de l'établissement, les commissaires-priseurs appréciateurs; 4°. en qualité d'agens secondaires, les caissiers particuliers, chefs, sous-chefs et commis des bureaux, et autres préposés de l'établissement, tant au chef-lieu que dans les succursales; 5°. les employés et gens de service attachés aux diverses parties de l'établissement.

Art. 6. Le directeur-général, les sous-directeurs, le caissier-général et le contrôleur de la caisse seront nommés par le ministre de l'intérieur, sur la présentation du préfet du département. — Tous les autres agens, préposés ou employés désignés en l'article précédent, seront nommés par le préfet du département, après présentation de la part du conseil d'administration, à l'exception néanmoins des appréciateurs dont la forme de présentation sera particulièrement réglée par le chapitre IV du présent titre.

CHAPITRE II.

Fonctions du Directeur-Général.

Art. 7. Le directeur-général sera chargé, en cette qualité et sous sa responsabilité personnelle, de la surveillance et de la police des diverses parties de l'établissement, de la surveillance particulière des bureaux et de leur organisation, d'après les bases adoptées par le conseil; enfin, de l'exécution et du maintien des lois, des réglemens généraux ou décisions particulières émanés du ministre de l'intérieur, du préfet du département, du conseil d'administration, concernant la régie du Mont-de-Piété.

Art. 8. Il sera comptable, tant en recette qu'en dépense, du produit desdites opérations.

Art. 9. Chaque mois il présentera à l'examen du conseil un bordereau de ce produit, contenant, avec l'indication particulière des opérations du mois, celle de la situation générale de l'établissement. Une copie de ces bordereaux sera transmise au ministre, et une au préfet du département.

Art. 10. A la fin de chaque année, il présentera de même à l'examen du conseil, et dans la forme prescrite par l'article 6 du décret impérial du 24 messidor an XII, le compte général des opérations de l'année, lequel sera reçu par un président des sections du conseil-d'état et quatre conseillers, soumis à la sanction de Sa Majesté, et déposé au secrétariat-général du conseil, selon l'article 6 du décret du 24 messidor.

Art. 11. Dans le dernier mois de chaque exercice, le directeur sera tenu de présenter au conseil le projet des dépenses administratives à faire pendant l'exercice suivant.

Art. 12. Ces dépenses se composeront notamment des loyers et réparations de bâtimens; — des contributions dues sur ceux des bâtimens dont le Mont-de-Piété est propriétaire; — des frais de bureaux, fournitures de bois, lumières, etc.

Art. 13. Le conseil réglera, avant l'ouverture du nouvel exercice, l'état de proposition présenté par le directeur; il sera transmis au préfet du département, pour être remis au ministre et soumis à son approbation.

Art. 14. Les dépenses ainsi réglées ne pourront être outre-passées, ni d'autres dépenses non prévues être exécutées pendant le cours de l'exercice, sans une autorisation spéciale du conseil, confirmée par le ministre sur l'avis du préfet.

CHAPITRE III.

Fonctions des divers agens, préposés ou employés.

PARAGRAPHE 1er.

Des Sous-Directeurs.

Art. 15. Les sous-directeurs des succursales représenteront, chacun dans sa succursale, le directeur-général : ils y rempliront, sous ses ordres et sous son inspection, et chacun aussi relativement à sa division, les mêmes fonctions que celles dont le directeur sera chargé relativement à l'ensemble de l'établissement.

Art. 16. Le sous-directeur de succursale recevra de la caisse générale du chef-lieu les fonds nécessaires pour les prêts à effectuer dans la division, et demeurera personnellement responsable de la partie de ces fonds restant en dépôt dans sa caisse.

Art. 17. Il sera tenu d'adresser chaque jour, au directeur-général, un bordereau des opérations faites dans sa succursale.

PARAGRAPHE II.

Des Garde-Magasins.

Art. 18. Les garde-magasins, tant du chef-lieu que des divisions supplémentaires, seront chargés, chacun dans sa partie, de la manutention et de l'inspection générale des magasins dont la garde leur sera confiée, et spécialement de la surveillance à exercer sur tous les employés à leurs ordres, ou autres ayant entrée dans lesdits magasins.

Art. 19. Ces préposés seront tenus de veiller soigneusement à la garde et à la conservation des effets déposés dans lesdits magasins, de manière à en empêcher la disparition ou à prévenir leur dépérissement.

Art. 20. Ils seront particulièrement responsables, sur leur garantie personnelle, de tout objet d'une valeur au-dessus de 1000 fr., susceptible d'être mis sous clef dans les armoires à plusieurs serrures, placées dans lesdits magasins pour le dépôt des nantissemens précieux.

Art. 21. Ils tiendront, chacun pour son magasin particulier, un registre d'entrée et de sortie des nantissemens.

PARAGRAPHE III.

Du Caissier-général.

Art. 22. Le caissier-général sera chargé de faire toutes

les recettes et d'acquitter toutes les dépenses de l'établissement, en se conformant, soit pour ses recettes, soit pour ses dépenses, soit enfin quant à la tenue des registres, aux ordres du directeur-général, aux instructions données par le conseil, et aux lois ou réglemens relatifs à la régie du Mont-de-Piété.

Art. 23. Le caissier-général rendra compte de ses opérations au directeur-général, à toutes réquisitions.

PARAGRAPHE IV.

Du Contrôleur de la caisse.

Art. 24. Le contrôleur de la caisse tiendra registre des recettes et des dépenses de l'établissement, et remettra chaque jour au directeur-général l'état de situation de la caisse.

PARAGRAPHE V.

Des Gardes du dépôt des ventes.

Art. 25. Les gardes du dépôt des ventes seront chargés de recevoir des garde-magasins les nantissemens à mettre en vente, d'en suivre l'adjudication, et de mettre en règle la comptabilité de leurs produits.

PARAGRAPHE VI.

Des Inspecteurs du Mont-de-Piété et des succursales.

Art. 26. Les inspecteurs du Mont-de-Piété et des succursales seront chargés, en cette qualité, de surveiller toutes les opérations, notamment des succursales, et de faire rapport au conseil directement des contraventions reconnues avoir été faites au réglement par les agens de l'administration ; comme aussi de faire toutes les vérifications, recherches et examens dont ils seront chargés par le ministre, les préfets de département et de police, et par le conseil d'administration.

Art. 27. Indépendamment des rapports particuliers nécessités par les circonstances, les inspecteurs des succursales rendront compte chaque mois, au conseil, des résultats de leur surveillance sur lesdites succursales, et de leur situation quant à l'exécution et au maintien des réglemens ; et ils seront admis, à cet effet, à la séance du conseil.

Art. 28. Ces inspecteurs seront au nombre de deux.

PARAGRAPHE VII.

Des Caissiers particuliers et autres employés.

Art. 29. Les fonctions et les devoirs des caissiers particuliers, chefs, sous-chefs de bureau, commis et autres préposés ou employés, seront déterminés, sur la proposition du directeur-général, par les réglemens spéciaux d'ordre intérieur, de discipline et de travail.

CHAPITRE IV.

Des Appréciateurs.

Art. 30. Des commissaires-priseurs du département de la Seine seront attachés spécialement, sous le titre d'*appréciateurs*, à l'établissement du Mont-de-Piété.

Art. 31. Le nombre de ces appréciateurs sera proposé par le conseil d'administration, et fixé par le ministre de l'intérieur, sur l'avis du préfet du département.—Ils seront nommés par le ministre de l'intérieur, sur l'avis du préfet du département de la Seine et sur la présentation de candidats en nombre triple, faite par la chambre des commissaires-priseurs.

Art. 32. Les appréciateurs seront chargés, en cette qualité, de faire l'appréciation des objets offerts en nantissement, tant au chef-lieu que dans les succursales.

Art. 33. Ils seront aussi chargés, en qualité de commissaires-priseurs, de procéder, lorsqu'il y aura lieu, aux ventes mobilières, dont les formalités sont indiquées ci-après, au titre II du présent réglement.

Art. 34. La compagnie des commissaires-priseurs sera garante envers l'administration des suites de leurs estimations.

Art. 35. En conséquence, lorsqu'à défaut de dégagement il sera procédé à la vente d'un nantissement, si le produit de cette vente ne suffit pas pour rembourser au Mont-de-Piété le principal, les intérêts et droits à lui dus et par lui avancés sur la foi de l'estimation faite par les commissaires-priseurs, la compagnie des commissaires-priseurs sera tenue d'y pourvoir et de compléter la différence.

CHAPITRE V.

Des cautionnemens.

Art. 36. Le directeur-général, les sous-directeurs, les garde-magasins, le caissier-général, les gardes du dépôt des ventes, les caissiers particuliers, les chefs de bureau et même les autres préposés et employés, tant du chef-lieu que des succursales du Mont-de-Piété, que le conseil d'administration jugera convenable d'y assujétir, seront tenus de fournir un cautionnement à titre de garantie de leur gestion ou de l'exercice de leur emploi.

Art. 37. Aux termes de l'article 11 du décret impérial du 24 messidor an XII, le taux des cautionnemens à fournir, en exécution de l'article précédent, sera fixé par le conseil d'administration, sous l'approbation du ministre de l'intérieur.

Art. 38. Lesdits cautionnemens seront payables en numéraire à la caisse générale du Mont-de-Piété, et porteront intérêt au profit de l'agent ou employé, au taux des emprunts de l'établissement.

Art. 39. Si, pendant la gestion d'un agent ou employé attaché à l'administration, il y a lieu d'appliquer son cautionnement pour cause de responsabilité, qui d'ailleurs n'entraîne pas de destitution, cet agent ou employé sera tenu de rétablir ou de compléter ledit cautionnement au plus tard dans le délai de trois mois.

Art. 40. A défaut d'exécution dans les délais fixés par les articles précédens, des dispositions qui y sont prescrites, l'agent ou l'employé qui était tenu de s'y conformer sera suspendu provisoirement de ses fonctions ; et s'il ne remplit pas ses obligations dans le mois de cette suspension, il sera remplacé.

Art. 41. En cas d'oppositions formées entre les mains du directeur à des remboursemens de cautionnemens, les droits à exercer sur le montant de ces cautionnemens, soit par l'administration, soit par les prêteurs de fonds, ou enfin par les créanciers particuliers des titulaires, se régleront conformément aux dispositions de la loi du 6 ventôse an XIII.

TITRE II. — DES OPÉRATIONS DU MONT-DE-PIÉTÉ.

CHAPITRE Ier.

Dispositions générales.

Art. 42. Les opérations du Mont-de-Piété consisteront

dans le prêt sur nantissement, avec les fonds appartenant aux hospices, ou au moyen de l'emprunt des sommes nécessaires pour y subvenir en cas d'insuffisance du capital de l'établissement.

Art. 43. Tous les registres et papiers destinés à constater les opérations et les différens actes de régie du Mont-de-Piété, tant au chef-lieu que dans les divisions supplémentaires et les succursales, seront exempts du droit de timbre. Lesdits registres seront cotés et paraphés par un membre de l'administration.

Art. 44. Les fonds du Mont-de-Piété, soit qu'ils fassent partie du capital de l'établissement, soit qu'ils proviennent d'emprunts, seront renfermés dans une caisse à trois serrures, dont les clefs seront remises, l'une au directeur-général, une autre au caissier-général, et la troisième au contrôleur de caisse.—Les sommes nécessaires pour le service courant ne pourront être extraites de cette caisse générale pour être remises dans les caisses particulières, qu'avec le concours des trois dépositaires des clefs.

Art. 45. Les emprunts qui pourront avoir lieu, ainsi qu'il est dit en l'article 42, seront faits sous hypothèque générale des biens dépendant de la dotation des hospices de Paris. —Les bâtimens du Mont-de-Piété, ensemble les capitaux versés dans la caisse de cet établissement par l'administration des hôpitaux, soit qu'ils proviennent du produit des aliénations autorisées par les lois, soit qu'ils fassent partie de quelques autres recettes extraordinaires de fonds leur appartenans, serviront également d'hypothèque et de garantie spéciale, tant pour les prêteurs que pour les propriétaires de nantissemens.

CHAPITRE II.

Du prêt sur nantissement.

SECTION Ire.

Dispositions générales relatives au prêt sur nantissement.

PARAGRAPHE 1er.

Du dépôt.

ART. 46. Les prêts qui se feront par le Mont-de-Piété, seront accordés sur engagement d'effets mobiliers, déposés dans les magasins de l'établissement, et préalablement estimés par les appréciateurs attachés audit établissement.

ART. 47. Nul ne sera admis à déposer des nantissemens pour lui valoir prêt à la caisse du Mont-de-Piété, s'il n'est connu et domicilié, ou assisté d'un répondant connu et domicilié.

ART. 48. Tout déposant sera tenu de signer l'acte du dépôt de l'effet apporté pour nantissement.—Si le déposant est illettré, l'acte de dépôt sera signé par son répondant.—Seront exceptés de la formalité prescrite par le présent article, les actes des dépôts d'effets estimés au-dessous de 24 francs.

ART. 49. Lorsqu'il s'élèvera doute contre le déposant sur la légitime possession ou sur son droit de disposition des effets par lui apportés pour nantissement, il en sera rendu compte aussitôt au préfet de police. Le prêt demandé sera provisoirement suspendu, et les effets suspectés seront retenus en magasin jusqu'à ce qu'il en ait été autrement ordonné.

Art. 50. Lorsque le dépôt aura été jugé admissible, il sera procédé à l'estimation des effets déposés, et ensuite au réglement de la somme à prêter sur leur valeur d'après les bases fixées par le paragraphe 3 du présent chapitre.

PARAGRAPHE II.

De l'appréciation.

Art. 51. L'appréciation des objets offerts en nantissement au Mont-de-Piété, se fera, ainsi qu'il a été dit, chapitre 4, titre 1er, du présent réglement, par des commissaires-priseurs.

Art. 52. Il sera alloué aux commissaires-priseurs, pour vacations de prisée, un droit déterminé par la quotité sur le montant en principal du prêt fait en conséquence de leur estimation.

Art. 53. Ce droit se réglera au commencement de l'année, pour toute l'année, par le conseil d'administration.—Il ne pourra être porté au-delà d'un demi-centime pour franc du principal du prêt.—Il s'emploiera dans la dépense comme frais de régie. — La fixation du droit sera soumise à la confirmation du ministre, sur l'avis du préfet du département.

PARAGRAPHE III.

Des conditions et formes du prêt.

Art. 54. Les prêts du Mont-de-Piété seront accordés pour un an, sauf à l'emprunteur la faculté de dégager ses effets avant le terme, ou d'en renouveler l'engagement à l'échéance du terme, ainsi qu'il sera dit ultérieurement aux paragraphes 4 et 5 des renouvellemens et des dégagemens.

Art. 55. Tous les six mois, le conseil d'administration

réglera le taux des droits de prêts à payer par les emprunteurs, sauf la confirmation du ministre, sur l'avis du préfet du département, sans que le taux actuel puisse être augmenté.

Art. 56. Ce taux se composera, d'une part, de l'intérêt des sommes prêtées ; d'autre part, des frais d'appréciation et de dépôt des nantissemens, et autres frais généraux de régie.

Art. 57. Dans les décomptes qui se feront pour chaque emprunteur, les droits de prêt se calculeront par demi-mois ; la quinzaine commencée sera due en entier.

Art. 58. Le montant des sommes à prêter sera réglé, quant au nantissement en vaisselle ou bijoux d'or et d'argent, aux quatre cinquièmes de leur valeur au poids ; et quant à tous autres effets, aux deux tiers du prix de leur estimation.

Art. 59. La somme réglée sera comptée à l'emprunteur ; et il lui sera délivré en même tems, sur papier non-timbré, une reconnaissance du dépôt de l'effet engagé.

Art. 60. Cette reconnaissance sera au porteur ; elle contiendra la désignation du nantissement, la date et le montant du prêt.

Art. 61. En cas de perte de cette reconnaissance, l'emprunteur devra en faire aussitôt la déclaration au directeur-général du Mont-de-Piété, qui sera tenu de recevoir et de faire inscrire ladite déclaration sur le registre d'engagement, en marge de l'article dont la reconnaissance sera adirée.

PARAGRAPHE IV.

Des renouvellemens.

Art. 62. A l'expiration de la durée du prêt, l'emprunteur pourra être admis à renouveler l'engagement des effets donnés en nantissement, et, par ce moyen, empêcher la vente.

Art. 63. Pour obtenir ce renouvellement, l'emprunteur sera tenu de payer d'abord les intérêts et droits dus au Mont-de-Piété à raison du premier prêt ; de consentir à ce que le nantissement soit soumis à une nouvelle appréciation ; enfin de se soumettre à payer le montant de la différence qui pourrait être trouvée, d'après cette nouvelle appréciation, entre la valeur actuelle du nantissement et celle qu'il avait à l'époque du premier prêt.

Art. 64. La nouvelle appréciation se fera dans la forme ordinaire par les commissaires-priseurs ; et l'emprunteur ayant ensuite acquitté, aux termes de l'article précédent, les intérêts et droits échus, et même, s'il y a lieu d'après ladite appréciation, la différence entre la valeur actuelle du nantissement et celle pour laquelle il avait été primitivement engagé, le renouvellement ou rengagement s'effectuera d'après la valeur actuelle du gage, dans la même forme, et aux mêmes termes, conditions, et pour le même délai que le prêt primitif.

PARAGRAPHE V.

Des dégagemens et revendications.

Art. 65. Lorsqu'à l'expiration du terme stipulé dans la reconnaissance de dépôt à lui remise au moment du prêt, ou même avant l'expiration, ou enfin après son expiration, la vente du gage n'ayant cependant pas encore été effectuée, l'emprunteur rapportera sa reconnaissance et réalisera à la caisse, tant en principal qu'intérêts et droits, la somme énoncée en ladite reconnaissance ; les effets qui y sont pareillement énoncés lui seront remis dans le même état qu'ils étaient lors du dépôt.

Art. 66. S'il arrive que l'effet donné en nantissement soit perdu et ne puisse être rendu à son propriétaire, la valeur lui en sera payée au prix de l'estimation fixée lors du dépôt, et avec l'augmentation d'un quart en sus à titre d'indemnité.

Art. 67. Si l'effet donné en nantissement se trouve avoir été avarié, le propriétaire aura le droit de l'abandonner à l'établissement, moyennant le prix d'estimation fixé lors du dépôt : si mieux il n'aime le reprendre en l'état où il se trouve, et recevoir en indemnité, d'après estimation par deux des appréciateurs de l'établissement, le montant de la différence reconnue entre la valeur actuelle dudit effet et celle qui lui avait été assignée lors du dépôt.

Art. 68. L'emprunteur qui aura perdu sa reconnaissance ne pourra dégager le nantissement qui en était l'objet avant l'échéance du terme fixé par l'engagement ; et lorsqu'à l'expiration de ce terme, ledit emprunteur sera admis, soit à retirer son nantissement, soit à recevoir *le boni* résultant de la vente qui en aura été faite, il sera tenu d'en donner décharge spéciale, avec cautionnement d'une personne domiciliée et reconnue solvable.

Art. 69. Les décharges spéciales requises dans les cas prévus par l'article précédent, seront simplement inscrites sur le registre d'engagement, lorsqu'elles auront pour objet des effets d'une valeur au-dessous de 100 francs, et seront données par acte notarié, s'il s'agit d'effets d'une valeur au-dessus de cette somme.

Art. 70. Lorsqu'un nantissement sur lequel il aura été accordé un prêt par le Mont-de-Piété sera revendiqué pour cause de vol ou pour toute autre cause, le réclamant sera tenu, pour s'en faire accorder la remise : — 1° de justifier dans les formes légales de son droit de propriété sur l'objet réclamé ; --- 2°. de rembourser, tant en principal qu'intérêts et droits, la somme pour laquelle l'effet a été laissé en nantissement, sauf d'ailleurs au réclamant à exercer son recours, ainsi qu'il avisera, contre le déposant, l'emprunteur et le répondant ; le tout sans préjudice du recours contre le directeur ou autre employé en cas de fraude, dol ou négligence de l'exécution de l'article 47, et des réglemens.

PARAGRAPHE VI.

Des ventes de nantissemens.

ART. 71. Les effets donnés en nantissement, qui, à l'expiration du terme stipulé dans la reconnaissance délivrée à l'emprunteur, n'auront pas été dégagés, seront vendus pour le compte de l'administration jusqu'à concurrence de la somme qui lui sera due ; sauf, en cas d'excédant, à en faire état à l'emprunteur.

ART. 72. Dans aucun cas et sous aucun prétexte, il ne pourra être exposé en vente au Mont-de-Piété des effets autres que les effets qui y auront été mis en nantissement dans les termes voulus par le présent réglement.

ART. 73. Les ventes se feront à la diligence du directeur-général, d'après un rôle ou état sommaire par lui dressé des nantissemens non-dégagés, lequel état sera préalablement rendu exécutoire par le président du tribunal de première instance du département de la Seine, ou par l'un des juges du même tribunal à ce commis.

ART. 74. Lorsque des nantissemens entièrement composés ou même seulement garnis d'or ou d'argent se trouveront compris dans le rôle de vente dressé en exécution de l'article précédent, il en sera donné avis aux contrôleurs de la régie des droits de marque, en service pour le Mont-de-Piété, avec invitation de venir procéder à la vérification desdits nantissemens.

Art. 75. Les contrôleurs de la régie se transporteront à cet effet au dépôt des ventes du Mont-de-Piété, et formeront, après cette vérification, l'état de ceux desdits nantissemens d'or ou d'argent qui, n'étant pas revêtus de l'empreinte de garantie, ne pourront être délivrés qu'après l'avoir reçue ; sauf néanmoins l'exception dont il sera parlé ultérieurement, article 87.

Art. 76. Les ventes au Mont-de-Piété seront annoncées au moins dix jours d'avance par affiches publiques, ou même, lorsqu'il y a lieu, par catalogues imprimés et distribués, avis particuliers et exposition publique des objets à mettre en vente.

Art. 77. Toute affiche ou annonce contiendra l'indication, tant des numéros des divers articles à vendre, que de la nature des effets et des conditions de la vente.

Art. 78. Les oppositions formées à la vente d'effets déposés en nantissement au Mont-de-Piété n'empêcheront pas que ladite vente n'ait lieu, et même sans qu'il soit besoin d'y appeler l'opposant autrement que par la publicité des annonces, et sauf d'ailleurs audit opposant à faire valoir ses droits, s'il y a lieu, sur l'excédant ou *boni* restant net du prix de la vente, après l'entier acquittement de la somme due au Mont-de-Piété.

Art. 79. Les ventes au Mont-de-Piété se feront par le ministère des commissaires-priseurs de l'établissement, assistés des crieurs choisis et payés par lesdits commissaires.

Art. 80. Il sera alloué aux commissaires-priseurs, pour vacations et frais de vente, un droit réglé par quotité sur le montant du produit des ventes.

Art. 81. Ce droit sera fixé par le conseil d'administration au commencement de chaque année pour toute l'année, sauf la confirmation du ministre, sur l'avis du préfet du département.

Art. 82. Le droit pour vacations et frais de ventes, alloué aux commissaires-priseurs, sera à la charge des acheteurs ; il sera ajouté par chacun d'eux en proportion de son achat, au prix d'adjudication.

Art. 83. La délibération du conseil contenant fixation de ce droit sera affichée dans la salle des ventes.

Art. 84. Indépendamment du droit ordinaire mentionné dans les articles précédens, il sera perçu, pour les ventes de nantissemens qui ont exigé une annonce extraordinaire par catalogues imprimés, avis particuliers et exposition publique, un droit d'un pour cent du produit de la vente.

Art. 85. Ce droit sera perçu au profit de l'établissement ; il sera, comme le précédent, à la charge de l'adjudicataire, et en sus du prix de son adjudication.

Art. 86. Tout adjudicataire sera tenu de payer comptant le prix total de son adjudication et frais accessoires ; à défaut de ce paiement complet, l'effet adjugé est remis en vente à l'instant même, aux risques et périls de l'adjudicataire, et sans autres formalités qu'une interpellation verbale à lui adressée par le commissaire-priseur vendeur, de payer actuellement la somme due.

Art. 87. Les effets adjugés, même ceux composés ou garnis d'or ou d'argent non empreints de la marque de garantie, mais que l'adjudicataire consentira à faire briser et mettre hors de service, seront remis audit adjudicataire aussitôt qu'il en aura payé le prix.

Art. 88. Quant à ceux desdits effets d'or et d'argent non empreints de la marque de garantie, que l'adjudicataire désirera conserver dans leur forme, ils seront provisoirement retenus pour être présentés au bureau de garantie ; et n'être remis audit adjudicataire qu'après l'acquittement par lui fait des droits particuliers dus à la régie.

Art. 89. Les procès-verbaux de vente et tous les actes qui y seront relatifs seront dressés, comme tous autres actes de régie du Mont-de-Piété, sur des registres non-timbrés et exempts du droit d'enregistrement.

Art. 90. A la fin de chaque vacation de vente, le commissaire-priseur vendeur en versera le produit entre les mains du garde du dépôt des ventes, qui, à son tour, sera chargé d'en compter, au plus tard dans trois jours, au caissier de l'établissement.

Art. 91. A la vue desdits registres et actes, qui resteront, sans pouvoir en être déplacés, au bureau du dépôt des ventes, se formera, pour chaque article d'engagement, le compte du déposant emprunteur.

Art. 92. Ce compte se composera, d'une part, du produit de la vente ; de l'autre, de la somme due par le déposant emprunteur, tant en principal qu'intérêts et droits, et indiquera pour résultat, soit l'excédant ou *boni* dont il y a lieu de faire état au déposant emprunteur, soit le déficit à supporter par les commissaires-priseurs, conformément à l'article 34 du chapitre 4, du titre 1er, soit enfin la balance exacte des diverses parties du compte.

PARAGRAPHE VII.

De l'excédant ou boni.

Art. 93. Le paiement de l'excédant ou *boni* restant net

du produit de la vente d'un nantissement, se fera sur la représentation et la remise de la reconnaissance d'engagement.

Art. 94. A défaut de représentation de ladite reconnaissance, l'emprunteur sera tenu de donner décharge spéciale tant de l'engagement que du paiement du *boni*, dans les formes prescrites, article 68, au présent titre.

Art. 95. Les créanciers particuliers des porteurs de reconnaissance seront reçus, ainsi qu'il a été indiqué article 78, au présent titre, à former des oppositions aux délivrances de *boni*.

Art. 96. Les oppositions ne pourront être formées qu'entre les mains du directeur-général, lors même que le *boni* à délivrer résulterait d'opérations faites dans une succursale; et elles ne seront obligatoires pour le Mont-de-Piété qu'autant qu'elles auront été visées à l'original par le directeur, qui sera d'ailleurs tenu de le faire sans aucuns frais.

Art. 97. Lorsqu'il aura été formé opposition à un paiement de *boni*, ce paiement ne pourra avoir lieu entre les mains de l'emprunteur, que du consentement de l'opposant, et à vue de la décharge ou main-levée de son opposition.

Art. 98. Les excédans ou *boni* qui n'auront pas été retirés dans les trois ans de la date des reconnaissances, ne pourront être réclamés. Le montant en sera versé à la caisse des hospices civils, d'après état préalablement arrêté par le conseil-général de l'administration.

Art. 99. Les dispositions de l'article précédent devront être rappelées en forme d'avis dans la formule des reconnaissances.

SECTION II.

Dispositions particulières relatives au prêt dans les succursales.

Art. 100. Toutes les opérations relatives au prêt sur nantissement, s'exécuteront dans les succursales de la même manière qu'au chef-lieu. En conséquence, toutes les dispositions prescrites à cet égard seront communes à ses succursales.

Art. 101. Chaque succursale sera chargée de consommer et d'appurer entièrement les opérations qu'elle aura une fois commencées. A cet effet, les nantissemens engagés dans une division pourront rester en dépôt jusqu'au dégagement ou vente, ou être portés au chef-lieu, pour opérer, soit les renouvellemens, soit les dégagemens, soit enfin pour recevoir les excédans ou *boni*; là les emprunteurs seront tenus de s'adresser à la même succursale qui aura primitivement reçu leurs dépôts.

CHAPITRE III.

De l'emprunt.

Art. 102. Le Mont-de-Piété continuera à recevoir et employer comme il se pratique aujourd'hui, les fonds qui lui seront offerts en placement par les particuliers.

Art. 103. Le taux d'intérêt auquel ces placemens seront reçus sera fixé tous les ans par une délibération spéciale du conseil d'administration, sauf la confirmation du ministre, sur l'avis du préfet du département.

Art. 104. Il sera délivré, à titre de reconnaissance du placement, deux billets payables au porteur, dont un pour le principal et l'autre pour l'intérêt. Ces billets porteront le numéro de leur enregistrement, la date de leur émission et celle de leur échéance.

Art. 105. Le billet au porteur pour le principal contiendra le montant du placement ; il sera signé par le caissier-général et par le contrôleur de la caisse ; il portera mention de l'enregistrement à la direction, et cette mention sera signée par le directeur-général ; enfin, il sera visé par un membre du conseil d'administration.

Art. 106. Le billet au porteur pour intérêt contiendra le montant de cet intérêt ; il sera signé par le directeur-général et par le contrôleur de la caisse, et il sera aussi visé par un membre du conseil d'administration.

Art. 107. Au fur et à mesure de l'acquittement de ces divers effets, mention en sera faite en marge de leur article d'enregistrement.

Art. 108. Tous les trois mois, l'état du portefeuille sera vérifié par l'administration ; et elle en dressera procès-verbal, dont il sera remis une expédition au ministre, et une au préfet du département.

Un décret du 30 juin 1806 relatif au Mont-de-Piété de Bordeaux contient des dispositions presqu'entièrement conformes à celles des décret et réglement du 8 thermidor an XIII.

Il en est de même du décret du 10 mars 1807 pour la ville de Marseille, de celui du 4 décembre 1809 pour Gênes, de celui du 22 novembre 1811 pour Parme, et de celui du 24 août 1812 pour la ville de Florence.

Bien qu'il existe des réglemens pour chacun des Monts-de-Piété, tous les ont copiés sur le même modèle, et toutes les règles générales qui gouvernent ces établissemens ont été empruntées aux lettres-patentes du 9 décembre 1777.

Depuis l'année 1830 de grandes améliorations ont été faites ; il faut en espérer d'autres encore de la sollicitude du gouvernement.

Les opérations du Mont-de-Piété de Paris sont devenues très-nombreuses et très-importantes.

La moyenne des engagemens est aujourd'hui de plus de vingt millions.

Les frais d'administration s'élèvent à six cent mille francs ; ils sont peut-être plus considérables encore, proportion gardée, dans les Monts-de-Piété des villes de province. C'est un point sur lequel se portera nécessairement l'attention de ceux qui s'occupent d'améliorer les réglemens. Ils ont à rechercher si dans les traitemens et avantages attribués à ceux qui sont chargés d'administrer ces établissemens de bienfaisance, il n'en existe pas de trop élevés. Le tems et les talens doivent être sans doute convenablement rétribués ; mais lorsque c'est le pauvre qui paie, il ne doit payer que le strict nécessaire. C'est alors surtout que l'économie devient un devoir.

La bonne administration du Mont-de-Piété de Paris lui a créé une situation prospère qui a permis la diminution dans le taux de l'intérêt ; dans ces dernières années, il a été baissé de douze à neuf pour cent.

Il serait à désirer qu'on pût le diminuer encore. Cependant, lorsque l'on considère que le Mont-de-Piété de Paris n'a ni dotation ni propriétés, et que, par suite, il doit payer l'intérêt des capitaux qui lui sont prêtés ; lorsque l'on réfléchit que, d'un autre côté, il a à supporter des frais considérables d'administration, on ne peut se dispenser de craindre qu'on ne soit arrivé déjà bien près d'une limite impossible à dépasser.

Il était moral de fournir aux déposans toutes les facilités qui peuvent prévenir pour eux la nécessité de laisser vendre leur gage. C'est pour arriver à ce but qu'en 1838 on a créé une caisse d'à-compte où les moindres sommes sont reçues depuis un franc jusqu'à parfaite libération. Cet établissement, qu'on peut appeler une caisse d'épargnes, permet, au débiteur qui ne peut réunir le capital nécessaire pour retirer son gage , de parvenir au moins à ce résultat à l'aide de plusieurs à-comptes qu'il verse au fur et à mesure que ses besoins lui laissent faire une faible économie.

Une ordonnance du roi en date du 28 juin 1831, qui maintient le Mont-de-Piété établi à Carpentras, porte, article 43 :

« Les décomptes du droit dû par l'emprun-
» teur pour l'intérêt des sommes prêtées et
» les frais de garde et de régie seront réglés par
» le préfet, sur la proposition de l'administra-
» tion ; mais ce droit ne pourra dépasser cinq
» pour cent. »

Une ordonnance du 6 juillet 1831 contient les mêmes dispositions pour le Mont-de-Piété de Brignolles.

Une ordonnance du 13 octobre 1831 qui établit un Mont-de-Piété à Dieppe, porte, article 39 :

« Le droit unique à percevoir par l'établis-
» sement pour frais d'appréciation, du dépôt,
» de magasinage, de garde et de régie, ainsi
» que pour l'intérêt des sommes prêtées, est
» fixé à dix-huit pour cent par an ; ce droit
» sera réduit à mesure que les produits crois-
» sans couvriront les frais de régie et d'admi-
» nistration. »

Une autre ordonnance du 7 novembre 1831, contenant réglement pour le Mont-de-Piété de St-Omer, porte, article 49 :

« Le droit unique à percevoir par l'établis-
» sement est fixé à douze pour cent de l'argent
» donné, pour frais d'appréciation, de dépôt,
» de magasinage, de garde, de régie et d'in-
» térêt légal. »

Enfin une ordonnance du 25 décembre 1831 contenant réglement pour le Mont-de-Piété d'Angers, porte que, conformément aux volontés du fondateur et des donateurs successifs de l'établissement, les prêts doivent être faits sans intérêt, sous une faible retenue fixée pour les frais de bureau.

Il existe aussi, et depuis fort long-tems, un Mont-de-Piété à Douai. J'aurais désiré en faire connaître le réglement, mais je ne l'ai pas trouvé dans le Bulletin des Lois et je n'ai pu me le procurer. On m'a dit qu'il n'était pas approuvé, et que le Mont-de-Piété de Douai était encore régi par le réglement de la création et les usages. Je ne sais jusqu'à quel point il faut croire à l'exactitude de cette assertion. Toujours est-il certain que l'intérêt que l'on perçoit est de quinze pour cent. Quinze pour cent ! c'est bien élevé, lorsqu'au Mont-de-Piété de Paris on n'exige que neuf pour cent. Est-ce que les frais d'administration sont plus considérables à Douai qu'à Paris ? C'est à ceux que la crainte des innovations ne retient pas immobiles en face des abus, à rechercher s'il n'y aurait rien à faire dans l'intérêt de ceux que le besoin condamne à recourir au Mont-de-Piété.

Il est inutile de multiplier davantage ces citations ; celles qui précèdent suffisent pour faire voir que si les Monts-de-Piété ont tous le même but et les mêmes règles générales, ils n'en sont pas moins tous régis par un réglement spécial. C'est ainsi qu'en ce qui concerne l'intérêt, chacun d'eux a une fixation particulière qui varie depuis le simple remboursement des frais de bureau comme à Angers jusqu'à dix-huit pour cent comme à Dieppe. Il peut même exister des villes où l'intérêt soit plus élevé. Il n'y a pas de règle fixe sur ce point ; la loi laisse à l'administration le droit de déterminer l'intérêt dans le réglement spécial à l'établissement.

L'article 8 du décret impérial du 24 messidor an XII, porte que le taux de l'intérêt à exiger des emprunteurs et à accorder aux prêteurs sera fixé par le conseil d'administration.

L'article 55 du réglement annexé au décret du 8 thermidor an XIII, est ainsi conçu :

« Tous les six mois, le conseil d'adminis-
» tration réglera le taux des droits de prêts à
» payer par les emprunteurs, sauf la confir-
» mation du ministre, sur l'avis du préfet du
» département, sans que le taux actuel puisse
» être augmenté. »

L'article 56 porte :

« Ce taux se composera, d'une part de l'in-
» térêt des sommes prêtées, d'autre part des
» frais d'appréciation et de dépôt des nantis-
» semens et autres frais généraux de régie. »

C'était donc avec raison qu'au commencement de ce livre, je disais que les réglemens des Monts-de-Piété étaient une exception à la règle générale consacrée pour l'intérêt de l'argent, par la loi du 3 septembre 1807. Je sais bien que le soin avec lequel on confond, dans ces réglemens, l'intérêt avec les frais d'appréciation, de dépôt, de magasinage, de garde et de régie, ne permet pas de bien préciser l'intérêt exigé; mais il n'en est pas moins vrai que le droit laissé à l'administration de fixer arbitrairement le taux que le Mont-de-Piété pourra exiger des emprunteurs place ces derniers dans l'impossibilité d'élever la moindre réclamation, et de se prévaloir du bénéfice des dispositions de la loi du 3 septembre 1807, qui, je le répète, deviennent sans application possible aux prêts faits par les Monts-de-Piété.

Il est loin de ma pensée d'insinuer que l'administration autorise jamais la perception d'un intérêt trop élevé; les bénéfices des Monts-de-Piété sont dévolus aux pauvres, et quelle que soit la sollicitude dont les hommes les plus charitables peuvent les entourer, la raison veut que l'on ne ruine pas les malheureux pour secourir les indigens. Non; il faut reconnaître, et je reconnais tout le premier, que lorsque l'intérêt est fort élevé, c'est que les frais d'administration l'exigent; mais les faits n'en subsistent pas moins; il n'en est pas moins constant, par exemple, que le malheureux emprunteur à Dieppe doit payer dix-huit pour cent. S'il n'est pas permis de parvenir à posséder dans chaque ville importante un Mont-de-Piété comme celui d'Angers, où l'on n'exige qu'une faible retenue pour frais de bureau, ne peut-on pas combiner des mesures qui permettraient de faire payer moins cher les secours offerts au malheur ? Et lorsque les Monts-de-Piété, mentant à leur nom, ne peuvent présenter que des ressources ruineuses, les refuser au pauvre ne serait-ce pas bien comprendre ses intérêts ? Ce sont des questions qui ne sont pas de mon domaine.

Il résulte de l'article 14 du décret impérial du 24 messidor an XII, qu'il ne peut être établi de Mont-de-Piété dans les départemens *qu'au profit des pauvres ;* il ne peut donc pas en être établi par actions et au profit des actionnaires.

C'est ce qui d'ailleurs a été formellement décidé par un avis du conseil-d'état en date du 6 juin 1807, approuvé le 12 juillet, et qui est ainsi conçu :

« Le conseil-d'état, qui a pris connaissance » d'un rapport fait à Sa Majesté l'empereur et » roi par le ministre de l'intérieur, et par

» lequel il propose l'établissement d'un Mont-
» de-Piété dans la ville de Caen, chef-lieu du
» département du Calvados, dont le capital
» serait, en partie, composé d'actions aliénées
» à des particuliers ;— est d'avis que l'on doit
» essentiellement se proposer, par l'établis-
» sement des Monts-de-Piété et par leur direc-
» tion, de venir au secours de la classe la plus
» pauvre de la société, de faire baisser l'in-
» térêt du prêt sur gage, et à la charge de
» faire tourner exclusivement au profit des
» hospices l'espèce de bénéfice qui en résulte;
» —qu'il ne peut, par conséquent, être accordé
» des Monts-de-Piété qu'aux villes où la caisse
» municipale et celle des hospices, ou l'une
» des deux, fournissent un capital suffisant à
» la mise en action de l'établissement, sans
» qu'on puisse en aucun cas recourir à la
» voie des actions, qui appellerait des étran-
» gers au partage des bénéfices et ferait ainsi
» tourner en spéculations privées des établis-
» semens qui ne doivent se proposer que la
» bienfaisance publique ; — et attendu que le
» projet présenté par le ministre de l'intérieur
» pour l'établissement d'un Mont-de-Piété

» dans la ville de Caen, fait concourir la voie » des actions avec les capitaux qui sont four- » nis par la caisse municipale et par celle des » hospices ; — déclare qu'il n'y a pas lieu à » délibérer. »

CHAPITRE III.

DES PRÊTS SUR GAGES.

La loi du 3 septembre 1807 défend de prêter à un intérêt plus élevé que celui qu'elle détermine, mais elle ne défend pas de prêter.

L'article 411 du code pénal défend de tenir une maison de prêts sur gages ; mais, pas plus que ne le faisait la loi du 16 pluviôse an XII, il ne défend de prêter sur gage. La preuve en est dans le discours de l'orateur du gouvernement, prononcé lors de la présentation de cette loi.

Le prêt sur gage est tellement un contrat licite, que le code civil en constate la légalité par plusieurs articles qui en règlent le caractère et les conditions. L'article 2071 définit le nantissement, un contrat par lequel un débiteur remet une chose à son créancier pour sûreté de la dette. Les articles 2073 et suivans déterminent les effets du gage et ses avantages.

Il est donc permis de prêter sur gages, mais il est défendu de tenir une maison de prêts sur gages.

Si un individu a prêté à un autre une somme d'argent à l'intérêt légal, et s'est fait remettre un gage pour sûreté de sa créance, il n'a fait qu'un contrat valable et à l'abri de tout reproche.

Mais s'il a tenu une maison de prêts sur gages, où chacun pouvait venir emprunter même au taux légal, en déposant un gage, il a alors commis le délit prévu et puni par l'article 411 du code pénal.

La seule difficulté qui puisse se présenter, et elle est grave, c'est de bien marquer la limite entre ce qui est permis et ce qui est défendu.

Sans doute, lorsqu'il n'y aura qu'un seul prêt sur gage, l'incertitude ne pourra pas exister. Il en sera de même lorsque le nombre de prêts sera fort restreint; mais lorsque des prêts auront eu lieu en grande quantité, devra-t-il toujours s'ensuivre qu'il y a délit?

Le code civil, en autorisant les prêts sur gage, n'en a pas limité le nombre. Pourquoi donc ne serait-il pas permis de faire autant de ces contrats qu'il plaît à un capitaliste ? Certes, rien ne s'y oppose. Dès qu'il n'est pas prouvé que le prêteur tient une maison de prêt sur gages, on ne peut point l'inquiéter.

Cependant l'article 411 n'exige pas comme indispensable pour caractériser le délit qu'il prévoit et punit, la réunion des circonstances de l'habitude, de la notoriété publique et de l'ouverture avouée de la maison. Le législateur n'a pas évidemment poussé jusque là son exigence.

Il faut pourtant tout à la fois laisser les prêteurs jouir des avantages que leur confèrent les articles 2071, 2073 et suivans, et assurer l'exécution de l'article 411 du code pénal.

En rapprochant ces articles, on voit bien ce qui, en droit, est permis comme ce qui est défendu; mais c'est dans l'application que surgissent les difficultés.

Pour bien déterminer ce qui est permis et ce qui est défendu, il s'agit non de compter le nombre des prêts qui ont été faits, mais bien de rechercher si le prêteur n'a fait que des conventions avec des emprunteurs qui se sont adressés à lui sans y être provoqués par ses habitudes, sa réputation et l'existence reconnue d'une maison destinée à recevoir des gages; ou si, au contraire, le prêteur est signalé par l'opinion publique comme prêteur sur gages, comme tenant une maison ouverte pour cette destination, bien qu'elle ne soit pas avouée comme telle, si chacun peut s'y présenter sans avoir des relations d'affaires, si enfin le prêteur est toujours là disposé à recevoir les emprunteurs.

Dans le premier cas, il sera impossible de soutenir avec succès qu'il y a délit. Dans le second, l'article 411 sera applicable.

Ce sont les faits et les circonstances qui doivent être pris en considération pour conduire à une décision juste et équitable. L'appréciation en est confiée à la sagesse des magistrats; c'est à eux, en présence des textes de la loi comme des principes, à prononcer d'après leur conviction. Il me paraît impossible de tracer d'avance des règles inflexibles. La loi est là, l'intention du législateur est connue; c'est aux faits que le magistrat, comme le jurisconsulte, doit demander ce qui lui manque pour former son opinion.

CHAPITRE IV.

DES ANTICHRÈSES.

On appelle *gage* le nantissement d'une chose mobilière, et l'on appelle *antichrèse* le nantissement d'une chose immobilière.

Le créancier acquiert par l'antichrèse la faculté de percevoir les fruits de l'immeuble, à la charge de les imputer annuellement sur les intérêts, s'il lui en est dû, et ensuite sur le capital de sa créance.

L'antichrèse est un contrat autorisé et réglé par les articles 2072, 2085 et suivans du code civil. Il ne peut entrer dans le plan que je me suis tracé d'entreprendre le commentaire de ces articles, et je ne mentionne ici ce contrat que pour ne laisser aucune lacune dans cette dernière partie du travail relatif aux prêts sur nantissement.

FIN.

TABLE DES MATIÈRES.

LIVRE PREMIER.

TABLE CHRONOLOGIQUE

DES

ARRÊTS CITÉS DANS LE TRAITÉ DE L'USURE.

FIN DE LA TABLE CHRONOLOGIQUE.